フィギュール彩㊻

The Swedish Model

Norio Okazawa & Yayoi Saito

スウェーデン・モデル

グローバリゼーション・揺らぎ・挑戦

岡澤憲芙
斉藤弥生
〈編著〉

figure Sai

彩流社

目次

はじめに　プラグマティックな実験国家・さりげなく・したたかに／岡澤憲芙　5
第一章　《スウェーデン・モデル》：継承と展開：
女性・高齢者・在住外国人／岡澤憲芙　15
第二章　スウェーデンの女性環境／木下淑恵　53
第三章　スウェーデンの高齢者環境／斉藤弥生　75
第四章　スウェーデンの在住外国人環境／清水由賀　99
第五章　スウェーデンの子ども・子育て環境／吉岡洋子、佐藤桃子　125
第六章　スウェーデンの障害者環境／是永かな子　151

第七章　スウェーデン・モデルの起点
——一九三〇年代における経済・福祉思想——／藤田菜々子　177
第八章　スウェーデンの税制と企業活動／福島淑彦　199
第九章　スウェーデンの安全保障政策の展開
——単独主義、国際主義、地域主義の相克——／吉武信彦　223
第一〇章　開花期のスウェーデン・モデル／清水由賀　247
第一一章　スウェーデン・モデル
——グローバリゼーションのなかの揺らぎと挑戦——／秋朝礼恵　269
おわりに　「スウェーデン・モデル」の今を描く
〜変わりゆくもの、変わらないもの／斉藤弥生　293
執筆者紹介　298

はじめに　プラグマティックな実験国家・さりげなく・したたかに

岡澤憲芙

スウェーデンをめぐる誤解と曲解

スウェーデンに関するよくある誤解の一つは、「もともと豊かな国だったから、高福祉国家になれたのではないか」という誤解。もしそうなら、地球の周辺にある小さな国が世界的注目をこれほど浴びることはなかったであろう。実際には、「ヨーロッパでも最も貧しい農業国家」から短期間に「世界でも最も豊かな福祉・工業国家」へ変身したからこそ興味深い。到達速度と到達水準の高さが、常識を越えていたため、小さな国の割に、話題頻度の高い国になったのであろう。「移民を送り出す国」から「移民を受け入れる国」へ。これが豊かな国への急速変身を象徴するフレーズである。一九世紀末から二〇世紀初頭にかけて、約一〇〇万人が「職」と「食」を求めて国を離れた。当時の人口からいえば四—五人に一人である。現在の日本に当てはめれば、二四〇〇万—三〇〇〇万であるから、中途半端な貧しさではなかった。

豊かな福祉工業国家として世界的な注目を集めるようになったのはせいぜいが一九五〇年代から七〇年代末までである。本書は、政治・経済・行政・外交のしたたかな技法で、環境からの衝撃を吸収して、豊かさ・安心感・平和・競争力を何とか維持してきたワザについて語ることになる。融通無碍《ゆうずうむげ》の表現【スウェーデン・モデル】がキーコンセプトである。

高い国・スウェーデン—なぜ今スウェーデンか

スウェーデンとスウェーデン人については、「高さ」で注目を浴びることが多い。視覚的には、背の高さ。これは人類学的な特質であろう。男性ツーリストは時として背伸びをしなければ用を足せない高さの壁を経験することになる。女性も時には足をバタつかせて不安定感を感じることがあるらしい。二〇世紀後半以後の政治経済学に焦点を合わせると、次のような事実が目につく。[事実1]：女性議員輩出率の高さ：国会議員の約四五％は女性議員である。大臣もおおむね二人に一人が女性。[事実2]：税金の高さ：間接税二五％という数字だけで十分であろう。[事実3]：福祉水準の高さ：高負担型社民主義福祉モデルの典型事例であり、時には濃密過ぎて勤労者の労働意欲を挫き、安易なフリーライダーを大量生産し、自殺者を増やす原因にもなっていると、誤解・批判されるほどである。[事実4]：女性就労率の高さ：完全雇用を最優先政策課題とする社民政治が継続したため、典型的な逆U字曲線を描く国になっている。「男も女も働いて、自分の財布を持った消費者になり、納税者になる。そして、男も女も出産・育児・家事過程に参加する」。スウェーデン型ワーク・ライフ・バランスである。労働時間の短縮と年休の完全消化が突破口になった。[事実5]：国際競争力の高さ：特に、二〇〇〇年度前半以後、国際的な調査機関が上位にランク付けている。[事実6]：透明度の高さ：トランスパレンシー国際腐敗度指数が発表されると、北欧諸国は透明度の高い、つまり腐敗度の低い国にランクされる。アイスランド、フィンランド、ニュージーランド、デンマーク、などが仲間。[事実7]：難民保護数順位の高さ：万単位で難民を受け入れている。二〇一四年で日本は一一名で文字通りの「難民鎖国」であった。それに、[事実8]：教育への公的支出の多い国：対GDP比でアイスランドが七・二％、デンマークが六・八％、スウェーデンが三位で六・二％。[事実9]：投票率の高さ。国政選挙での投票率は二〇一四年選挙で八五・八一％。強制投票制ではないし、罰金制度があるわけでもない。国際比較すれば、例外的な高さであると言えよう。投票参加率の高さへの関心は、右記の1—5までの論点と論理的に繋がっている。国際競争力を維持しながら、成長経済と普遍主義福祉を同時に追求するスウェーデン型デモクラシーの正当性の基盤はここにしかないからである。参加民主政の《スウェーデン・モデル》を理解する基幹概念は《参加》・《公開》・《影響力》であり、仕組みとしては、《国民統治》の伝統とその過程で着実に構築されてきた制度的工夫である。開かれた政治を途絶なく、維持・発展させたいという希望が少しばかり強いという点を除けば、特に国民の政治意識が高いとか、政治感性がひときわ鋭敏というわけではない。ごくごく平凡な人びとの集合体である。エリート主義指向ではなく、「しろうと政治」の希求度が少し高いだけである。実際、「しろうと主義」の伝統は根強い。制度的に言っても、地方議員のほとんどは、市民のパートタイム・ポストであり、議会に出席した日の日当と交通費実費だけが報酬として提供されるだけである。議会政治の成熟は市民の政治的成熟を基礎にするという発想が強い。《自立と自律》の市民意識、それが学校教育の目標である。タフな市民意識なくして高負担・高福祉システムはもたない。[事実10]：若手抜擢主義の高さ。若手の積極的登用は北欧デモクラシーの特徴である。スウェーデンの場合、最年少国会議員は二一歳、最年少大臣二八歳、最年少党首は二八歳。

好奇心の強い実験国家：旺盛な冒険精神

「世界で最初」が好きな国である。コンピュータのマウスや複写機、レザーメスやペースメーカー、ＩＫＥＡやＨ＆Ｍ、テトラパックやシートベルト、温度測定基準の摂氏がスウェーデン人のアイデアであることは知られている。とにかく、世界指向・独創指向・隙間指向・バランス指向で大胆な実験事例は多い。オンブズマンは世界に先駆けて一八〇九年に制度化され、今では二〇〇年の伝統を持つ。徹底した情報公開で有名だが、出版の自由法が制定されたのはなんと一七六六年。公文書公開原則は一七〇〇年代に始まった。ノーベル賞は日清戦争（一八九四年）、日露戦争（一九〇四年）、日英同盟（一九〇二年）と同時期の一九〇一年。世界に先駆けて全面的な郵政民営化に踏み切ったのは一九九三年（一九九四年三月一日施行）。議会政治の伝統もイギリスに次いで古く、象徴的な起源は一四三五年。そして経済が絶頂の時代に税率四・二％で導入した間接税は一九九〇年に二五％に。ライフスタイルの変容に合わせて自治体再編を実視するために、フリーコミューン実験に踏み切ったのは一九八四年。かつては二五〇〇あった自治体も今は二九〇。世界に先駆けて環境問題に注目し、「国連人間環境会議」第一回大会をストックホルムで開催したのは一九七二年。とにかく行動が早い。取りあえずやってみる。ダメだとわかれば、失敗理由を説明して、謝罪・弁済して次の冒険を考える。潔くて迅速。普遍主義型福祉社会を選択した時点で、《しろうと主義》への覚悟と決意はできていたはず。膨大なステークホルダーを前にして、偏狭な既得権死守論は、説得力を持たない。財政再建速度はその例証。「時代はいつも過渡期」、つまり、「常に次のステージへの変身過程にある」という認識の共有。とにかくやってみる。ダメであっても、そこから学べばよい。失敗こそ最高の教訓。そんな大胆な実験ができたのも平和の伝統であろう。一八一四年にノルウェーでごく短期間の戦争が終結した後、今日に至るまで、約二〇〇年間、平和を維持している。先進工業国として約二〇〇年間にわたって戦争を回避してきた国はスウェーデンくらいであろう。平和は有効な政治財であり経済財であること、戦時の平和を維持するためには平時に膨大な代価を支払わなければならないことを国民も承知している。

三つの技術革命とライフスタイルの変容：可能性の増大と新たなる不安の出現

二〇世紀とりわけ、第二次大戦以後は、新たなる社会革命を経験した。医学・生命工学の飛躍的発展で長寿命化が進んだ。人生の持ち時間は延びた。ライフスタイルは当然変わる。それに平行して、移動・交通・輸送技術も革命的に発展した。人びとの活動空間は飛躍的に拡大した。加えて、情報・通信技術の発展も著しい。知的空間は、マクルーハンの予言通り、質的にも量的にも少し前の歴史では想像できないほどに拡大した。「医学・生命工学」技術、「移動・交通・輸送」技術、「情報・通信」技術の発展は、学びも遊びも恋愛も結婚も、出産・育児行動や職業生活も、退職後の生活も、療養生活も、大きく変化させた。価値の多様化、ライフスタイルの多様化は避けて通れない。人生の選択肢も可能性も飛躍的に多様化し拡大した。その分だけ、新しい恐怖や不安が増大することになる。

そうした、新しい政策課題の一つが、少子・高齢化による産業構造の変化という問題。多くの先進工業国家は依然として茫然自失の戸惑い状態。日本のように、国家予算の一〇倍、GDPの二〇〇%もの債務残高を抱えてもまだ、財政再建策は気が遠くなるほど先送り、減税・サービス供給合戦で選挙政治を継続している国もある。

スウェーデンがこの問題を直視したのは既に一九三〇年代中期。それ以後、長期にわたって、試行錯誤を繰り返してきた。幸運だったのは、他の国より早く気づいたこと。以来、一度も戦争を経験せず、政治・行政の継続性を維持できたため、政治に対する基本的信頼感を蓄積できたこと。「若い時に高い税金を払っても、人生のどこかで必ずそれを取り戻せる。平和にまさる福祉なし」との実感が広く拡散している。

少子高齢化にどう政策対応するか：政策選択肢は五つ

生産年齢人口が激減するわけであるから、労働市場の構造は確実に変化する。新しい労働力をどう補充するか。合理化やロボット化で対応するにしても、納税人口の極端な減少を伴えば、一人当たりの負担は増える。一五歳から六四歳までの生産年齢人口そのものが確実に減少するわけであるから、労働市場参加率をどう引き上げるかが重要な政策課題となる。福祉サービスの削減ではなく、労働人口・納税人口の拡大・確保が最優先政策課題である。政治行政の知恵の見せどころである。

新しい労働力の補充をどうするか。方法論はそれほど多くはない。ロードマップ作成作業は難しくない。［選択肢①］：合計特殊出生率を高める。家族環境・労働環境の整備。［選択肢②］：システムの外から調達：労働市場の開放。外国人労働力の受け入れ。在住外国人環境の整備。［選択肢③］：国内の潜在的労働力の労働市場への誘導。女性の社会参加促進。女性環境の整備。［選択肢④］：定年年齢・年金受給開始年齢の引き上げ（例えば七〇歳に）：中高年労働力の雇用促進。高齢者環境の整備。［選択肢⑤］：経済システムそのもののダウンサイジング。省力化産業社会への構造変換。企業環境の整備。そのどれもが困難であれば、［選択肢⑥］：企業の国外流出は避けて通れない。

スウェーデン型問題解決技法：女が変わる・社会を変える：先駆ける男女共同参画社会

高齢化が進展するのと並行して、少子化が進んだ。問題の深刻さに気付くのが早かった。一九三〇年代の中頃には既に、人口問題の危機が語られ始めた。問題の重要性に気がつくと、政策対応が早い。それがいかにもスウェーデン流であった。前項の方法①—⑤のうち②と③が突破口に選択された。とりわけ、国内の潜在的労働力・消費人口に注目した。経済が絶好調の時代、つまり六〇年代に、女性の社会参加を積極的に促進した。

一世帯当たり二人の勤労者、二人の納税者を作り、納税人口が増えたところで、介護と育児のある部分を社会化しようとした。女性が働きやすい環境を整備した。その分だけ男性は、仕事の重圧を軽減される。女性は社会活動する分だけ育児・家事の重圧を軽減される。「男も女も働いて、男も女も育児・家事をし、男も女も納税する」スウェーデン型生きる哲学が次第に定着した。社会全体でのワークシェアリングと表現できよう。「無理なく働ける」＋「失業しても困らない」（安全ネットワークと積極的労働市場政策）。

合意形成型問題解決

こうした政策対応は、政党間合意の政治で構築されてきた。この一〇〇年間、絶対多数議席を持つ政党が政権を担当したことは僅か一度しかない。その他はすべて、相対多数しか持たない政党の単独政権か、二—四党の連合政権が政権を運用した。合意形成型政治は、五つの連帯つまり、《男女間連帯》《地域間連帯》《世代間連帯》《国際的連帯》《労使間連帯》を基礎に入念に時間をかけて構築されてきた技法である。

現在では、比例代表制度を基礎にした多党化・連合政治であることが、大きな要因の一つになっている。価値観が多様化して、ライフスタイルが複線化している時代に、世論を無理やり二つの鋳型にはめ込み、強引に強力政権を作り、問答無用の《数の政治》を採用しようとする技法は多様化の時代に馴染まない。代議政治に必要なのは二つのR、つまり《民意への対応能力 Responsiveness》《統治責任能力 Responsibility》。

柔軟な変化対応力を基礎にした果敢な意思決定力とも表現できよう。政治家の力量を補助金（選挙区への）持ち帰り能力と錯覚し、当選回数至上主義で政治資源配分基準を策定するような政党政治は、結局は膨大な債務残高を蓄積するだけ。ダイバーシティ・マネジメントの時代には、比例代表制を基軸にした多党化・連合政治の成熟を全員参加で実現すること。二倍以上の一票格差を温存するような制度ではしなやかな合意形成政治は覚束ない。

ヒントとアイデアの宝庫：ヨーロッパのごく普通の国へ

煌めくような輝きは五〇年代から七〇年代末までの約三〇年間。八〇年代以後は、ヨーロッパのごく当たり前の国への変身過程にある。一九九五年のEU加盟はその頂点。国家そのもののノーマリセーリングを急いでいる。今はEUのごく普通の国が抱えるのと同じ絶望・不安・病理・挫折に直面している。約二〇〇年間の平和の時代に、環境からの挑戦に対して柔軟に政策対応してきたので、失敗例も成功例も含め多くの実験事例が貯蔵されている。二〇〇年も戦争を回避してきた《政治上手のしたたかな国》である、モデルにはなりにくい。だが、未来政策の選択に悩む国には、参考国として有益な情報源にはなろう。北欧のユニークな国からヨーロッパのごく普通の国に変身した、しかもごく短期間に。グローバル化の怒涛の中で、ダイバーシティ・ウエルフェア・マネジメントの時代の苦悩に立ち向かおうとしている。長期平和が蓄積した社会資本は枯渇しようとしている。それにしても、大量生産・大量流通・大量消費の時代に、小さな国ながら、不利な条件を跳ね返してきたものである。コリもせず飽きもせず試行錯誤を繰り返す我慢強い実験国家である。観察の興味は尽きない。

第一章　《スウェーデン・モデル》：継承と展開：女性・高齢者・在住外国人

岡澤憲芙

選挙を走る：キルナからストックホルムへ、そしてマルメへと：地殻変動の予感

二〇一四年九月は、欧州議会議員選挙、国会議員選挙、県議会議員選挙、コミューン議会議員選挙が集中した。スーパー選挙年といわれた。

【予想通りの結果】

選挙結果は概ね予想通りであった。政権交代は想定内。赤緑連合の合計得票率は、社民S三一・一%、左党V五・七%、環境党・緑MP六・八%で、四三・六%。一方、保守中道連合（Alliansen）の合計得票率は、穏健党M二三・二%、中央党C六・二%、国民党F五・四%、キリスト教民主党KD四・六%で、合計三九・四%であった。全てのアリアンセン加入政党が後退したのも予想通り。穏健党の敗北も予想通り。七・九%下降して二三・二%に。この大幅後退は、選挙戦後半での二大政党党首討論後は、確実に予想出来た。何故あの段階で、こんなスピーチをしたのだろう。党首討論を友人たちと聴きながら、話し合ったものである。スウェーデン民主党SDが一二・八%を獲得して第三党に躍進。前回比でほぼ倍増である。好調を堅持して、選挙後に閣内入りした環境党の倍である。第三党への躍進は予想通りであったが、得票率は一五%前後を予想していた。

そして、もう一つの予想通りは、フェミニズム・イニシアティヴF1が得票率三・一%で、四%の阻止条項を突破できず、議席を獲得できなかったこと。左党の元党首であるグドラン・シーマンは女性政治家として、独特の人気を集めていたことがある。アルコール摂取度が高いこと、卒直で直截的な表現が、分かりやすいという印象を与えていた。キルナでフェミニズムイニシアティヴの運動員に接触取材したが、シーマンの個人的魅力を中心にして数名が集まっているだけということであった。だが、リーダーの個人

的魅力だけでは全国的な運動になりにくい。既に、国会議員レベルでほぼ四五％の女性議員を輩出している。どの政党もそれなりの工夫をしている時代に、女性候補だけで選挙戦を戦うというイニシアティヴは、全国的な共感を集めにくい。地方議会はともかく、国会議員選挙では議席ゼロに終わった。例外的地域はストックホルム地方選挙。保守・リベラルの底流がある。Ｆ１の方がＳＤよりも支持を集めた。

【予想外の結果】

逆に、予想とは違った結果もいくつかあった。先ず、中央党が健闘し、得票率六・五％を確保したこと。党首は政治家として、あまりにもアマチュア色濃厚で、どんな政策領域についても、社民党への拒否感を表明するだけ。前任者も女性党首であったが、闘争心と上昇志向を前面に出すタイプで、「私たちが心に思っていることを遠慮なく代弁してくれる」と女性有権者が支持をしていた。現在の若き党首アニー・レーフ（Annie Lööf）は、二〇一一年に党首就任。前任者モウド・オーロフソンとは別のタイプで、二八歳で党首デビューした時は、政治家向きとはとても思えなかった。スウェーデン議会政治は「素人主義政治」の伝統を持っているが、ちょっと度を超えていた。若い世代には政治家は魅力のない職業で、どの党も人材難で困っている。そんな話を旧世代の研究仲間と話したものである。中央党の意外な善戦が、環境党の伸び悩みの一因になったのではないか。

予想外の結果の一つは、環境党・緑が伸び悩んだこと。得票率一〇％に届かず、予想外の苦戦。デモクラシーの価値や組織運用の手順・手法に厳格な党であるだけに、傍若無人に行動するＳＤへの反発を吸収するのではないかと考えていたが、あえなくＳＤの勢いに抑え込まれてしまった。逆に、退場・消滅が予想されたキリスト教民主党が四％の阻止条項をクリアして議席を確保した。ＳＤの急浮上で、存在感そのものが希薄化していたので、議席確保の報道で、「そう言えばそういう政党もあったな」との印象を与えたようである。

最大の予想外は、社民党得票率の伸び悩みであろう。保守中道四党連合政権で、民営化・規制緩和・市場型競争主義が強調され、結果として、ジニ係数が上昇した。所得格差は拡大し、「金持ちは一層金持ちに」のムードが社会を包んだ。それでも、社民は、それを吸収できなかった。

ジニ係数は、不平等度、たとえば国民の間での所得分配の不平等度を測定する経済指標である。ジニ係数が低いほど、給与、利子、補助金・手当その他の補償金などの分配が、それだけ平等に分配されていることになる。南アメリカの幾つかの国では、世界の平均値に比べて、非常に高いジニ係数を示している。つまり、所得分配不平等が非常に大きいということになる。北欧諸国は世界でも最もジニ係数が低いゾーンである。スウェーデンについていえば、一九九一年には、資産益を含めて計算すると、ジニ係数は〇・二三で、世界でも最も低い国の一つであった。一〇年後には、〇・二七に上昇した。さらに、二〇一〇年には遂に〇・三二にまで上昇した。資産益を外して計算しても、スウェーデンのジニ係数は上昇している。一九九一年には〇・二二だったのが、二〇〇一年には〇・二三になり、二〇一〇年には〇・二七に上昇した。伝統的には分配の平等を強調する社民党にとっての追い風である。だが、それを十分に活かしきれなかった。

また、選挙戦終盤のテレビ番組で、ユーフルトやモナ・サリーンなどの、社民党を悲惨な状態に追い込んだ連中が平気でテレビに出て得意げに社民党の復調機運について話すのを観て、逆効果と感じたものである。有権者はようやく忘れかかった悪夢を思い出すのではないか。現党首も前党首もテレビむきではない。前々党首はすこぶるテレビ向きのキャラクターであったが、あまりにもせこい・細かい・だらしないスキャンダルでヒンシュクをかい、オールド・ファンですら党を離れた。三角形のチョコレートなどでなく、大物政治家に相応しいスケール感があれば、また違う角度からの評価を受けたであろうに。社民党らしい党首をイングヴァール・カールソン以来、補充出来ずにいる。党の内外で何度も取材するが、社民党だけでなく、どの党も、人材の補充と育成に効果を上げていないようである。

【SD一人勝ち選挙：政党政治に地殻変動の予感】

二〇一四年選挙でSDは八〇万一一七八票獲得した。得票率は一二・八六%。社民党、穏健党に次ぐ第三党である。国会初進出が二〇一〇年であるから、前例のない速度での躍進である。長い歴史を持つ既成政党にとって衝撃は大きい。農民同盟以来の長い伝統を持つ中央党、自由党以来の歴史を誇る国民党、それに、分裂を繰り返しながらも、政党政治史とほぼ同じ歴史を持つ左党。伝統ある政党の懸命な努力をあざ笑うかのように、SDは簡単にそれらを乗り越えてしまった。

二〇一五年四月段階でも党員数は僅か一万七五〇〇人である。既成政党への不信感と《本音を話す》政党への希求。既成政党からの大量離脱・移入を説明するのはこの側面である。党首ジミー・オーケソン（Jimmie Åkesson）は熟知している。轟々たる批判の声を浴びせられても、ホームページで平然と表明している。「スウェーデンの友たち。私たちは未来への可能性を持っている。非常に多くの人びとが私たちと同じように考えており、私たちと同じように生活しており、私たちと同じような判断をしていることを知っている」。（https://sverigedemokraterna.se）

右の暴風

《右の風》という表現は、一九三二年から七六年までの四四年間にわたる社民党長期政権が一時途絶して以後、時折使われたことがある。社民党以外の政党が躍進して政権交代が実現すると、その都度、使われる分析用語が《右の風》。中道政党が伸びるだけでは、そのまま政権交代につながらない。政党政治の対決軸の右端に位置する政党《穏健党》が躍進して、中道保守連合政権の樹立を促すことが、基本的には、政権交代の基本ルールである。そこで、政党政治に《右の風》が吹いたと解説・分析されることになる。

政党政治対決線の右の端のさらに右に政党空間があるとは想定されてこなかった。スウェーデン民主党の突然の出現、その上、短期急成長、議会進出後僅か二度の選挙で第三党に到達し、予算案や法案の運命を決めキャスティング・ボートを握る政治勢力になるとは。穏やかな《右の風》どころではない。《右の暴風》という表現が遥かに似つかわしい。選挙後に既成政党の見せたうろたえ方が、それを証明している。

今やSDは一時的ブームとは言えないかもしれない。一過性現象というには、成長速度と規模がすごすぎる。政党政治の伝統的構造に、そこから簡単には退出させることが出来ないほどの地歩を築いたといえよう。EU離脱論やEURO加盟論・非加盟論、それにNATO加盟論が政党間抗争の争点鮮度を失わない限り、伝統回帰を強調するナショナリズムがそれに並走するであろう。全二九〇のコミューンのうち一〇六のコミューンでは、第二党の地位を確保している。社民党もしくは穏健党を上回る議席を獲得しているコミューン議会が一〇六もある。支持基盤の限定的な中間政党や宗教政党を短期間に追い越し、社民党か穏健党のどちらかを破ったということである。何度選挙を繰り返しても、政党間投票移動が小さいことが特徴となっている国で、稀有な現象である。

県レベルでも、急上昇。二〇一四年選挙では、全二〇県のうち、三つの県で第二党になった。ブレキンゲ（Blekinge）、ダーラナ（Dalarna）にイエブレボリィ（Gävleborg）である。ブレキンゲ県は党首ジミー・オーケソンの出身県。南部のスコーネの隣県で海の防衛線である。国籍不明の潜水艦が問題になった時代には、ここがドラマの中心地であった。一六八〇年にカール一一世によって南の海の拠点として開発された海軍の街・カールスクローナ（Örlogsbasens Karlskrona）は世界遺産である。ダーラナ県は、「スウェーデン人の心のふるさと」と称される中部地帯で、緑濃い丘と森、数多くの湖、それに伝統的な風俗・習慣を受け継いでいることで有名。県都をイエブレとするイエブレボリィは、ウプサラの北でバルト海に面した県。

いずれもが農村地帯である。特に、ダーラナ地方は「心のふるさと」と呼ばれる牧歌風景広がる田園地帯である。市民がサマーハウスを持ちたがるエリアの一つである。伝統的な行事や風習が今も色濃く残っている。とりわけ、夏至祭の頃の美しさは、スウェーデンに住んでいることの幸せ感で身体全体が包み込まれるようである。スウェーデン人のダーラナ好きは、体内に染み込んだ遺伝子のようなものである。日本人と富士山の関係と似てるかもしれない。愛国的風が強く、伝統的な政治選択行動で定評のある地方で、県レベルでも、第二党に進出したことは、もはや一過性現象では無いかもしれないとの思いを一層強くさせる。

SDが最多票を得たコミューン

SDが国会議員選挙で、最多票を取ったコミューンは五つある。五つのうち三つはスコーネ県である。最多票を取ったのはシェーボ（Sjöbo）で、三〇％。前回二〇一〇年選挙に比べると一四・二％の上昇である。移民排斥コミューンといえば、またしても、シェーボ。二位がブロメラ（Bromölla.）で二七・九％（一二・五％）。

三位がヘルビー（Hörby）コミューンで、得票率二六・八％で、前回に比べて一三・六％の上昇である。他の二つはブレキンゲ県とダーラナ県のコミューンであるが、党首のジミー・オーケソンの故郷はブレキンゲ県のセルヴェスボリィ（Sölvesborg）で、得票率は二五・二％であった（国会選挙票）。

逆に、SDが票を取れなかった、もしくは票を大幅に伸ばせなかったコミューンの多くはストックホルムの富裕層住宅地であった。伸びが小さいコミューン上位六位のうち、北部スウェーデンのウメオ・コミューンだけが例外的コミューンであった。この選挙区は、伝統的に「赤い県」と呼ばれ、社民党、左党、及び、その他の極左政党の強力な地盤である。その他のコミューンは、首都の周辺にある、富裕層が多く住む住宅街である。富裕層地域では、偏狭なナショナリズムを受け付けない気風が、そうでない地域に比べ、大きいのかもしれない。多様性を受け入れるだけの余裕があると表現できるかもしれない。

ダンデリード（Danderyd）五・五％（三・六％）
ウメオ（Umeå）五・六％（三・三％）
テービー（Täby）六・四％（四・一％）
リディンゲ（Lidingö）六・五％（三・八％）
ナッカ（Nacka）六・五％（三・七％）
ヴァクスホルム（Vaxholm）六・六％（四・〇％）

シェーボ・コミューンの憂鬱：「またしてもシェーボか」

SDがシェーボ・コミューンで成功して全国最多票を取ったことは、もう一方で、そこに住む住民たちを、憂鬱な気分にさせてもいる。

三〇％がＳＤといっても残りの七〇％はＳＤに投票したわけではない。だが、全国最多票という事実は、以前に、移民受け入れ反対決議をして全国的な話題を提供したことがあるという事実と重なって、ある種のダブル効果を生んだ。「またしても、シェーボなの」。

ＳＤ支持者は「ＳＤが政権に入り、移民政策について考えてほしいと思う。その他の政党は真剣に取組んでいないから」「でも私のことをラシストとは書かないでほしい。私はそうではないのだから」と微妙な表現。「私としては有権者を覚醒する目覚まし時計のつもりだった。それが今や三〇％に」。シェーボ・コミューンのある選挙区では、具体的には、フレニンゲ選挙区(Fränninge distrikt)であるがＳＤが三五・八％を獲得した。右のコメントはその選挙区の住民である。

こんな話もある。

「私には他の地方に住んでいる子どもがいる。でもどこから来たのと聞かれてもことさら説明しないようです。シェーボ・コミューンから来たと知れたらラシストというスタンプを押されそうだから」。

スコーネ県の三三のコミューンのうち、一九のコミューンでＳＤの得票率が二〇％を上回った。まさに、時代の風はスコーネからの風情である(Metro :Skåne 2014-09-16)。

ＳＤ票はどこから来たか？

選挙戦の全過程で、一対八の綱引きでジミー・オーケソンが各種ＴＶ番組で戦った。ＳＤはジミー・オーケソン党首の個人的魅力で上昇気流に乗った。なかなかのイケメンで雄弁。服のセンスも良い。この綱引きを見ていたら、頼もしく感じる有権者が多いのではないか。逆に彼を非難しようとして他のリーダーたちが、ガチガチ激しい表現を使ってポイントを下げていた。臨機応変の対応力を持ち賢い印象。流れの方向とその場の空気が読める。とにかく、全員を敵に回し孤軍奮闘する若い新人スターの有利さを熟知していた。卓抜の状況対応力が備わっていた。自分から仕掛けなくとも、すべての参加者が批判と質問を浴びせてくれるのであるから、じっくり、選択的に対応するだけで良い。皆が皆、話題の中心に彼を置くのであるから、自動的にそれなりの大物に担ぎ上げられる。社民党がなぜ若い時に彼をリクルート出来なかったのであろうか。

社民党や左党の選挙小屋は年寄りが多かった。ノスタルジーで集まっている感じ。穏健党や環境党には若者が多い。SDの選挙小屋には、青壮年が多かった。論争を仕掛けて、説教でもしてやろうという物腰の有権者である。高齢の女性有権者はあまり寄り付かない。ジミーは、多くの政治家を輩出した北欧最大の有名校であるルンド大学の出身である。選挙小屋の設えも、対応する運動員の選択や構成も巧妙であった。泥臭いナショナリズムではなく、経済的合理性をクールに説ける爽やかタイプを集めて対応させていた。

開票速報早々に、ラインフェルト首相が敗北宣言し、来春には党首を辞めると宣言。連合パートナーへの感謝を口にして、舞台を潔く去った。社民党は勝ちはしなかったが、政権は確保した。そんな、SDの一人勝ち選挙だった。スウェーデン語で《ボーグメスタレー》つまり《バランサー》として、予算案を始め、全ての法案について議会内表決力を誇示できる。

ところで、ラインフェルト首相の辞意表明で、ホッとしたグループがある。「これでカール・ビルトも外務大臣でなくなる」と考える党内外のグループである。自分一人で独裁者のように決めたがる。相談しない。熟議デモクラシーの風土に似合わない。ＮＡＴＯ参加にまで突進しそうな気配がある。神経質な中立・平和政策維持派はそんな不安をアウトサイダーに打ち明けたものである。ラインフェルト首相にとっても、党首ポストをバトンタッチされた先行者だけに、外務大臣の存在は、重荷だったのではなかったか。

ＳＤの挑戦：二大政党に果敢に挑む

スウェーデン・テレビが実施した投票場調査（出口調査）は、政党政治の構造に対するＳＤの挑戦を示唆している。［結果一］ＳＤ投票者のうち、二〇一〇年選挙でＳＤ以外に投票した者で今回ＳＤに投票した者は五九％。［結果二］二〇一〇年選挙でＳＤに投票した者で今回ＳＤに投票した者は四一％。前回と二回連続で投票した有権者が四一％で、新規支持者が五九％であるから、二倍強支持を拡大したことになる。［結果三］新規支持者五九％はどの政党から来たか。つまり、五九％の内訳は、どうなっているか。（Nerikes Alehanda 2014-09-15）。

【移動は穏健党から、ついで社民党から】

穏健党から：二九％。社民党から：一六％。国民党から：五％。ＫＤＳから：三％。左党から：二％。環境党・緑から：二％。中央党から：二％。予想通り同じ保守党の穏健党からの移動組が一番多い。移民に寛大過ぎる、もっと制限すべきだと考える有権者がＳＤに乗り換えた。後で紹介するが、ラインフェルト首相が選挙終盤で「スウェーデン国民はもっと心を開くべきだ」と社民党のレヴェーン党首との討論会で表現したが、保守党の党首にしては、他の国と違うことを言うなあという思いで、そのユニークな演説を聞いていたが、あのフレーズが移動を決定的にしたのではないか。テレビを見ていた友人と思わず顔をみあわせた。「この段階で言うセリフではないのに。大胆と言うか正直と言うか、勝負を投げてしまったというか」。

社民党からの支持変更組が多いことも印象的。政党配置図の右端の政党から、その右に登場した極右政党に支持変更する有権者が多そうなことは容易に推論できる。だが、政党配置図の左から二番目の政党から、新規極右政党に支持変更する有権者が大量にいることをどうすれば説明できるか。

「犯罪を犯した外国人は無料で医療を受け、無料で歯科治療をしてもらえ、無料の薬をもらえるのに、その一方で、それらを手にするお金が無いスウェーデン人が大勢いる。今は変な時代である」スウェーデン民主党幹事長ビョルン・セーデル（Björn Söder）。https://sverigedemokraterna.se

高負担社会の有権者には説得力のあるアピールである。移民天国とは言わぬまでも、そう感じているタックスペイヤーは多い。ＳＤの戦術は納税者には説得的である。「福祉増額に反対では無い。高い税金を長い間払ってきた高齢者の福祉に回すべき資源を、税金をまだ払ったことのない人のために際限なく使うのは忍びない」。低所得者層がＳＤに傾きつつあるのは、こうしたメッセージの持つ現実説明力である。

道路の真ん中を移民がけれん味もなく堂々と歩き、納税者は道の端を遠慮がちにトボトボ歩いている。ぶつかりそうになった時、道を譲るのは、後者である。前者は、時として、睨みつけながら我が物顔に歩いてゆく。スウェーデン民主党への共感の背後にある光景の一つである。

ついに、世論市場の《第一党》に：どこまで続く快進撃

二〇一五年四月。YouGov-mätningen による支持政党調査で、一九・五％に上昇した。ＳＤにとって、新記録である。多党化・連合政治が定着した国で、新規参入政党が到達できる水準ではない。歴史の長い中

道三党の合計支持率が一四・九％であることからも容易に推測できよう。第一党の社民党Ｓが二六・二％、第二党の穏健党Ｍが二三・五％である。もはや、「過渡的な一時的現象」では収まらない。因みに、社民党の連合パートナーの環境党ＭＰの支持率は五・六％である。https://sverigedemokraterna.se。

二〇一五年八月。快進撃は続いた。遂に、社民党（二三・四％）、穏健党（二二・〇％）を抜いて、第一党になった。ＳＤ支持率は二五・二％であった。「有権者の四人に一人」である。専門家の多くにとっても「想定外」の数字である。国民の「忍耐力のバブルが弾けたのではないか。本音トークをすれば、ありうる数字。物乞いが珍しくない街角の光景を見ながら世論調査に答えていたら、もっと上の数字になるのでは」。ドイツと並んで、超寛容国家である。シリアからの難民の流入が続いた秋には、YouGov 調査で二七・三％に。寛容度の高い政府政策が不寛容政党の力の源泉になっている。政党政治の伝統パターンが危うい。その分だけ、次回選挙が興味深い。https://sverigedemokraterna.se:2015/09/17。

政権構想：スタートライン：いくつかの政権選択肢

選択肢１：Ｓ＋ＭＰ⬇二党切望⬇Alliansen よりも小さい

選択肢２：Ｓ＋Ｖ＋ＭＰ⬇ＶとＭＰは反りが合わない⬇政権が左に引っ張られる

選択肢３：Ｓ＋ＭＰ＋ＦＰ⬇ＦＰが入りにくい⬇敗北して政権というイメージ

選択肢４：Alliansen ＋ＭＰ⬇ＦＰが望んでいない⬇左右に野党を持つ中道政権

選択肢５：Ｓ＋Ｍ⬇第一党と第二党による大連合政権。

選択肢５：について、若干説明する。選択肢１：２：３：４：は、いずれもが、実現可能性の低い、もしくは、樹立されても、政策実行力の小さい政権選択肢と考えられていた。提案が出ると同時に、消極的な否定論が出て、議論が前に向いて進まなかった。比較政党政治論の視点からは、選択肢5：の考え方もあると、研究者などの集まりで話したことがある。《数の論理》を重視すれば、一一三＋八四＝一九七議席で、議会内議席占有率は五六・四％であり、連合政権地位としては最も望ましい《最小勝利連合政権》の条件に合致する。取り敢えず、選挙管理内閣として樹立し、やり直し再選挙を実行するというスタイルである。すべての政権選択肢の中で、唯一、過半数議席を確保している選択肢であった。だが、スウェーデン連合政治では、問題外の選択肢であった。《数の論理》だけでは、この国の合意形成型連合政治は理解できない。

結果として、選択肢1：で落ち着くことになったが、ウチからもソトからも賞賛を受けることのない、「やむを得ない、緊急避難的選択肢」である。

選択肢2：については、社民党内の左党嫌い感情は伝統として定着しているため、左党が閣内入りを切望する声を発する度に、社民党は距離を置いた。左と親密になれば、中間政党が、社民党との距離を大きくするという不安感がつよい。左党と環境党・緑も反りが合わなかった。三党連合では、政権が左に引っ張られるという懸念が、社民党内と同様、環境党・緑の内部にもあった。そして、何よりも、社民党一一三、環境党・緑二五、左党二一＝一五九議席で、議会内議席占有率は四五・五％に過ぎない。無理して三党連合を形成しても、過半数獲得ができないなら、三党連合の旨味がほとんど期待できない。

選択肢3：は、社民党が期待した選択肢である。「中央に向けて開いている」伝統的スタンスを明示できる。だが、この組み合わせも、社民党一一三、国民党一九、環境党・緑二五＝一五七議席で、議席占有率は四四・九％に過ぎない。連合形成地位は、選択肢２：と同様に、心もとない。

だが、「中央に向けて開いている」というスタイルは、次のステップへの期待を含んでいる。社民党は懸命にこの選択肢でまとめようとしたが、国民党は、「敗北したのに、古い仲間を捨てて、政権に入った」というイメージの発生を嫌った。

選択肢４：は、それまでの保守中道連合政権アリアンセンに環境党・緑を誘って、後退分を埋めようとする選択肢である。政権交渉が全て失敗したら、アリアンセンの継続もあり得るという論理は、それなりに可能であった。だが、穏健党八四、中央党二二、国民党一九、キリスト教民主党一六、環境党・緑二五＝一六六議席。議席占有率は四七・五％。この選択肢も、過半数議席は確保できない。五党連合少数派政権を樹立して、円滑に政権運用できそうもない。国民党は、この選択肢に興味を示さなかった。そしてなによりも、ラインフェルト首相自身が、敗北宣言・政権下野・党首辞任、をはやばやと明言した。

かつてなら、政局運営について、ある程度の影響力を行使できた国民党・自由も、支持基盤が揺れていて、イニシアティヴを取るどころではない（国民党・自由は二〇一五年一一月に自由党に党名変更した）。

国民党・自由は、政局展開力を低下：

［民営化時代の教育問題：利潤追求型会社が学校を経営できる］。アリアンセン参加で国民党は穏健党と教育問題について、合意した。伝統的な学校教育観を持つ教師には、衝撃であった。
理屈はこうなる。利潤追求型企業による無責任な学校経営はおかしいが、公共の学校がうまく行っていないので、できればフリースクールに子どもを入れようと親が思うのも自然である。教育の目的を明確に

しないで、いじめや暴力などの問題を指摘するだけ。そこから出る結論は、生徒数を減らせとか教員数を増やせという当たり前の案だけ。政党間距離はほとんどない。基礎学校教師をしている姪のクリスティーナが、その場にいたのでしばらく、学校教育の現状について話した。「教員は一〇年ほど前は多くが国民党に票を入れていたが、今では国民党党首を信じてない教師が多い」というのが実情らしい。国民党・自由のリーダーの組織内発言力は明らかに低下しているようである。

政権形成過程の背景風景：党首討論と合意形成型政治のシナリオ

◉投票日前日のテレビ討論。穏健党と社民党の党首だけが参加。他の政党は無視。これが受け入れられているのは不思議。場内にいる参加者から質問を出させそれに答える方法。出産育児休暇明けの女性が「どう社会参加できるか」。「天候不順にどう対応するか」。

◉これは選挙前最後の党首対決でもある。穏健党党首フレデリク・ラインフェルト（Fredrik Reinfeldt）と社民党党首ステファン・レヴェーン（Stefan Löfven）の党首対決。他の政党はよくこの番組を許したものである。政権形成の基軸は二大政党にあるとの合意が定着している。主要問題で政策距離はほとんどない。負担と給付の関係について有権者はかなりクールに判断できる。減税はあっても福祉水準がこれだけ下がってしまうなら、ある程度の増税もやむを得ない。行き過ぎた人員削減と組織簡素化で、生活水準・福祉水準が下がっている。所得格差が大きくなり過ぎている。

◉合意形成型政治の典型［エールの交換］

「私が首相になることになったら、安全保障問題や外交問題では、広範囲の合意領域を維持して行政の一貫性をできるだけ確保したい。政権が変わったからといって外交政策や国防問題に大きな変更があってはならない」。レヴェーン社民党党首。「私とレヴェーンとが人種差別問題について共同で努力していけることを誇りに思う」。F・ラインフェルト首相。互いにエールを交換している感じ。

おどろくほど寛大なラインフェルト首相

ラインフェルト首相はレヴェーンとのテレビ討論会で前掲スピーチ、つまり、「スウェーデン国民は心を開くように」と話した。保守政党のリーダーとしてはヨーロッパではユニークすぎる。二〇一三年で言えば、フランスで登録されている難民申請数は六万六二五一人。同年スウェーデンでは五万四二五九人の難民申請者を受け入れた。移民局は二〇一四年には八万人になると予想している。フランスがスウェーデンと同じ比率で受け入れるとしたら、総人口が六六〇〇万であるから、五〇万人以上の難民申請者を受け入れることになる。フランスでは到底考えられない数字である。フランスの特派員(Anne Francoise Hivert)の署名記事である(Svenska Dagbladet 2014-09-08)。SDの反・大量移民受け入れ論に煽られっぱなしの選挙戦で、二大政党の党首は、確実に政策距離を縮めた。極端な排除主義が、接近を加速した。

二〇一四年《一二月の合意》へ向けてのプレリュード

紆余曲折の後、結果として生まれた社民党と環境党・緑の二党連合少数党政権は、誕生した瞬間から、政権の運命を他党に委ねたひよわな政権であった。環境党・緑は政権担当経験がなく、ある種のアマチュア集団。主張は明確で分かりやすいが、国レベルの行政能力については、未知数。心許ない。ピュアな原理主義者に戻ってしまう可能性もある。

スウェーデン民主党SDの急上昇を受けて、政権樹立の新しいスウェーデン・スタイルが生まれるかもしれない。それは、両極を避けて、求心的競合を展開する全ての政党が、両極の政党、つまり左党とSDを孤立させ、両極政党を除いて形成される最大の政党ブロックが政権を担当しようとする政権樹立のスタイルである。前首相のラインフェルトが示唆していたことがあるやり方である。この技法は、ノルウェーともデンマークともフィンランドとも違うやり方である。ナショナリスト政党が第三党にまで躍進して、連合政権樹立が不可避の事態になれば、政権樹立過程はそれほど複雑ではなくなる。最小勝利政権連合、つまり《過半数議席》＝《五〇％プラス一》議席を確保するために、伝統的な保守政党なら、政策距離が小さいことを理由に、そのナショナリスト政党を連合パートナーに選択するはずである。政党政治学の常識も無難な選択肢として、その選択に対して、異を唱えることはないであろう。

穏健党八四議席、スウェーデン民主党四九議席で、一三三議席。これまでアリアンセン（保守中道連合政権）として、連合パートナーであった、中央党・国民党・キリスト教社会党のどれかをスウェーデン民主党と入れ替えるか、従来のパートナーにスウェーデン民主党を追加するだけで、過半数を簡単にクリアできる。穏健党のラインフェルト首相は、この《数の論理》を優先させず、党の大幅後退を《敗北》と捉え、政権交代に進んだ。スウェーデン連合政治の一つの見識である。

結果として第一党の社民党が環境党・緑だけを連合パートナーとして、過小規模連合政権を樹立する。社民党・環境党・緑の合計議席は一三八議席で総議席数三四九議席に占める比率は僅か三九・五％である。

多くの国でなら奇異に感じる政権かもしれない。先ず、選挙後の政権樹立過程を、繰り返しになるが、若干詳しく概観し、政権危機へのプロセスに言及したい。

〔政権形成過程：セカンド・ステージ：不透明・迷走〕ブロック・ラインを超えるか

社民党の伸びが予想されていた水準をかなり下回ったので、政権構想が難しいと予想出来た。社民党と環境党・緑だけでアリアンセンを上回れず、最小勝利連合政権を樹立するには、左党を必要とする。左党アレルギーの強い社民党は、簡単に三党連合に踏み切れない。政権構想の困難化は直ぐに予想出来た。《数の論理》を優先すれば、《穏健党＋社民党》の大連合政権構想が暫定構想として有効であるが、これをまとめられるリーダーがいない。もしいたら、ここまで事態を追い詰めなかったハズである。

ＳＤ以外は全てが敗北・後退という事態は、選挙後の政党政治を不透明にした。先ず第一に、連合政権の構成について。そして第二に予算案処理について。そしていずれの問題についても、「さすがスウェーデン流」という問題解決技法で落ち着くことになった。

先ず政権樹立過程について整理しておきたい。合意形成型政治の知恵と工夫であるが、数の論理に慣れていると、少しだけ《憲政の常道》から外れているように映るであろう。過半数議席を持つ政権を樹立させるために、この際は、アリアンセンの八年間の絆を一度切断し、「ブロック・ラインを超えるように」との圧力は中道政党である、国民党ＦＰと中央党Ｃにかかってきた。財界も関連利益団体も政局混乱や、やり直し選挙を望まない。今、政局混乱を演出したり、新選挙をしても、喜ぶのはＳＤだけである。それに何と言っても、保守中道三党連合政権がアリアンセンという名で政権を担当する前は、閣内外で社民党を助けたのは、中道政党である。

つまり、社民党には中間政党と連合政権を組む伝統がある。社民党には農民同盟と呼ばれた頃の中央党Cと共闘した歴史がある。赤・緑連合のオールド・スタイルである。社民党・農民同盟の最初の協力関係は一九三三年の危機克服政策で協力した。一九三六年の第二院選挙後に、連合政権を樹立した。農民同盟の党首アクセル・ペールソン・ブラムストープ（AxelPehrsson Bramstorp）が農業大臣に就任した。

第二次大戦中は、農民同盟も、共産党ＳＫＰと小さな社会党（det lilla Socialistiska partiet）を除く全ての政党とともに挙国一致大連合政権に入った。これは一九三九年から一九四五年まで続いた。

一九四六年にペール・アルビン・ハンソン（Per Albin Hansson）が突然の死去。それ以来、ターゲ・エランデル（Tage Erlander）が純社民党政権を組閣していたが、その間、一九五一年から一九五七年まで、社民党と農民同盟（Bondeförbundet）の連合政権が樹立された。議会第二院で過半数議席を持っていなかったこと、また、左隣の共産党ＳＫＰとの連合を望まなかったことが、農民同盟との連合を樹立した理由であった。中間位置を睨んで求心的競合に向かうのが社民党の伝統である。農民同盟の党首グンナル・ヘドルンド（Gunnar Hedlund）は国務大臣に就任した。党はさらに三つの大臣ポストを獲得した。合計四ポスト。

一九九〇年代の中期から一九九八年まで、社民党は旧農民同盟から党名変更した中央党に接近し、協力関係を持った。イングヴァール・カールソン（Ingvar Carlsson）が引退した後、政権を引き継いだヨーラン・ペーション（Göran Persson）首相は、当時の中央党党首のウーロフ・ヨーハンソン（Olof Johansson）を説得し協力関係を樹立した。国防問題とエネルギー問題について政策合意ができたのである。ブロック・ラインを超えた協力関係（samarbete över blockgränsen）を構築したのである。そして中央党には大臣ポストを与えなかった。いわゆる閣外協力の取り付けである。ただし、内閣府に相互政策調整担当官（samordningstjänstemän）を設置した。（Dagens Nyheter 2014-09-17）

【中間政党は動かなかった】

ブロック・ラインを超えるには、過去八年間に社民攻撃が激しすぎた。投票日の直前まで、社民嫌いを公言していたため、ハンドルを切りにくい。今更である。中央党も国民党も後退基調であり、意気上げて前に出るムードではない。

社民党は連合パートナーとして、選挙戦中の約束通り、環境党・緑は指名したが、左党を招聘しなかった。選挙戦中から左党は政権担当意欲を露骨なほどに表明していた。事前予測が外れて社民党が大躍進すれば別だが、順当な結果が出れば、「社民—環境—左」の三党連合しか選択肢はないであろう。今度こそ、悲願の政権担当政党になれる。党首討論会でも、いじらしいほど、社民党に歩調を合わせた。だが、社民は、言い寄ってくる左を無視して、見向いてもくれない中間に秋波を送った。スウェーデン政党政治の伝統でもある。左を無視することで、中間政党の政権参入を優先するとの意思表明である。左党と政権協議でもしようものなら、中間政党は、一気に右へ移動してしまう。そこまでしても、中央党も国民党も招聘に応じなかった。アリアンセンへの愛着と郷愁が余程強かったのであろう。

社民党の政権樹立工作は、予想通り、過小規模連合という変則的な政権で終わった。多くの国でなら、政治的常識を逸脱する政権である。連合パートナーの議席数合計が過半数、つまり五〇％プラス一議席を下回る連合政権が誕生した。法案を通すために「必要な政党」、つまり議会内で《五〇％プラス一》議席を確保するために必要な政党を含んでいない連合政権を樹立することになった。この国の政党政治では、それほど違和感はない。いくつも先行事例がある。

【「赤・緑連合政権」の樹立と政権の危機】

最終的には一一三議席しか持たない相対多数政党・社民党と二五議席の第四党・環境党・緑の連合政権が樹立された。与党議席数は一三八議席。総議席三四九に占める与党の議席占有率は僅か、三九・五％である。政権の運命を常に他党に委ねた過小規模連合政権の典型である。

さっそく「政権の危機」。二〇一四年一二月二日。スウェーデン民主党が危機を誘導した。党としては、アリアンセン、つまり前保守中道政権の予算案を支持すると表明した。スウェーデン民主党がそうした行動にでれば、現政府の予算案が一二月三日に否決されることになる。

首相は一二月二九日には、翌年三月二二日にやり直し選挙を実施する旨表明すると通知した。一二月二七日。事態が急変。政権二党とアリアンセンを構成する野党四党が会談して、過小規模連合政権が予算案を成立させることについて合意した。そして、首相はそれを受けて、やり直し選挙の実施を中止すると表明した。

一二月の合意：スウェーデン型合意形成技法

もう一度繰り返すが、ＳＤの大躍進でスウェーデン政党政治は、従来型ではない政治危機に直面することになった。社民党は相対多数政党の地位を確保した。これは二〇世紀初頭以来変わることのない伝統である。だが、二〇〇六年以来の、アリアンセンと呼ばれる保守中道四党連携が強すぎる結合をほどこうとしないため、政権形成過程が若干複雑になった。中道政党が、特に中央党と国民党が、穏健党との連携で手にした充実感を忘れ難く、社民党へ向けて求心的に移動し、中道左派連合政権を構築する気分になれなかった。とりわけ中央党の若き女性党首がヒステリックに穏健党との連携継続意欲、社民党への嫌悪感を何度も繰り返した。まるで無機質なテープレコーダーの繰り返し音を聞かされるように。

社民党は連合政治のパートナーを中道政党から左派政党に切り替える必要が濃密になった。環境党・緑と左党である。最小勝利連合政権を作るには二党とも必要であった。だが、実際には、SDが環境党・緑も左党も後退させてしまったので、三党連合でも最小勝利連合に届かない。ここで、社民党は伝統的な政党戦略を選択した。左党外しである。これは社民党の伝統的な政党戦略である。どんなに左党がフォーマルな連合形成を切望し、閣僚ポストの配分を請い願っても、閣内に入れない。政治的スペクトラムの左端に位置する政党が、右隣の社民党の法案を乗り越して、保守政党の法案を支持するはずがない。そんな冒険主義は思想純度を大切にする共産主義政党には馴染むはずがない。議会内法案審議・表決過程では、社民党の自動的同盟軍であり続けるであろう。社民党は左党を遠ざけることによって、中道政党の法案別是々非々主義行動を誘導しようとした。

環境党・緑だけを連合パートナーとする過小規模連合政権を選択した。この過小規模連合政権は、政権を失った旧政権政党の無念と第三党に成長した急上昇ナショナリスト政党の意気軒昂に、悩まされることになった。

首相ラインフェルトは潔く、あっさりと敗北を認め政権下野、党首辞任を表明したのに、中道政党は、アリアンセンとしての統合的同一歩調にこだわった。辞めて行く首相への愛情の深さを表明するだけだったかもしれないが、それを度を超えて何度も繰り返すと、後に引けなくなってしまう。感情的に繰り返される同じフレーズを聞く度に、国民党と中央党の党首の未熟さが際立ってきた。柔軟性を欠いた単純な行動パターンは中間政党を追い詰め、政党政治を袋小路に追い込むのではないか。そんな懸念を感じたものである。

急上昇政党も意欲を隠さなかった。全ての法案について決定権を握る。第三党に急浮上した政党としては、自然な反応である。しかも、ほぼ全員が政治的アマチュア。予算案を通さない。威力を示すには当然の戦略選択肢。

首相レヴェーンには《政権の危機（regeringskrisen）》。これも想定通り。環境党・緑と二党だけで過小規模連合政権を樹立した段階で、全ての政治局面での内閣危機は覚悟の上。中間政党の歩み寄りでもなければ、予算案は通らない。だが、アリアンセンは隊列を崩さない。予算案否決。一八二対一五三票。

予算案否決後の首相レヴェーンのスピーチは、迫力があった。ブルジョワ・ブロックの四党がスウェーデン民主党と同一行動をとって、予算案を否決したということは、ブルジョワ政党とスウェーデン民主党が、事実上は、同じボートに乗っているという証である。「同じ予算案について同じ行動をするということは、彼らが同じ政治を目指しているということである」（politiken.se48/2014 s.3）。この演説は、予算案を否決された政権政党のリーダーの無念と政権維持にかける気迫を感じさせる。

スウェーデン政党政治の常識では、議会解散総選挙というシナリオはあくまでも例外的措置。任期満了選挙が基本。一九五八年に付加年金問題で内閣危機が発生した時を思い出した有権者も多いはず。首相は、ここでやり直し選挙を決断・発表。政党はクールに事態を分析できた。やり直し選挙は二〇一五年三月二二日（日曜日）を投票日とすると発表された。

各党の選挙対策委員会がクールに考えれば、落ち着き先は見えている。そう考えたのは私だけではないはず。ここで解散しても票を伸ばすのはスウェーデン民主党SDだけ。他の政党は、こぞって後退するであろう。大きな第三党が後退する見込みはない。そうすると、どの党が相対多数政党になっても、同じ状況に直面するだけであろう。わざわざやり直し選挙をして、極右政党をさらに肥大させることはない。九月選挙で全ての政党が極右政党に票を奪われた。直後の今、選挙をしても、奪還する自信はない。SDは、危機状況に満足。左右両ブロックから、政権担当機会を拒絶されて、失望を禁じ得なかったが、議会内表決過程では、第三党として、バランサー役を演じ、混乱を演出できた。ここで、やり直し選挙があれば、「移民受け入れ政策の是非に関する国民投票として活用できる。更に、上昇気流に乗れる」(politiken.se48/2014 s.3)。極右政党には、党勢拡大好機が思わぬ事態から転がり込んだ。

【一二月の合意 Decemberöverenskommelsen】

年も押し迫った二〇一四年一二月二七日。記者会見が開かれた。政権政党のリーダーとアリアンセンを構築する野党のリーダーが予算案の処理について与野党間合意がなった、と発表した。政権の危機が回避された。

合意形成の目的は、少数党政権もその予算案を基盤にして政権担当できるようにすることである。しかし、その他の問題については、政策案件別に協定・取り決めを結ぶ必要がある。

《数の論理》で、政権打倒行動が繰り返されたら、政党政治は進まない。なぜなら、第三党である民主党を外して政権を樹立しようとすれば、大連合でもない限り、必然的に、過小規模連合になるからである。ここにスウェーデン連合ゲームの伝統的手法が採用された。先人の知恵であろう。政党政治の競合空間の両端にある政党は、つまり極右政党と極左政党は、その隣の政党が政権担当の中枢となる時には、フォーマルな連合パートナーとしては処遇されない。両極政党は、院内表決に際して、中軸政党を超えて、つまり政策距離のより大きい政党の提案を支持できない。ある種の自動的同盟軍になる。一二月合意では、左党とスウェーデン民主党を外した。中間位置に向けて求心的に行動するのがスウェーデン型合意形成政治の伝統的技法である。首相レヴェーンは、この合意形成で、やり直し選挙を中止すると表明した。政権危機は去った。

合意に達した政党は、この取り決めが二〇二二年選挙日まで有効であると決定した。国会議員の任期が四年であるから、八年間二期分ということになる。長過ぎる。政党政治からイキイキとした活力を奪ってしまう可能性がある。だがこれは、アウトサイダーの懸念。スウェーデン政党政治史の屋根裏部屋を覗けば、他の国でなら想像を超える変則事態がいくつも転がっている。世界の非常識・スウェーデンの常識である。合意内容を列挙すれば、大胆である。両極政党への、とりわけ極右政党への反撥・嫌悪感・不安感が、変則行動に向かわせたのであろう。得票率一二・八％の政党への対応としては、過敏であり過剰である。別の方法が無いわけではないのに。

合意内容を列挙すれば、既成政党の「未知との遭遇」への反応が過敏・過剰過ぎることがわかる。二〇世紀初頭、社民党が急浮上し、短期間に政権担当地位に成長した時代を彷彿させる慌てぶりである。

◉合意点1：首相候補については、他の全ての政権選択肢よりも多くの院内支持を集める候補者が首相に就任する（左右両極の政党が、首相選出過程で決定的な役割を演じることはない）。

◉合意点2：少数党政権であっても、その予算案を実行できる（スウェーデン民主党には、予算案を左右するようなキャスティング・ボートを握らせない)。
◉合意点3:予算案処理については、合意取り下げはできない。
◉合意点4:三つの政策領域、つまり、国防・安全保障、年金制度、エネルギー政策の政策領域では、対話と協調の精神で臨む。
◉合意点5:合意は二〇一五年度春予算から適用される。つまり、アリアンセンが策定した二〇一五年度秋予算案については成立することになる。そして、自動的にレヴェーン政権は二〇一五年度に所得税を引き上げることはできなくなる。ただし、若年労働者に関する雇用主負担金を引き上げることについては一定期間後可能になる。
◉合意点6:合意に伴って一切の法改正はない。あくまでも、六党が合同して実行することを約した新たなる政治慣行である。

SDの代理党首であるマティアス・カールソン(Mattias Karlsson)は、予算案否決から政権危機の過程で、勇ましいコメントを発表した。「スウェーデン民主党は、今日から、今日の水準を超えて移入民政策に予算増額をしようとする全ての政府や予算案、また移入民政策について環境党により大きな影響力を与えようとする全ての予算案や政府は、倒閣・否決の対象として活動を展開する」(Politiken.se,48/2014,s.5)。

「中央に向けて求心的に行動する政党による連合政治」。いかにもスウェーデン的発想である。《ニュー・スウェーデン・モデル》。名称はともかく、独創的な智慧である。議会内議席僅か四〇%弱の過小規模連合政権を左右両極の政党を除いて構築するなんて。

最近の政治風景：[女性党首の噴出]：スウェーデン・モデルの最前線

【最初の女性首相候補：穏健党アンナ・バトラス】

二〇一五年六月現在で、ブルジョワ政党は四党のうち三党が女性党首である。中央党、キリスト教民主党、それに穏健党である。国民党だけは男性党首であるが、話題性も人気も無いタイプ。

スウェーデンで女性首相が生まれるとしたら、穏健党党首アンナ・キンベリィ・バトラス（Anna Kinberg Batras）である可能性が大きい。一九九八年、若気の至りであろう。言葉を滑らせたことがある。「ストックホルム市民は、田舎の人よりスマート（Stockholmare är smartare än lantisar）」。地方出身者を茶化すこんな発言をして、全国的知名度を高めたことがある。ストックホルム愛が強すぎるのであろうか。主な支持基盤が首都だとしても、政権を狙う大政党の政治家としては、いただけない。ストックホルム大学でフランス語などを学んだ後、ストックホルム商科大学の出身。国際ビジネスマンを目指す学生が多いので有名なエリート校である。彼女がラインフェルト首相の後任党首に選出された時、有権者の多くは「まさか」「あの」「いくらなんでも」という反応であった。ＩＴ先進国である。YouTubeは、忘れない・見逃さない・消せない。「穏健党も、他党に劣らず、人材難なんだ。わざわざ、よりによって彼女を党首にしなくとも」。そんな雰囲気のなかで登場した。一メートル八二センチの長身。四五歳の女性党首である。父親は既に他界。七〇歳の母親は健在で、グネスタ（Gnesta）のコミューン議会議員で所属は国民党。夫はインド系の移民ファミリー出身。党内の大派閥から選出されているので党内基盤は絶大で、小さなミスでは失脚しないであろう。http://www.expressen.se/nyheter/anna-kinberg-batras-100-dagar-pa-toppen/(läst2015-06-01).
http://www.svd.se/vem-ar-anna-kinberg-batra(läst2015-06-07)

二〇一五年一月一〇日、総選挙での敗北の責任を取って四九歳で党首を辞任し政界引退を表明したラインフェルト首相の後を継いで穏健党首に選出された。

彼女のバックグラウンドとキャリアは典型的な保守政治家のそれである。一九七〇年四月一四日に南ストックホルムのシェールホルメン(Skärholmen)で生まれ、高級住宅街で有名なダンデリード・コミューンのデーユルスホルム(Djursholm)で育った。幼少時代の多くをオランダで送った。父親の仕事の関係である。オランダ語を話すのはそのためである。経済界や学界に有名人を輩出したファミリーの一員である。そして、政治的経歴は典型的なスウェーデン型である。若くして(一三歳)、党の青年同盟(穏健党青年同盟 Moderata ungdomsförbundet :Muf)に入り、経験を重ねていくパターンである。一九九三年(二三歳)にはカール・ビルト首相の下、首相官邸の政策専門家に登用された。その後、党のストックホルム県執行部に任命され、二〇一〇年には党本部の執行委員会のメンバーに任命された。党首就任は四五歳。前任者が四九歳で引退であったから、大幅な若返り効果はなかった。http://sv.m.wikipedia.org/wiki/Anna_Kinberg_Batra (läst 2015-06-07)

【二八歳で党首に：中央党の党首アニー・レーフ】

アニー・マリエ・テレーセ・レーフ(Annie Marie Therése Lööf)は一九八三年七月一六日ヨンシェピング(Jönköpings län)で生まれた。二〇〇六年にヨンシェピング県から議会選挙に挑戦・当選。二三歳の国会議員であった。それから僅か五年後、二〇一一年に、当選二回で、中央党党首に選出された。二八歳であった。ラインフェルト保守中道四党連合政権では、産業問題担当大臣に就任。

アニーは政党政治家として、不思議な女性である。前任者が極度に自己顕示欲が強く、権力志向の目立ちたがり屋イメージであっただけに、強烈な残香が今もなお残っている。モウドが党首を辞任する時、次は爽やか系の男性党首で行くしかあるまいと思っていたが、実際に選出されたのは、線の細そうなスリム系女性。前任者がやたら攻撃的パーソナリティであったので、沈黙を続けるだけで、沈思黙考型・調和的人柄のイメージを醸し出せた。だが、保守中道四党連合政権を形成する与党の党首であるので、党首選出と同時に通商産業省大臣というヘビーなポストに就任。政治経験のほとんど無い若い女性議員が、突然、重要閣僚に就任した。メディア露出度は高まり、発言機会は増え、インターラクティヴなビデオ・シーンが大量生産されることになった。経験不足で、世間知らずのアマチュア・ポリティシャン。そんなイメージで党首兼大臣兼国会議員という役割を演じた。親の代から中央党支持という根っからの中央党関係者に聞いたことがある。「中央党に人材はいないのか」。「今時、政治家になりたいという若者はそんなにいない。私自身も何度か推薦されたが、辞退してきた」。「そうはいっても、時が経てば、それなりの政治家になるよ。これまでもそうだったし。心配無いさ」。まだまだ、ベテランとはいえないまでも、「社民党のやり方ではダメ」だけで、それなりに党首兼大臣兼国会議員の役割をこなしている。アマチュア・ポリティクの伝統。それもスウェーデン流。政党政治における《スウェーデン・モデル》の欠かせない要素である。《開け開け、もっと開け》である。高負担を基礎にした普遍主義型福祉国家では全タックスペイヤーだけでなく、失業者・ノンタックスペイヤーまでもがポリティカル・ステークホルダーである。素人主義がデモクラシーの強固な基盤となっている。とにかく、強いのである。

中央党は女性党首が続いたことになる。前任者のモウド・オーロフソン（Maud Olofsson）は、二〇〇一年に党首に選出された。「スウェーデンのための連合（Allians för Sverige）」を構築して、積極果敢に権力に肉迫した。その上昇志向は、「土の香りがする朴訥な人柄を好む」傾向が強い旧農民同盟の支持者をも当惑させたほどであった。オーロフソンはその熱血型リーダーシップで中央党を第三党に躍進させた。二〇〇六年の組閣では副首相にも就任した。超弩級の存在感が売り物であった。

【二八歳の女性党首：エバ・ソア：キリスト教民主党の選択】

KDSはしばらくの間、支持率低迷。一一年続いた前党首ハグルンドの後を、女性党首エバ・ブッシュ・ソア（Ebba Busch Thor）が後継した。一九八七年二月一一日生まれ。二八歳で党首に就任した。ウプサラ生まれでウプサラ大学出身。二〇一〇年から四年間、ウプサラ・コミューンの地方政治家として高齢者問題を担当した。二〇一五年四月二四日に長男を出産した。党の性格からして、伝統的な家族観、親子の絆を強調する傾向が強い。「政治家の役割は、ファミリーを支援することであり、ファミリーを統治することではない」。グローバリゼーションの急速な進展で、在住外国人だけでなく、スウェーデン市民の間でも、ライフ・スタイルやファミリー・スタイルの多様化が深まっている。その意味で、党勢はジリ貧継続であるが、根強い支持基盤を背景に辛うじて議席確保を続けている。イスラム市民の急膨張という事態を、恐怖・危機という視点から、強調する政党が党勢を伸ばしているだけに、伝統的なキリスト教の嫋やかな主張だけで、どこまで、逆転気流を呼び起こせるか。困った時は、高学歴の女性党首で、ムード変換を。そんな戦術では難しいのではないか。

出産直後だけれども、党首職は続ける。ただし、夏の間は、出産育児休暇を取り、秋頃に党首職を再開する。育児休暇中の職務は副党首と幹事長が代行する。スウェーデンではごく普通の光景である。

むしろ首相にしたい財務大臣：赤―緑二党連合少数派政権の財務大臣は女性
：エヴァ・マグダレーナ・アンダション（Eva Magdalena Andersson）

最初の女性首相に是非なってもらいたい候補がいる。社民党のマグダレーナ財務大臣である。現在社民党党首レヴェーン首相の元での閣僚なので、与党時代に党首交代でもない限り、それは難しい。次回選挙で政権交代して、現野党に女性党首がいると、その女性党首が最初の女性首相になることになる。この可能性の方が遥かに大きい。穏健党も中央党もキリスト教民主党も党首は女性である。最大野党穏健党の党首が最初の女性首相になることになろう。スウェーデンでは、「政界一寸先は闇」ではない。透けたボールペンのように「見える見える、中まで見える・最後まで見える」である。

マグダレーナ財務大臣は、一九六七年一月二三日ウプサラ生まれ。ストックホルム商科大学出身。穏健党の党首と同じビジネス・エリート校出身である。ハーヴァード大学、ウィーン大学への留学経験もある。政治的経歴としては、内閣調査委員会企画長、財務省次官、税務局局長、社民党党首モナ・サリーンの政策補佐官、など政策調査・立案部門を一貫して歩いてきた。経済・財政政策のオピニオンリーダーとして、党内外で確固たる地位を既に確立していた。二〇一二年、レヴェーン党首により、社民党の経済・政治広報官に任命された。政権交代後、財務大臣就任は自然な流れであった。二〇一四年には財務大臣に任命された。社民党政権では初めての女性財務大臣である。女性財務大臣の前例としてはカール・ビルト政権でのアンネ・ヴィブレ（Anne Wibble）財務大臣の前例がある（一九九一―一九九四年）。彼女が最初の女性財務大臣である。ビルト首班の保守中道連合政権では、国民党から彼女が財務大臣に任命された。

最初の女性首相に相応しいと名を挙げられたのは、二〇〇三年九月一〇日に、ストックホルムの中心街にあるデパートNKの二階で殺害されたアンナ・リンド(Anna Lindh)である。ガードマンもつけず、友人とお気に入りのブティックへ向かったところであった。「ガードマンをなぜつけないの」と何度も聞いたことがある。「それがスウェーデンよ」。首相も大臣も国王も、気楽に街を歩き、地下鉄に乗る。それが「スウェーデン流」。そういえば、パルメ首相がスヴェア・ヴェーゲンのトンネル通りで暗殺されたのも、無防備の中。一家で映画を観て、地下鉄で自宅に戻ろうとメトロの入り口近くに来た時であった。現職の首相がノーガードで、地下鉄で帰宅というのも、他の国ではあまり聞かない話であるが、スウェーデンでは見慣れた風景。むしろ数多くのガードマンとジャーナリストに囲まれて周囲を憚らず、傍若無人に行動するトップリーダーの姿のほうが想像外。

アンナ・リンドがいなくなると、「誰が女性首相に相応しいか」という議論そのものが消えてしまった。それほど、空いた穴の大きさを、残された市民が今更ながら思い知らされた。ウプサラ大学出身の秀才で理論家。少し早口で、理詰めで喋る話法は、今風では無い。口の回転数より頭脳の回転数のほうが早すぎる。そんなタイプ。ユーロ加盟賛成派の国民投票キャンペーンの途中であった。ユーロ加盟については、社民党と穏健党が、つまり、第一党と第二党が連合して加盟賛成陣営を構成した。国民投票の結果は、加盟「ノー」になるのだが、彼女の演説には人が集まった。将来のナショナル・リーダーの姿がそこにあった。彼女の演説は記憶に残るものがいくつかある。たとえば、パルメ首相の葬儀はストックホルム市庁舎の碧の部屋で行われたが、アンナ・リンドのお別れ演説は、見事であった。ノーベル賞授賞式が終わった後の祝賀晩餐会が行われる大広間で、彼女の声は、参加者の心の底に届いた。いずれ、彼女がパルメの意思を継ぐ。そんな印象を残した。突然の死は、政党政治の方向にも影響を与えた。彼女がいたら、彼女のために、党のために、国家のために、道を譲ったであろう人物が、政治の表舞台に立ったこともある。「アンナがいたら……」。何度も繰り返されたフレーズである。

モナ・サリーン（Mona Salin）も最初の女性首相候補であった。しかもダントツの。一九九六年三月一六日に、イングヴァール・カールソン党首の辞任を受けて、急遽開かれた臨時党大会で党首選挙が行われ、ヨーラン・ペーションに僅差で敗北する。クレジットカードの不適切使用など、その後も小さい・セコイ・細かい金銭スキャダルが相次いだのであるが、この時が端緒。出鼻を挫かれた感じで、まさかまさかの敗北に追い込まれる。党首選挙に出た時、大輪のバラのように匂うような存在感があった。美貌の政治家として定評があった。彼女をモデルにしたポスターは何度も盗まれたらしい。海外からの来訪者も、彼女のポスターを見て、「これが政治家？」。意味不明の質問を繰り返した。「土産に持って帰りたい」。「政党のポスターが土産？」。モナ・サリーンのリーダーシップの基盤は、挑発的な演説力である。物静かな説得力ではなく、パワフルな口調の攻撃型スピーチである。大きな瞳にも喋らせながら、その場を見事に掴み、強引に説得した。個人的に話すと、舌に絡みつくような甘いフレーズも発音も出てくるのであるが、有権者を前にすると、ヒートアップして、グイグイ引き込んで行く。さすが政党政治家。そんな印象を残すタイプである。彼女が政界入りする大きな動機の一つであると言ったパルメ首相と同じパターンである。「若い時、パルメに会わなかったら、政治家の道を選んだかどうか」。そんな話で盛り上がったことがある。アンナ・リンドもそうだが、彼女もまた、パルメ学校の教え子である。パルメやイングヴァール・カールソンがエランデル学校の教え子で、《エランデルの男の子たち（Elanders pojkar）》と呼ばれるなら、アンナ・リンドとモナ・サリーンは《パルメの女の子たちパルメス・フリッコル（Palmes flickor）》である。

私こそ、スウェーデン・モデル

【スウェーデン最年少大臣は難民の子】

レヴェーン内閣で最年少の大臣は、アイダ・ハドジアリク（Aida Hadzialic）で二八歳の女性。彼女は五歳の時、戦火のボスニアから来た。文部大臣で高校制度と教育力向上担当（kunskapslyftet）である。アイダは難民の子ども（flyktingbarn）としてスウェーデンに逃げて来た。一九九〇年代初頭で、その頃、祖国は戦火にさらされた。

「一夜にして、私たちの家族は、持っているもの全てを捨て、スウェーデンを目指した。ドアを開けてくれた数少ない国の一つがスウェーデンであった。ここで私たちは全てを始めからやり直さなければならなかった。ボスニアでは、母は法律家で、父はエンジニアであった。しかしスウェーデンでは両親は同じ仕事を続けることは出来なかった。だが、教育の重要性と力は、成長を助けてくれる。

学問は私にとってごく自然に受け入れることができるものであった。そんな環境で成長したからである。祖国を逃げるようにして飛び出さなければならなかったが、着地した国は、教育は無料で、全ての人に機会が開かれている国であった。私と私の家族が手にすることが出来た新しいライフ・スタイルやライフ・チャンスは、スウェーデン・モデルのお陰であると考えていた。スウェーデンが築き上げた福祉と連帯については、私が生きた実例である。私にとって、社民党は自然な選択であった。政治的関心が高まるにつれて、自然に選択した」（Sydsvenskan Söndag 29Mars 2015 Studieguiden s.8-9.）。

彼女は、一六歳の時から政治に参画した

一六歳の時、ハジアリク(Hadjialic)はハームスタッド(Halmstad)のサンナルプ高校(Sannarpsgymnasiet)で、IB-プラグラムコース(International Baccalaureate)を始めた。同じ時、SSUに加入し、最初の活動をコミューンで、その後、拡大地域の活動を始めた。高校はトップの成績で卒業した。それでも、別のキャリアを考えずに、政治的キャリアを継続することになった。それにしても、である。若手抜擢主義は合意形成型政治スウェーデン・モデルの基幹理念であるが、当選回数二回の二八歳の若者が教育担当大臣とは。男女共同参画主義は合意形成型政治スウェーデン・モデルの基幹理念であるが、福祉国家で最も重要なポストであった教育担当大臣に経験不足は否めない若手女性の登用とは。開かれた国際貢献主義は合意形成型政治スウェーデン・モデルの基幹理念であるが、五歳でスウェーデンに来たばかりの、難民の子どもが、その二三年後に教育担当大臣に任命されるとは。彼女自身が、「私はスウェーデン・モデルの生きた実例」と表現してみせた。国際比較すると、かなりユニークな実験国家である。

新造語ブーム：ジェンダー中立造語：ヘン hen

多文化社会へ向けて高速度変身している国である。それに名高いIT先進国でもある。その上、外国語修得に尋常ならざる興味を持つ人たちのいる国である。スウェーデン・アカデミーが言語の乱れを危惧しようとも、グローバリゼーションは遠慮容赦無く新しい風を吹き込む。開国とはそういうことであり、社会を開くとは、混乱と無秩序を吸収しながら、新しい免疫力をつけることである。

ジェンダー・フリーの造語として《hen ヘン》を使う人が目立ち始めた。二〇一二年頃からであろうか、

「最近の造語にはかなり説得的な用語もある」と朝食の会話で妹から知らされたのは。

文章表現する時、男女共通であることを示すために、つまりどちらかの性だけを指し示すのではないことを示すための工夫である。従来は、「彼そして／または彼女」han och/eller hon などと工夫をこらしていたが、《彼・ハン（han）》や《彼女・ホン（hon）》を使いながら表現方法を苦労するのなら、一層のこと、一語で《彼そして／または彼女》を示す語を作ってしまおうという主張である。出来た語が《ヘン》である。当然のことながら、古典文化を是が非でも守ろうという《伝統主義者》は抵抗感を隠そうとしない。

だが、《du-Ni 論争》で Ni が消え去ったように、いずれヘンが支配的表現になるかもしれない。一九六〇年代に「移民のためのスウェーデン語講座」に参加した移入民は、「目上の人や丁寧に扱わなければならない他人の敬称」として Ni《ニー》という呼び方を「昔はこんな表現がありましたが、今は社会の平等化が進み、ニーという表現はことさら使う必要がない表現」と説明された。さすが《機会均等の国（jämställdhet）》《平等の国（jämlikhet）》という印象を受けたものである。

《ヘン》についてはは賛否こもごもである。男性か女性という自己認識を持たない人にとって《ヘン》はジェンダー中立的な用語である。男か女の区別をできれば回避したいという市民にとってもジェンダー中立的な便利な用語である。

用語法について、話題になる例は、他にある。オンブズマン（ombudsman）という表現が語尾に《マン》を使っているので、それを理由に、《オンブード（ombud）》とか《オンブズ・パーソン（ombudsperson）》という表現に切り替えたノルウェーのような国もある。スウェーデンでは、スウェーデン語のオンブズマンをそのまま使用している。

《エン》。これと同じ論理で、特定の性を同時に示す《マン（man）》の代わりに中立的な《エン en》を使う人がいる。《ヘン》を巡る、それなりに激しい論戦が二年続いたが、その過程で、《エン》が、それに応じて、使われるようになった。《ハン》《ホン》を《ヘン》に置き換えるほどの激しい抵抗を受けなかった。それだけ自然に使えるし、使ってきたからであろう。

《青と茶色の連合（blåbrun）》。使用頻度が高くなっている政治新語の一つは《ブロ・ブルン（blåbrun）》である。政党政治用語である。伝統的な右派政党と攘夷派政党・極右政党・右派ポピュリスト政党、の連合・共闘関係を指す語として使われる。《ヘン》と同じで、定着したとは言えないが、新奇性を好む人たちは、人の前で喋って見せたがるものである。二〇一三年選挙以後、ノルウェーは、《青・茶連合》に統治されている。スウェーデンでは二〇一四年選挙以後《赤・緑》連合政権である。http://www.sprakochfolkminnen.se/download/18.cbc0f5b1499a212bbf1d2a:(läst2015-06-03)

第二章　スウェーデンの女性環境

木下淑恵

はじめに

スウェーデンは、女性環境にかかわる国際的なランキングの中で、しばしばその名を目にすることがある。たとえば、国連開発計画UNDPがまとめた『Human Development Report 二〇一四』によると、二〇一三年の数値で、人間開発指数HDIが第一二位、ジェンダー不平等指数GIIでは第四位、ジェンダー開発指数GDIは第六位に、それぞれ位置している。また、二〇一五年に発表されたNGOセーブ・ザ・チルドレンによる「お母さんにやさしい国ランキング」では第五位につけている。

このような評価は健康や教育、労働、政治など女性に関わるさまざまな数値から決定されているが、女性の生き方やとりまく環境は、具体的にはどのようになっているのだろうか。実際には、結婚、出産といったライフイベントから働き方にいたるまで人生の選択肢が多く、自由度の高い人生設計が可能であるため、女性全体に共通する生き方を紹介することは難しい。しかし、特徴といえそうな点はいくつかあげられる。そこで、本章では、そのような特徴に着目しながら、女性の生活に密接な仕事、家庭、そしてそのあり方に大きな影響を与える政治のそれぞれから、この国における女性の実像とその背景を考察していくこととする。なお、本章では、子どもや育児に関する記述は最小限にとどめる。詳細は第五章を参照されたい。

一・仕事と女性

(一)全体としての働き方

女性たちは多様な生き方をしているが、ほぼ全員に共通することが一つある。それは、就労可能な年齢層のほとんどが仕事をもっている、ということである。以下に、女性の働き方を見てみよう。

二〇一三年には、二〇～六四歳の女性のうち、八三％が労働市場に参入していた。これには「失業中」も含まれる。しかし、それ以外の一七パーセントを詳細にみるなら、学業が五％、病気が七％等となっており、明確に「家事」と分類されるのは全体の二％にすぎない。[1] この数字から、特別な理由がない限り、ほぼ全員が労働市場に身をおいていることがわかる。実際のところ、専業主婦に出会うことはほとんどない。

また、週あたり労働時間でみると、三五時間以上のフルタイム労働が五四％、二〇～三四時間の長時間パートタイム労働が二〇％、一～一九時間の短時間パートタイム労働が四％となっている。[2] 後述するように、パートタイム労働を選ぶ理由は育児との両立も多いが、二〇一三年には「ちょうどよいフルタイムの仕事がなかった」との理由が最も多く、近年増加傾向にあるようだ。[3]

職場は、民間部門またはコミューン kommun（市町村にあたる）である女性が多い。一九七〇年代からコミューンで働く女性が急増し、二〇〇〇年頃まではコミューンが最大の職場だった。現在は、民間部門がコミューンを上回っている。[4]

(二) 男性と異なる傾向

スウェーデンでは、規模の最も大きい三〇職種のうち二七は、男女いずれかが六〇％以上を占めている。つまり、職種による男女の偏りが著しい。女性が多い職種の代表的な例としては、看護助手や介護助手、保育士、就学前学校教諭、小学校教諭などがあげられるが、[5] これらはいずれも、基本的にコミューンが直接供給してきた教育や福祉サービスの仕事である。コミューンが長い間女性の主要な職場である理由は、ここにある。そして、近年民間部門で働く女性が増加した背景として、一つには福祉サービス供給主体の多元化が考えられる。なお、男性は一九七〇年代から今日まで、民間部門が最大の職場である。[6]

女性の多い職種は、同時に、平均賃金が低い職種でもある。男女それぞれの最大一〇職種の平均賃金を比べると、介護職員や就学前学校教諭など女性の多い六職種が、低いところに集中している。[7]

男女の賃金を年齢や教育、労働時間などの相違を考慮し調整して比較すると、二〇一二年には、差が最大とされる民間部門で女性は男性の九二%、国とランスティング landsting（県にあたる）はともに九四%、最小のコミューンでは九九%である。二〇〇〇年には、それぞれ九〇%、九二%、九三%、九八%であり、[8]この間に目覚ましい進展があったとは言いにくい。とはいえ、男女間の合理的説明のつかない賃金格差以上に、低賃金の職種に就く女性が多いことが、全体としての男女間の賃金差を生み出す最大の要因ともいえそうである。[9]高等教育での専攻でも、医療、社会福祉分野は八三%を女子学生（二〇一二―一三年）が占めており、この傾向は一九八〇年代から変わらない。[10]専攻がその後の職業選択につながっているものと思われる。

管理職に占める女性の割合をみると、二〇一二年には、全体の三六%を女性が占めている。しかし、セクターごとに差は大きく、国は四四%、ランスティングが七三%、コミューンが六七%であるのに対して、民間部門は二九%にとどまっている。[11]それでも、一九九五年と比べると、公的部門、民間部門ともに割合は増えている。現在は変化の途上であるといえよう。公的部門では管理職に占める女性の割合が高くなっているが、被用者に占める女性の割合に比べると少ない。[12]

(三)家庭との両立

スウェーデンでは、子どもはいったん家を出て独立すると、再び親と同居する習慣はない。また、高齢者福祉が整備されているため、基本的には家族の介護は大きな問題とされていない。無償労働については、週あたり女性が平均二六時間、男性が二一時間を費やしている。[13] 家事は女性の方がより多く担っていることがうかがわれる。

仕事との両立という点で論じられるのは主に出産、育児である。

二〇一四年における女性の年齢別労働力率をみると、二〇~二四歳が七五・一%、二五~三四歳が八五・九%、三五~四四歳が九一・〇%である。[14] グラフにすると、逆U字型の曲線を描く。二〇一三年には第一子出産の平均年齢が二九歳であり、[15] それをあてはめるなら、初めての妊娠、出産を経験する人の多い年齢層でも八割以上が働き続けていることになる。

子どものいる女性は、一般に、子どもの数が多いほど、また子ども(二人以上いる場合は末子)の年齢が一~五歳の間はとくに、パートタイム労働をしている割合が高い。なお、子どもが〇歳の間は、後述する育児休暇が利用されているものと思われる。二〇一三年には、三人以上の子がいて末子が一~五歳の女性では、五一~五二%がパートタイム労働を選択している。他の状況では、三〇~四〇%台の女性がパートタイム労働をしている。全体に、パートタイム労働を選ぶ女性の割合は、一九八七年、二〇〇〇年と徐々に減少してきている。ただし、男性は、子どもの数や末子の年齢にかかわらず、パートタイム労働を選択する割合は一〇%以下である。男性の低い割合は、一九八七年から大きく変わらない。[16] 育児が主に女性の肩にかかる情況は続いていると言えそうである。

二．働き続けられる環境とは

労働に関する制度は、妊娠、出産など女性のみに直接当てはまる部分を除いては、性中立的に設計されており、とくに対象を女性に限定していない。しかし、実際のところ、家庭では女性が家事、育児を男性より多く担う傾向があり、その両立という問題に直面するのは、多くの場合、女性である。それにもかかわらず、ほとんどの女性が働き続けている社会には、どのような制度があるのだろうか。細かな制度変更の多い国であるが、背景にある理念を理解するために、ここで、そのうちのいくつかをあげる。

(一)労働生活全体への支援

まず、高度に整備された福祉全般は、実際には家事・育児を家庭でより多く担うことになりがちな女性にとって、その生活と人生を自由に選択するうえで重要な役割を果たしている。たとえば、高齢者の介護が仕事との兼ね合いで問題とならないのも、そのためといえよう。もちろん、権利として近しい人を看取る休暇は認められている。

次に、税制、年金が個人単位となっていることがあげられる。パートナーの所得など他の要素を気にかけて仕事を加減する必要がない。多く働きたい女性が仕事を控えずにすむ。女性の就労を促す効果をもっているといえよう。

そして、労働時間が短く、生活全体に時間的なゆとりが生まれやすいことが指摘できよう。日頃から、残業はせず定時に仕事を切り上げる。そして、有給休暇も完全消化が原則である。自身や子どもの病気で休むときは、それぞれそのための休暇を取得すればよく、有給休暇をあてることはない。

有給休暇は、文字通り、夏や冬の長期休暇として使用される。具体的には、年間に五週間の有給休暇が認められている。

また、働くうえで性差別なく扱われることも不可欠である。民族や宗教を含め多様な理由による差別を広く禁止する差別対策法 diskrimineringslag（ＳＦＳ二〇〇八：五六七）には職場での性差別の禁止等が定められており、その順守は差別対策オンブズマン diskrimineringsombudsmannen が監視している。

(二)再チャレンジの可能性

かつて「勉強はもうこれで終わり」と思ったものの、後でまた学びたくなった。出産、育児で学業を切り上げた女性にはそのような経験もあるかもしれない。また、働くようになってから、さらに学ぶ必要を痛感する場合もあるだろう。スウェーデンでは、学ぶ機会が、働く人などさまざまな立場の人に広く開かれている。そして、知的好奇心を満たすだけでなく、そこで得られた知識や技能を転職等の形で活かすこともできる。

成人教育が充実し、基礎学校や高等学校のレベルの教育は、コミューンで提供されている。つまり、大都市やその近郊に居住していない人でも、受講の機会は等しくあることになる。提供されるプログラムを修了すると、成績もついて学歴として認められるため、さらなる進学や転職に利用することもできる。

学ぶ機会があるとしても、費用と時間の確保が高いハードルとなるかもしれない。

費用については、コミューンの提供するプログラムも含め、大学院まで教育機関の授業料は基本的に無料であり、生活費を借りることもできる。経済的な事情は教育を受けるうえで支障とはならない。

また、労働者には教育を受けるための休暇が認められている。つまり、今の職場を退職することなく、学業に専念することができる。退職しての進学等となると、その後に仕事を得られる保障がないため断念せざるを得ない例も出てきそうだが、休暇という形で職場を離れ教育を受けられるなら、安心して取り組むことができる。

こうした再教育の制度を有効にしている要因の一つに、労働市場が流動的であることがあげられよう。終身雇用制でなく、公務員も含めて、転職や中途採用はごく普通のことである。新しく身に着けた知識や技能、資格などを活かして新しい仕事に就く可能性も、広く開かれている。

(三) 出産・育児に関する制度

公共図書館の育児本のコーナー。父親向けと思われる本も並んでいる。

育児休暇は長く、今日では所得補償がついて四八〇日ある。完全に休むのでなく、七五%、五〇%、など四つのパターンから選んで働く時間を短縮し、短縮した分の所得補償を受け取ることもできる。取得率も高い。二〇一〇年には、平均で女性は二八一日、男性は五九日を子どもの誕生後二年間に取得した。父親しか取得できない日数が一九九五年に導入され、一〇%だった男性の取得率は二〇一三年には二五%にまで増えた[17]。ただし、ここ数年その数字は横ばいでそれ以上の増加傾向が見られない。

なお、子どものいる女性の多くが選択するパートタイム労働は、正規雇用である。フルタイム労働との違いは、基本的に労働時間の長さだけであり、社会保障や雇用に関する権利は同じである。賃金も、仕事が同じなら、原則として同じ水準で計算される。パートタイム労働による所得は働く時間数の関係でフルタイム労働よりも少なくなるが、基本的な立場そのものは変わらない。パートタイム労働でも、正規雇用として安定した立場で働くことができる。

三．制度設計の背景

(一)理念

以上にみてきたように、女性環境の整備は、女性のみならず、男性の労働者、子ども、高齢者などあらゆる人のための環境整備の一環として進められてきた。これまであげてきた制度等は、いずれも対象者を一方の性に限定せず基本的に性中立的に設計されている。また、個人単位の税制や年金制度は、生き方の選択肢に、有利不利の差を作らない。

女性環境を整備するうえで職場での機会均等を規定する法律は、一定の効果を発揮したものと思われる。その最初の法律は、一九七九年に制定された「労働生活における男女間の機会均等に関する法律 lag om jämställdhet mellan kvinnor och män i arbetslivet」(SFS一九七九：一一一八)である。スウェーデン語には「平等」を意味する語が二つあるが、この法律の名称には「結果の平等」を意味する jämlikhet でなく「機会の平等」を表す jämställdhet が用いられた。このことは、「平等」への抵抗感を和らげ、広く賛同を得て法律を成立させるための工夫でもあったと思われる。法律の名称よりも、成立を重視したわけで、この例から、政策決定にあたり、コンセンサスを重視し妥協点を模索する手法を見て取ることができよう。もちろん、広く合意を得られない政策は、強制しても社会に受け入れられ根づくとは考えにくい。少しずつでも順守を期待できるところから着手するという考え方が根底にあるものと思われる。

(二) 女性労働と環境整備の歩み

スウェーデンが昔から特別に男女の平等な国であったわけではない。一九〇〇年頃、女性の置かれた状況は男性以上に厳しかった。

一九二〇年頃から、労働環境整備を含め女性の地位向上に向けた取り組みが少しずつ始められた。しかし、その歩みは緩やかであった。

明らかに目に見える変化が起きたのは、第二次世界大戦後のことである。

一九六〇年代になると、スウェーデン経済は好調で人手不足になり、新たな働き手として女性、とくに子どものいる女性が期待されるようになった。

それまでの福祉の整備や家事の省力化により、女性には時間のゆとりができるようになっていた。また、当時盛んになっていた女性運動も女性の就労を後押しした。そして、多くの女性が働くようになるにつれて、それを支える福祉サービスの拡大が進められた。職場経験や専門技能を多くもたない女性にとっては、福祉サービスの仕事は手慣れた内容で取り組みやすかったと思われる。福祉サービスの仕事に多くの女性が従事するようになった。このようにして、福祉の整備と女性の労働市場参加が並行して進んでいった。

また、一九七一年には、所得税が夫婦合算式から個人単位へと変更になり、それも女性の就労を後押しすることになった。働く女性の割合は、一九七〇年から急速に増加した。

女性環境の整備については、女性議員の増加も密接に関わっている。政治と女性については後述するが、基本的に女性だけの政党を作るのではなく、既存の政党に対してその内外から、また時には超党派で女性

女性環境整備の流れ（1920年～　　）

年	出来事
1921	女性の普通選挙権。婚姻法典で男女が平等の地位となる。
1922	最初の女性国会議員が誕生する（5名）。
1925	女性が国家公務員になる権利を得る。
1927	国立中等学校が女子学生に開放される。
1931	出産保険が導入される。
1935	男女で同じ国民基礎年金が導入される。
1939	妊娠、出産、結婚を理由とする女性の解雇が禁止される。
1947	最初の女性大臣が誕生する。国家公務員に同一労働同一賃金が導入される。
1950	父母ともに子どもの保護者となる。
1960	経営者団体SAFと労働組合LOが、5年以内の女性専用賃金の廃止を決定する。
1971	所得税が夫婦合算課税から個人単位の課税へと変更される。
1974	子どもの出産時の休暇を両親で分割できるようになる。
1975	妊娠第18週まで、自己決定で中絶できるようになる。
1976	国家公務員に機会均等規則ができる。
1977	経営者団体SAFと労働組合LOの間で機会均等協約。
1980	労働生活における男女間の機会均等に関する法律。地方自治体で機会均等協約。王位継承法で性別によらず第一子が王位継承者となる。
1982	名前法。夫婦別姓を選択できるようになる。
1984	国家公務員に機会均等協約。
1987	同棲法。
1988	機会均等に関する国家行動5か年計画に関する国会決議。
1992	機会均等法。
1994	機会均等の視点による統計が公式統計になる。機会均等の新国家政策に関する国会決議。
1995	育児休暇のうち1か月が父親のみ取得可能になる。
1998	機会均等法でセクシャルハラスメントに関する規定強化。
2001	機会均等法で賃金の機会均等分析に関する規定強化。
2002	育児休暇の日数延長。父親のみ取得できる日数も延長。
2006	機会均等政策の新目標に関する国会決議。
2009	差別対策法。機会均等法廃止。

Statistiska centralbyrån, *På tal om kvinnor och män : lathund om jämställdhet 2014* をもとに作成。

環境整備の取組みを強化するよう働きかけを行なった。

Lena Wängnerud によると、女性議員と男性議員では、関心領域で異なる傾向が見られる(18)。その前提にたつなら、女性議員の増加により、議題の優先順位や扱われる頻度等が変わった可能性がある。また、一九七〇年代以降の女性議員増加により政党が態度を変更した政策分野があるかというアンケートでは、機会均等(四〇%)、家庭政策

（三四％）、社会政策（三三％）が他を一七％以上引き離して高い数値を示している。[19]これら研究を前提とするなら、女性議員が女性環境整備の重要な原動力の一つであったことが推測される。

四．家庭と女性

（一）カップル

働くことについては、ほぼすべての女性が共通していたが、結婚や妊娠、出産等といったライフイベントでは、社会的な適齢期はとくに存在しない。後述するように、家族のあり方に関する選択肢は多く、さらに、そのいずれの間にも基本的に有利、不利の差がなく同等に扱われている。税や年金も個人単位である。

家庭の形にみる特徴の一つは、結婚という形をとらずに同棲するカップルが少なくないということであろう。実際には、子どもの誕生をきっかけに、多くの同棲カップルが結婚に至る。むしろ、結婚するカップルの多くがその前に同棲しており、同棲は結婚の前段階とも捉えられる。そして、それが何年もの長期間におよぶ例も多い。

『Nationalencyklopedin』によると、同棲カップルは、働く女性の増加や性別役割分担見直しの機運が高まるなかで、一九六〇年代半ばから、結婚が減少する代わりに増加し始めた。同居するカップルのうち結婚していないカップルが占める割合は、一九六九年には六～七％、一九七五年は一二～一三％、一九九三年には二五％へと増加した。[20]政府の文書[21]では二〇〇〇年頃には三組に一組と推計されており、一つのライフスタイルとして定着している。

同棲カップルについては、同棲法Sambolag（SFS二〇〇三：三七六）がある。この法律で保護されるのは、永続的に同居し家計を共通にする、どちらも結婚していないカップルに限定される。この法律では、主に、同棲関係が解消されたときの住居などの財産分割について規定している。

もともとこの法律は一九八七年に制定された。同棲関係の終了時にも、離婚時と同じく財産分割などの問題が生じるが、法律の規定がなくては、当事者の力関係がそのまま反映された結果となる可能性がある。そこで、同棲関係終了時の弱者保護などを目的に制定されたのである。この立法により、同棲は結婚とほぼ同等の地位を得るようになった。そして、家庭の一つの形として、現実に有効な選択肢となったのである。

姓の選択制度により別姓を選択する夫婦もいることから、カップルが同棲と結婚のどちらの関係なのか、本人にたずねない限り判別することはきわめて難しい。

(二)子ども

子どもにも、多様な選択肢がある。

まず、結婚の前に生まれる子どもが多いのも、この国の家庭にみられる特徴の一つであろう。およそ全体の半数が、結婚していない男女を両親として生まれている。そして、養子を迎えるカップルも少なくない。

これは、ひとえに、結婚していない両親から生まれた子どもも、両親と血縁関係のない子どもも、不利な扱いを受けないからであると思われる。出産、育児にあたり、親の休暇や所得補償などの権利は、結婚した両親から生まれた子どもと変わらない。もちろん、相続などでの権利も、同じである。結婚しないまま産んでも、あるいは血縁関係のない養子を迎えても、法律上差別されることがない。出産、育児の条件も、子どもの将来も、不利益がないからこそ、選択できるのである。

(三)背景にある理念

家庭にかかわる選択肢の豊かさからは、平等の尊重と、社会の変化を積極的に受け止め対応する姿勢がうかがわれる。

もともと同棲は制度ではなく新しく生じた現実であった。政策で同棲の減少を促し、または制度にせず放置することもできたであろう。しかし、実際には、同棲カップルの増加という現実を受け入れ、それに伴う問題を解決する制度を整えるという方法が選ばれたのである。それにより、結婚に加えて同棲という新しい選択肢を作ることにもなった。

また、結婚と同棲をほぼ同等に扱い、また両親の関係や血縁関係の有無によらず子どもを同じに扱う姿勢には、共通して、平等を尊重する価値観がみてとれるように思われる。

五．政治と女性

(一)政界進出

スウェーデンの女性の生き方で目を引く現象の一つは、政治への積極的な姿勢であろう。

まず、国、地方自治体を問わず、女性議員が多い。そして、女性大臣も多い。

国会議員に占める女性議員の割合は、直近の二〇一四年選挙の結果三四九人中一五二人となり、全体の四三・六％を占める。[22] これは、列国議会同盟IPUによると、二〇一五年四月一日の段階で、世界で第五位にあたる。[23]

そして、二〇一四年選挙後に成立した内閣は、首相と二三名の閣僚で構成されているが、閣僚の一二名を女性が占めている。

なお、現在、国会議員を出している政党は八党ある。そのうち、男女一名ずつがリーダーとなる環境党を含めると、半分にあたる四つの党で女性リーダーがいることになる。とくに、二〇一四年選挙後には、そのうち二つの政党で新しく女性が党首に選出された。女性党首のいる政党のうち、環境党を除くいずれも、保守中道政党であり、今は野党である。

地方議会でも、やはり女性議員が多い。地方自治体でも議会選挙は二〇一四年に行われており、全国ではランスティングで四八・二％、コミューンで四三・七％が女性議員である。[24]

(二) 女性の議員の多い背景

女性議員が飛躍的に増えるようになったのは、一九七一年に議会が一院制となってからである。その後、女性議員は増加を続け、近年では全体の四〇％以上があたりまえになっている。

女性議員の多い理由には、いくつかが考えられる。

まず、前提となる選挙制度である。スウェーデンでは、国、地方とも選挙は比例代表制で行われている。比例代表制は、一般に、女性議員が生まれやすい傾向があると指摘されている。

次に、多くの政党が、候補者リスト作成にあたり、半数を女性候補者にしていることである。これは、あくまで各政党の自主性による。義務づける法律は、見当たらない。議員数の男女比をみると、左党の九：一二が最も女性の割合が高く(五七・一％)、最も低いスウェーデン民主党でも三八：一一(二二・四％)で

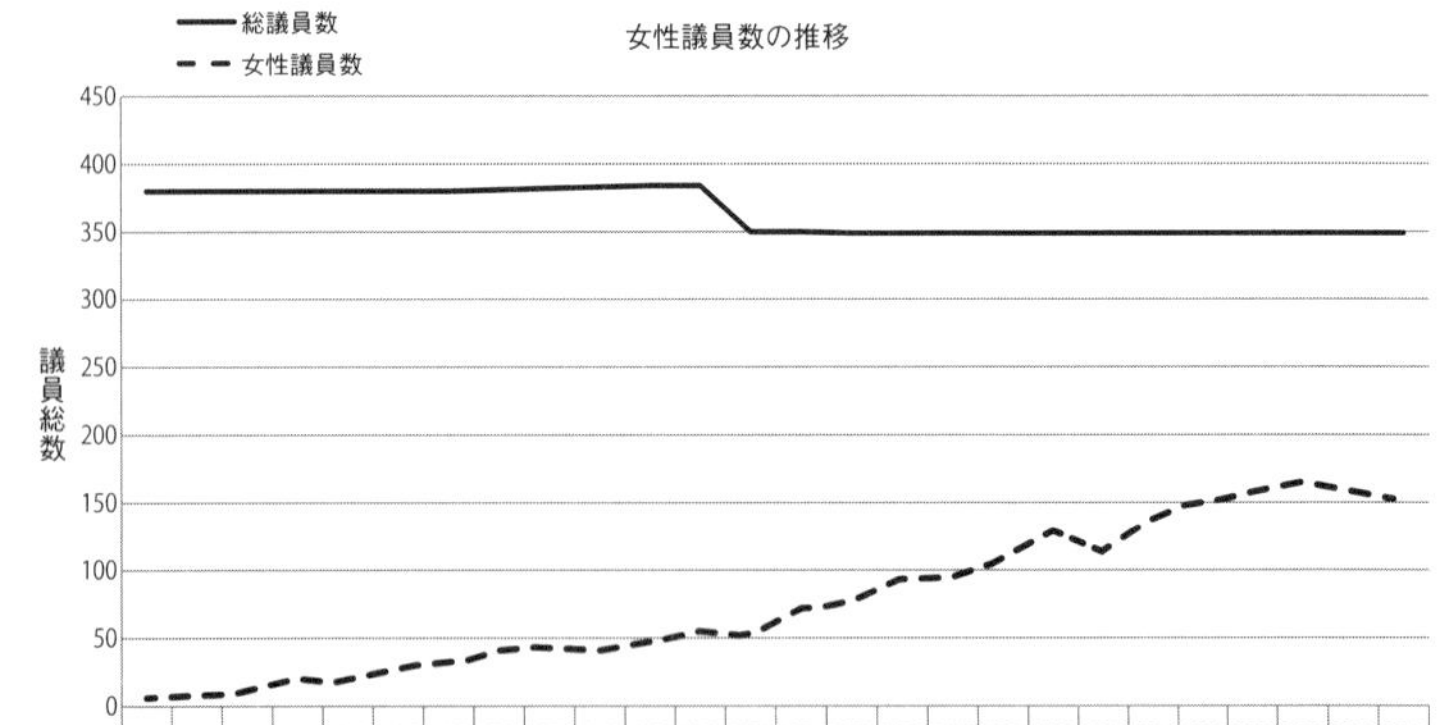

年	1929	1933	1937	1941	1945	1949	1953	1957	1959	1961	1965	1969	1971	1974	1976	1979	1982	1985	1988	1991	1994	1998	2002	2006	2010	2014
総議員数	380	380	380	380	380	380	380	381	382	383	384	384	350	350	349	349	349	349	349	349	349	349	349	349	349	349
女性議員数	4	6	10	18	20	28	34	39	42	43	44	53	49	74	79	92	95	108	131	115	141	149	158	165	157	152

Statistiska centralbyrån, *Statistisk årsbok för Sverige 2007* および、スウェーデン統計局HP をもとに作成。

ある。[25] 順位を含めた候補者における男女均等を多くの政党が意識していることがうかがわれる。この取組みが女性議員の多さに効果を発揮している。また、少なくとも二〇%を超える女性議員を出すことは、政党にとってあたりまえになっているとも見ることができる。

このような政党の取組みには、女性議員を増やすように働きかける女性団体の熱心な活動があることが指摘されている。また、女性の投票率が高いことも、政党に女性の政治への関心の高さを意識させ、女性候補者の擁立を促すことにつながっていると考えられる。スウェーデンの投票率は全般に高いが、二〇一四年議会選挙での女性の投票率は、男性の八五%に対して八六%である。六四歳以下では、どの年齢層でも男性より高く、とくに一八〜二九歳では、男性の七九%に対して八四%となっている。地方議会選挙でも、これと同様の傾向が見られる。[26]

女性の政治への関心の高さは、働く女性の多さとも関係がありそうである。労働市場に参加することで、労働者あるいは納税者としての立場から、また家庭と仕事の両立という経験から、政治や社会に対して強い問題意識をもつようになったものと考えることができる。

立法による強制などがないにもかかわらず、各政党が自主的にとりくんだ結果、女性議員の割合は全体の半数近くにまでなっている。それを当然とする意識が社会に定着しているということであり、このことから、女性の政治参加に対して、社会全体に広く理解と同意が浸透していることがうかがわれる。そして、それを促してきたのは、妥協により広く合意を積み重ねる方法であると思われる。

六．生き方の変化

これまで見てきたような環境で、女性の生き方はどのように変わったのだろうか。

まず、多彩な選択肢と自分で決める自由とを手に入れたといえるだろう。家庭の形、子ども、働き方。どの選択肢を選んでもとくに有利不利はない。税や年金は個人単位なので、どの選択肢をとるのも自分しだいである。好きな道を選んでも、不合理な不利益を被ることがない。やり直すことも十分可能である。これは、途方もなく大きな自由と可能性といえよう。

しかし、裏返せば、すべて自分で決めなければならず、しかもその結果に自分が責任をもたなければならないということである。平均的な女性の生き方といえるものがなく、とくに有利な選択肢もない。人生の可能性が小さければ、他のだれかに自分の生き方を決めてもらい、うまくいかなければまわりのせいにすることができる気楽さがある。しかし、それができないため、言い訳のきかない厳しい社会だと感じる人もいるかもしれない。

七．今後の課題と展望……むすびに代えて

女性環境は、男性環境であり、子どもや高齢者などすべての人の環境でもある。このような考えにたって、作られてきた。そして、理念的には、多様性を認め、それぞれに有利不利を作らず平等に扱うことが基本におかれている。社会の変化や政策課題は、積極的に受け止められ、平等を基礎におき、新しい選択肢として中立的に制度設計されてきた。そして、その手順も、強引に推し進めるのではなく、妥協することにより広く合意を得られるところから始めている。強引に作った制度は社会に受け入れられず、結局は長続きしない。むしろ、時間をかけて、社会に浸透することを重視する姿勢がみられる。

一九九〇年代に入り、スウェーデンは大きな変化を経験した。一つはＥＵ加盟である。ＥＵ加盟は福祉水準の低下につながるとして、加盟時には女性から強く反対の声があがった。福祉の縮小は、家庭での女性の負担を増やし、また女性職場の減少に直接つながるなど、女性環境の悪化につながる可能性があるためである。もう一つの変化は、保守中道政権の幾度にもわたる成立である。第二次世界大戦後、一九九一年まではほぼ一貫して社会民主党が政権を担当していたが、一九九〇年代以降は、保守中道政権との政権交代が繰り返されるようになっている。

一九九〇年代には財政の縮減による福祉の見直しも始まった。サービスの供給に民間部門も参入し、コミューンの供給ばかりでなくなった。それを反映して、女性の最大の職場は、すでにみたようにコミューンから民間部門へと変化している。また、近年では、有期雇用という働き方が増加している。二〇一三年には、有期雇用の形で働く者のうち五七％が女性であるが[27]、職種によっては不安定な働き方となる可

能性が高い。

女性と政治にかかわる変化としては、機会均等をとくに主要目標に掲げる政党の登場があげられよう。これまで女性団体や女性政治家は、既存の政党の内側から主張を続けて女性環境整備を促してきた。この政党の設立はそれと異なる戦略で、既存政党の対応では不十分であるとの意識をもつ女性が増えていることの表れである可能性がある。今のところ議会の当選者はいないが、政党の設立そのものが女性の政治に対する意識をアピールする存在であるように思われる。

男性と女性のさまざまな格差縮小に向けた取り組みは、今後も続けられよう。女性環境の基本的な枠組みについては、今日では各政党の間に大きな考えの開きはないものと思われる。どの政党も議員の五人に一人以上が女性という時代である。ただし、福祉サービスの領域における変化は、わずかずつであっても、女性の生き方に対する制約につながる可能性がある。今後の女性をとりまく環境は、こと仕事との関係では変容を迫られよう。女性環境を支えてきた制度の拡充という点では、これまでと同じ環境も必ずしもそのまま続くとは言い切れない。しかし、少なくともこの先に起きる変化に対して、これまでと同じように積極的に受けとめ、平等と多様性を尊重する対応策を、広く合意を重ねながら進めていくものと思われる。

註

（1）Statistiska centralbyrån, *På tal om kvinnor och män : lathund om jämställdhet 2014*, s.51.
（2）*Ibid.*
（3）*Ibid.*, s.59.
（4）*Ibid.*, s.56.
（5）*Ibid.*, s.64-65.
（6）*Ibid.*, s.56.
（7）*Ibid.*, s.73.
（8）*Ibid.*, s.76.
（9）*Ibid.*
（10）*Ibid.*, s.34..
（11）*Ibid.*,s.102.
（12）*Ibid.*
（13）*Ibid.*, s.38.
（14）http://www.statistikdatabasen.scb.se/pxweb/sv/ssd　（スウェーデン統計局ＨＰ）
（15）Statistiska centralbyrån, *op. cit.*, s.19.
（16）*Ibid.*, s.58.
（17）*Ibid*, s.42-43.
（18）Wängnerud,Lena, Kvinnorepresentation : makt och möjligheter i Sveriges riksdag, studentlitteratur, 1999, s.174-175.
（19）*Ibid*, s.178-179.
（20）*Nationalencyklopedin* v. 16, Bra Böker, c1995, s.221.
（21）*Regeringens proposition 2002/03:80*, s. 24.
（22）スウェーデン議会は一九七一年から一院制。二〇一四年選挙以後については、スウェーデン統計局ＨＰの統計数値およびそれをもとに算出した数値。
（23）http://www.ipu.org/wmn-e/classif.htm
（24）スウェーデン統計局ＨＰから算出。

(25) スウェーデン統計局ＨＰから算出。
(26) スウェーデン統計局ＨＰから算出。
(27) Statistiska centralbyrån, *op.cit.*, s 63.

参考文献

【日本文献】

岡沢憲芙『男女機会均等社会への挑戦』彩流社、二〇一四年
木下淑恵「スウェーデンの男女共同参画社会とライフスタイル」岡澤憲芙、村井誠人編著『北欧世界のことばと文化』成文堂、二〇〇七年
木下淑恵「女性の生き方」岡澤憲芙、中間真一編『スウェーデン　自律社会を生きる人びと』早稲田大学出版部、二〇〇六年
国立国会図書館調査立法考査局『外国の立法』33巻４・５・６号

【欧文文献】

Gustafsson, Siv, *Childcare and Types of Welfare States* in Sainsbury,Diane, "Gendering Welfare States", SAGE, 1994.
Hadenius, Stig, *Riksdagen : en svensk historia*, Sveriges riksdag, 1994.
Hadenius, Stig, *Svensk politik under 1900-talet : konflikt och samförstånd*, Hjalmarson & Holmberg, 2000.
Hadenius, Stig, *Swedish Politics During the 20th Century*, 4th rev. ed., The Swedish Institute, 1997.
Nationalencyklopedin v.16, Bra Böcker, c.1995.
Petersson, Olof, *Svensk politik, 5:e uppl.*, Norstedts Juridik, 2000.
Regeringens propositiion 2002/03:80.
Statistiska centralbyrån, *På tal om kvinnor och män : lathund om jämställdhet 2014*, 2014.
Wängnerud,Lena, *Kvinnorepresentation : makt och möjligheter i Sveriges riksdag*, Studentlitteratur, 1999.

スウェーデン議会ＨＰ
http://www.riksdagen.se/sv/Dokument-Lagar/Lagar/Svenskforfattningssamling
スウェーデン社会保険事務所ＨＰ
http://www.forsakringskassan.se/privatpers

スウェーデン統計局ＨＰ
http://www.statistikdatabasen.scb.se/pxweb/sv/ssd

第三章　スウェーデンの高齢者環境

斉藤弥生

一・はじめに―何がスウェーデン的なのか

スウェーデンの人口は九八〇万人、高齢化率は一九・七％であり（二〇一五年）、過去一五年間で人口は約一〇〇万人増加したが、高齢化率は約二％の増加に止まっている。一方で、基礎自治体コミューンによる介護サービスの供給独占が大きな特徴であったスウェーデンの高齢者介護は変化を続けている。特に二〇〇〇年代以降の高齢者介護は、コミューンごとに多様化が進み、「スウェーデンの」という一つのくくりでは説明しにくい状況がある。たとえば介護サービスの民間供給率をみても、民間供給がないコミューンから、六割以上のサービスが民間供給であるコミューンまである（二〇一三年）。また介護付き住宅利用率も一・三％から八・二％、ホームヘルプ利用率も三・八％から一一・二％というように、介護サービスの編成もコミューンにより多様である（二〇一三年）。

そこで本章では、スウェーデンの高齢者介護において変わったものは何か、変わらないものは何かを意識しながら、その現状を議論する。二節では介護システムの運営理念を整理するが、グローバル化と市場化が進行するなかで、運営方法は変わっても中心となる理念は変わっていないことを示す。三節では戦後のスウェーデンの高齢者介護の変遷を整理し、その象徴とされてきた在宅介護主義の功罪を議論する。四節では二〇〇〇年代以降の財政縮小と市場主義の影響による高齢者介護の動向を示し、五節ではその課題と展望を議論する。

二 高齢者介護の運営理念と運営方式

（一）自治体主義と社会サービス法―変わらない運営理念

スウェーデンにおいて高齢者を対象とする社会保障制度では、基礎自治体であるコミューンが介護と福祉、広域自治体であるランスティングが保健医療、国が年金を担当しており、それぞれの運営責任の分担が明確である。介護、福祉は社会サービス法（一九八二）、保健医療は保健医療法（一九八二）のもとで行われ、国は制度の枠組みだけを規定し実施責任は自治体にある。たとえば社会サービス法は「コミューンは地域内に住む住民が必要な援助を受けられるようにその最終責任を負う」（同法二章二条）として、コミューンに対し介護サービス提供の最終責任を課しており、どのようなサービス（サービスの種類）を、どのように（供給体制）、いくらで（自己負担額）提供するかはコミューンに任されている。

　スウェーデンの行政組織は基本的には三層構造であるが、それぞれの役割分担は明確である。国は外交、防衛、経済政策などを中心に、義務教育と福祉事業はコミューンの権限で行われている。国と基礎自治体であるコミューンの担当領域は明確に区分され、両者が対等であるという点で、この関係を「砂時計モデル」の地方分権と呼ぶことがある（図１）。第二次世界大戦後に、スウェーデンでは義務教育、保育、介護サービスのニーズに対応するために、コミュー

図1　国と地方の関係：２つのモデル

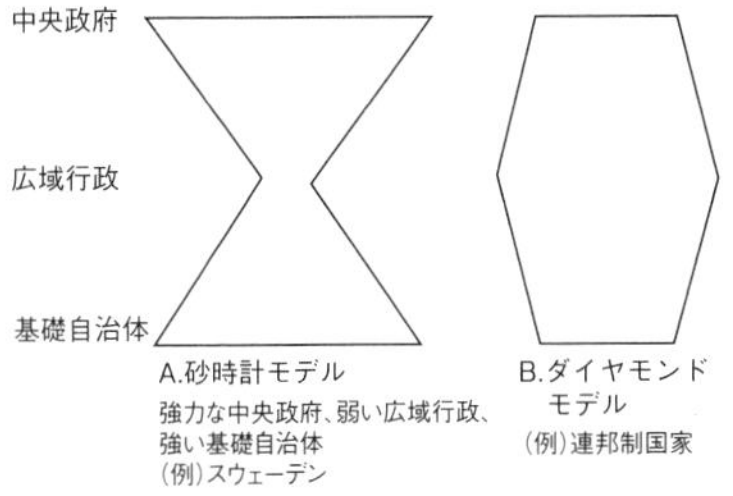

（出所）Petersson 2006:68

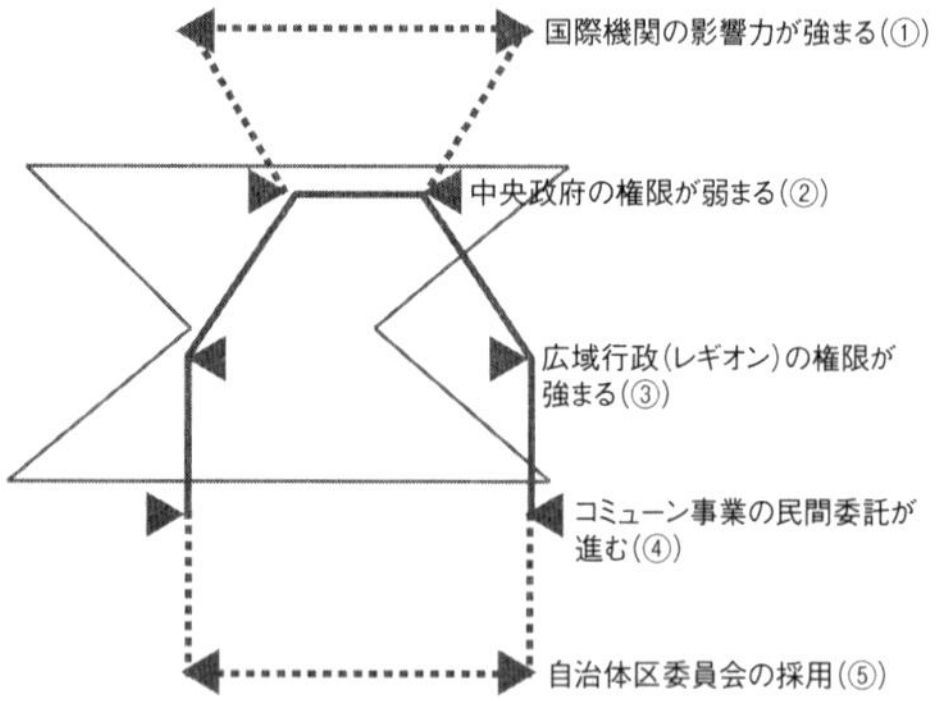
国際機関の影響力が強まる(①)
中央政府の権限が弱まる(②)
広域行政(レギオン)の権限が
強まる(③)
コミューン事業の民間委託が
進む(④)
自治体区委員会の採用(⑤)

図2 スウェーデンにおける国と地方関係
(1990年代以降の傾向):花びんモデル

(出所) Petersson 1998:69 から作成

ン再編が行われた。財政的にも、能力的にも自立した基礎自治体を整備するために、二度にわたる大規模市町村合併を行い、約二五〇〇市町村を二九〇コミューンに合併した。スウェーデンの地方自治システムは生活関連サービスの供給母体を目標に整備されてきたといえる。コミューン再編は戦間期の一九三〇年代頃からの課題であり、当時、福祉事業の実施を主体とする「社会支援共同体」構想があったが、村自治体(当時)の反対で実現しなかった。その意味ではコミューン再編は半世紀をかけて実現した大改革であった。

またスウェーデンの税体系は地方所得税を中心としており、コミューン財源の約七割が地方所得税等による自主財源である[1]。国に対する所得税は全体の約二割にあたる高所得者のみが支払い、約八割の国民は直接税としては地方所得税のみを支払っている。地方所得税(コミューン税+ランスティング税)は収入の約三〇%にあたる。

(二)グローバル化と市場化の影響—変容する運営方式

図2は一九九〇年代以降の砂時計モデルの変容、つまり各行政体における権限の拡大または縮小の傾向を示しており、「花びんモデル」とも呼ばれる。自治体区委員会制度を持つ地域では五層構造の行政システムになっている。ＥＵなどの国境を越えた国際機関の影響が強まり①、そのために中央政府の権限は

相対的に弱まることになり(2)、このことは戦後、築いてきたスウェーデン独自の福祉国家レジームを従来のように自国の政策判断で堅持することが難しくなったことを意味している。たとえば公共サービスの供給多元化はEUの政策方針であり、スウェーデンの高齢者介護の特徴であった公的な独占供給もEUの影響を受け、多元化に向かった。広域行政体ランスティングは主に医療を担当する行政体であるが、EU圏内の都市間競争の時代に向けて、新たな広域行政体レギオンが国内二ヵ所で始まり、そこでは責任領域が拡大された(3)。基礎自治体コミューンは担当領域の福祉や義務教育において、事業の民間委託が増え、直営事業は縮小している(4)。ストックホルム、ヨーテボリなどいくつかのコミューンでは、自治体区委員会制を採用し(5)、小地域単位での取り組みを始めた。ストックホルムの高齢者介護では自治体区委員会にサービス判定、介護サービスの運営、質の管理が任されている。

高齢者介護の最終責任がコミューンにあることには変わりないが、「花びんモデル」が示すように、各層間の関係とそれぞれの権限はグローバル化と市場化の影響を受け、事業の運営方法は変容してきたといえる。

三　戦後福祉国家における高齢者介護の変遷

(一)普遍主義型福祉国家の拡大期―「ホームヘルプ」も「施設」も拡大

一九五〇年代初頭の老人ホーム批判から始まった脱施設論争と主婦ボランティアによるホームヘルプの人気は、政府の関心と結びつき、一九五〇年以前には全く存在しなかった高齢者向けホームヘルプは急速に拡大していった。特に一九六四年の特定補助金によるホームヘルプ拡大は、普遍主義型福祉国家の展開

図3　ホームヘルプ利用者数と施設利用者数の推移（65歳以上1000人あたり）

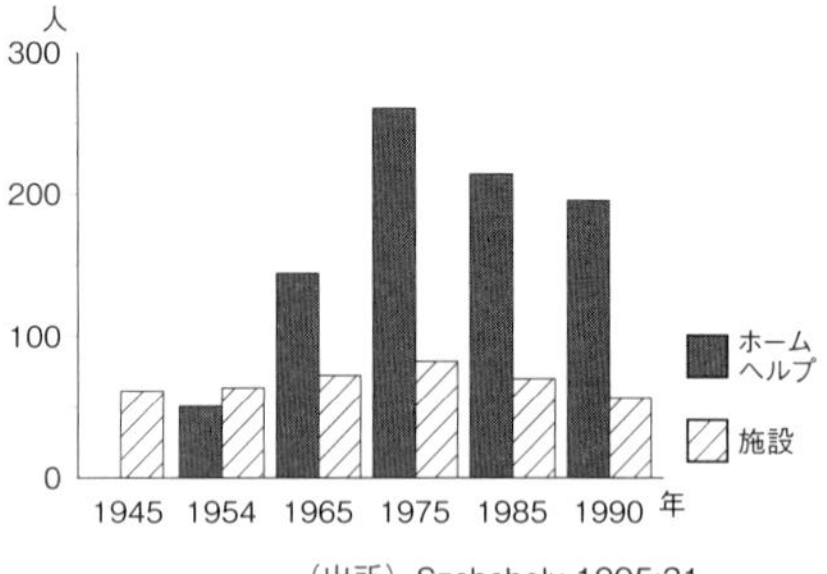

（出所）Szebehely 1995:31

にみられた象徴的な現象の一つである。一九六三年には全国に一万九千人のホームヘルパーが存在したが、一九七〇年にはその数は八万人にまで増加した。ホームヘルプの総供給時間も一九六五年には二千万時間、一九八〇年には五千万時間、一九九〇年には一億時間となった。

図3はホームヘルプ利用者数と施設利用者数を示すが、一九五四年には四万人、一九六〇年には八万人、一九七〇年には二五万人がホームヘルプを利用しており、歴史上、ホームヘルプ利用者数が最も多かったのは一九七八年の三五万人であった。この数字は当時の高齢者人口の約三割に当たり、これほどの高い水準のホームヘルプ利用率を経験した国は北欧諸国以外に見つけることは困難であろう。その後、ホームヘルプの総供給時間は伸びたが、利用者数は減少し、一九九二年には二七万人にまで減少した。利用者数の減少は重度の介護を必要とする高齢者にサービス提供がターゲット化されてきたことを意味する。

施設利用者数も一九七五年にピークを迎え、その後、減少していく。ホームヘルプは脱施設の象徴とされてきたが、福祉国家の危機が言われた一九七〇年代中盤まではホームヘルプも、施設も共に増加していたことがわかる。つまり、施設の代わりにホームヘルプを充実させたのではなく、財政事情のよい時代にホームヘルプが急速に拡大したという説明が妥当、とセベヘリ（一九九五）は指摘している。施設利用者の増加の中でも施設の種類が変化している点は注目されるが、図４は老人ホーム、長期療養病床（ナーシングホーム）、サービスハウス利用者の推移を示している。いわゆる脱施設論争を引き起こした古いタイプの老人ホームは増加せず、医療を必要とする高齢者のためのナーシングホームや質の高い居住施設としてのサービスハウスが増えたことがわかる。

（二）ホームヘルプの編成にみられる変容

このホームヘルプの拡大期において、ホームヘルプの編成も変容した。セベヘリ（一九九五）は一九五〇年代から一九八〇年代にかけてのホームヘルプの編成を三つの時期、具体的には経済と財政事情に大きく影響されてきたが、両者が極めて良好だった一九六〇年代までを「伝統的モデル」、一九七〇年代の経済低成長期の試みを「ベルトコンベア風モデル」、一九八〇年代の公的セクターの肥大化が批判された時代の試みを「小グループモデル」として、その特徴を分析している。一九六〇年代まではホームヘルプの供給をいかに増やすかが主要な論点であったが、一九七〇年代以降にホームヘルプの効率的運営の議論が始まっている。

図4　老人ホーム・長期療養病床・サービスハウス利用者数の推移（65歳以上1000人あたり）

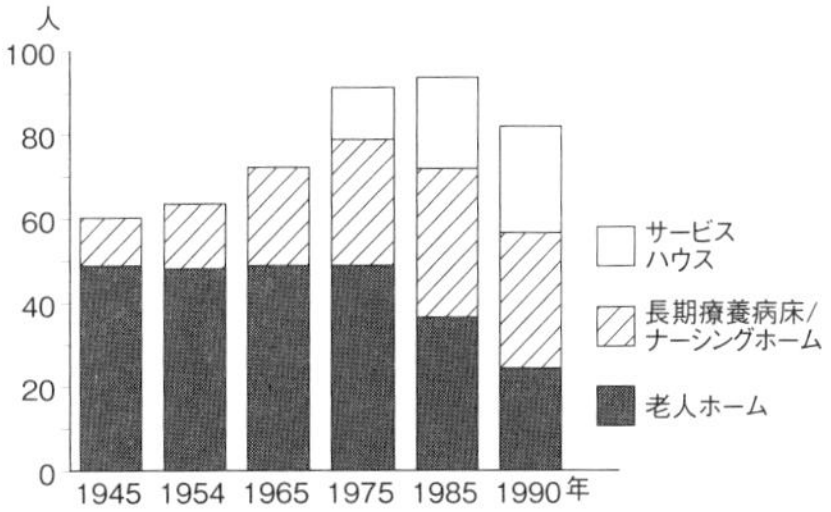

（出所）Szebehely 1995:30

■伝統的モデル（一九六〇年代）――主婦の兼業職として

一九五二年のホームヘルプに関する社会庁令はホームヘルプに関する初めての政府文書であるが、ホームヘルプの対象を「老齢による困難、苦痛、病気があり、日常生活に必要なことや自身の衛生管理を自分ですることに不安を感じる人」とし、「週に数回にわたり、在宅医療と家事援助、激励のための訪問を行うことは、高齢者の生活の快適さと生活感覚を刺激する」として、ホームヘルプを高齢者の生活を支える幅広い事業として位置付けていた。また特に一人暮らしの高齢者を対象とし、ホームヘルパーは無職の女性で「家事に豊富な経験を持つ専業主婦」から採用されるべきと書かれていた。

一九六四年の特定補助金導入に伴い、ホームヘルプの内容は「掃除、ベッドメイク、寝巻の手入れ、窓ふき、床掃除、階段掃除、ガデローブの衛生管理、毎週の洗濯、調理、その他の家事。在宅医療、衣服のつくろい、身体介護の援助が必要とされることもある。ホームヘルパーは高齢者を散歩に連れて出たり、何かの活動を、高齢者を援助したり、元気づけたりすることができる」というように、監督官庁である社会庁の助言と指針により具体化したといえる。

ホームヘルプは当初から、施設介護に比べて、費用がかからない選択肢として考えられ、家庭の主婦をホームヘルパーに採用したことは給与や教育に費用をかけないことを意味していた。ホームヘルパーには援助する時間だけが決められており、仕事内容はホームヘルパーと利用者の間で決めていた。事業の管理はコミューンの事務職員が担当し、その主な仕事は高齢者とホームヘルパーのマッチングであり、教育の必要性も議論されたことはなかった。労働組合が組織化されるのも一九七〇年代以降のことである。

■ベルトコンベア風モデル(一九七〇年代)—介護サービスの大量生産と集合化

介護サービスの合理化のために集合的サービスを目指したこの時期は「ベルトコンベア風モデル」と称される。一九七〇年代に増設が進んだサービスハウスは介護を必要とする高齢者のための集合住宅である。バリアフリーの設計で、建物内にデイサービス、ホームヘルプステーション、カフェなどが配置され、若い家族世帯も居住することが可能な場合もある。また買い物が便利なように、ショッピングセンターの近くに建てられることが多かった。

サービスハウス増設の目的の一つはホームヘルプの合理化にあった。ホームヘルパーの移動時間を短縮すること、また足のケア、入浴、食事サービス、趣味の活動等は集合的サービスとして実施することで在宅サービスの合理化を図ろうとした。一九六〇年代にはホームヘルプ事業についての財政上の議論はなかったが、一九七〇年代初頭になってそのコスト増と人手不足が課題として考えられるようになった。

集合的なサービスの運営を行うために、一九七七年に社会サービス事業における管理職養成のための大学教育が始まった。またホームヘルパーの労働条件改善の要求も始まり、フルタイム職員を増やすこと、ホームヘルパーが上司や同僚の助言を受けられるよう職場環境を整備することも目指された。ストックホルムではこれまでの時間単位給付を見直し、仕事内容による給付を導入した。

■小グループモデル（一九八〇年代）―介護職の働きがいへの配慮と専門職化

一九七〇年代の介護サービスの集合化と管理職配置の流れは一九八〇年代も継承されていく。小グループモデルはコミューン全体に小地域単位のホームヘルプ供給エリアを設定して、二四時間体制のホームヘルプを提供する仕組みである。ホームヘルプ部門の管理職として、各小地域に地区ホームヘルパー主任が配置された。小グループモデルは地区ホームヘルパー主任が責任者となり運営され、その役割は「ホームヘルパーに対し、小グループの中で仕事を適切に分担し、利用者個人のニーズに合わせて様々な介護サービスをコーディネートする」ことであった。そして、必要な介護内容に基づく介護計画が立てられるようになった。

一九七〇年代終盤にはホームヘルプの社会教育的方向性という考え方、つまり高齢者の残存能力を引き出すための自立生活支援という新しい考え方が打ち出された。コミューン連合会、ランスティング連合会、スウェーデン医療福祉合理化研究所、社会庁が合同で作成した高齢者介護をめぐる六つの報告書（一九七八）は、「ホームヘルパーの役割は、法律に規定される仕事の範囲でより向上されるべきである。コンタクトをとり、環境をよくし、情報提供を行い、より抜きの機能を持ち合わせた、社会教育的な方向性（自立生活支援の方向性）を持つソーシャルワークが開発されるべきである」としており、ホームヘルパーの専門職化を促した。

また一九七九年社会庁報告書『一九八〇年代に向けての社会的なホームヘルプ』にも「ホームヘルパーを採用し維持することが困難な理由は、仕事内容が掃除やそれに類する作業に偏っているからである。高齢者向けのホームヘルプをより魅力的な仕事にするためには仕事内容を変え、高齢者の自立生活支援のための援助、高齢者の生活の活性化や社会的リハビリを仕事内容の基本にして、掃除、調理、買い物やそれに類する作業を縮小しなくてはならない」、さらに「ホームヘルパーの採用がうまくいかない理由は、社会的地位が低いことにある。ホームヘルパー教育の充実はその社会的地位の向上につながる」として、専門職化の重要性が記されている。このようにしてホームヘルパーの公式な教育が始まり、一九八〇年代には若い女性層がホームヘルパーに採用されるようになった。

一九八〇年代にスウェーデンやデンマークで普及した、小地域単位で行われるホームヘルプのしくみは、日本にも紹介されることが増え、高齢者保健福祉一〇ヵ年戦略（ゴールドプラン）（一九八九）で小学校区単位に在宅介護支援センターを設置するといった発想にもつながり、一九九〇年代半ば以降に始まろうとした二四時間巡回型ホームヘルプのモデルになったともいえる。

(三) 極端な在宅介護主義がもたらしたもの

スウェーデンの戦後福祉国家拡大期における高齢者介護について、施設介護に関する研究や文献はほとんど存在しないことからも、スウェーデンの高齢者介護システムの整備がホームヘルプに重点を置いてきたことは明らかである。一方で極端な在宅介護主義のために、認知症高齢者や重度の介護を必要とする高齢者の共同居住についての研究や議論が遅れたことを指摘するのがエデバルク(一九九一)である。

スウェーデンの在宅介護主義は一九五〇年代初頭のイーヴァル・ロー＝ヨハンソンによる老人ホーム批判のキャンペーンがきっかけとなった。ロー＝ヨハンソンらによる当時の老人ホーム批判は、福祉国家の管理主義への批判と解釈されることが多い。またちょうど同じ頃に、ウプサラで赤十字のボランティアによる高齢者向けホームヘルプが始まり、全国的にも注目された。戦後福祉国家建設において膨大な費用がかかるなか、政府は脱施設に対する世論の高まりとボランティアによるホームヘルプの人気に目をつけ、計画していた老人施設の増設から在宅介護主義に大幅な方針転換をはかった。

一九五五年社会援助法の成立に伴い、戦前の貧困救済法は廃止されたにも関わらず、老人ホームには貧困救済事業の特徴、つまり入居者に対する管理的な体質が残っていた。これに対して戦後に新しく始まった高齢者向けホームヘルプは貧困救済事業の色彩がなく、家事使用人が不足する中、高所得者層にも人気があった。

一九五七年政府指針は高齢者自身が在宅か施設を選べるべきとしたが、現実には政府は高齢者が施設を選ばない方向性を作りだした、とエデバルク(一九九〇)は述べている。建設補助金の廃止でコミューンにとって老人ホーム新設の動機は弱まった。高齢者は保健医療法のもとで自己負担が安い医療施設であったナーシングホームを選ぶようになったが、コミューンにとってもその方が安上がりであった。医療と介護サービス間の調整を考える研究や議論がなかったために、一九八〇年代には社会的入院の問題にみられるよう、介護にかかる社会的コストが必要以上に高くなるという事態を招いた。高齢化が進む中で、認知症や重度の介護を必要とする高齢者が増加したがその受け皿がなく、長期入院が増加したのである。

エデバルク(一九九一)の議論は、高いレベルの機能障害がある場合、ホームヘルプやナーシングホームよりも、共同居住やグループホームの方が社会的コストは安く、高齢者にとっても安心で魅力的な選択肢となるとしている。ホームヘルプはコストがかからないという在宅介護主義は、主婦による安い労働力を前提にしており、専門職としてのホームヘルパーを労働市場に求めることになれば、ホームヘルパーは他の職業と競合し、結果として他の職業と同レベルの賃金コストがかかるためである。エデバルクは、一九八〇年代に入るまでは「ホームヘルプは安く、老人ホームは高い」という言説の真偽について研究も議論もされてこなかったという。エデバルクの研究はルンドにある老人ホームの入居者六〇人がすべて自宅でホームヘルプを利用した場合にかかるコストを算出し、後期高齢者に対してホームヘルプによる在宅介護は老人ホーム介護より三〇%もコスト高であることを示し、戦後続いてきたイデオロギー的な施設批判に一つの終止符を打った。

スウェーデンでは一九九二年にエーデル改革が実施されたが、これは戦後続いてきた極端な在宅介護主義の軌道修正と捉えることもできる。社会的入院の諸課題の解決を目指し、ランスティングの管轄であった老人医療の一部をコミューンに一元化し、高齢者介護システムの運営においてコミューンの権限を強化した。具体的にはランスティングが担当していた訪問看護、ナーシングホーム約四九〇ヵ所（約三万一〇〇〇人分）、認知症対象グループホーム約四〇〇ヵ所（約三〇〇〇人分）、認知症対象デイケア約二〇〇ヵ所をコミューンの担当とし、これらの事業に従事する医師以外の職員（看護師、副看護師、作業療法士、理学療法士、ケースワーカー、医療補助職員、地域看護師等）五万人がコミューンの職員となった。またコミューンに対しては社会的入院費用支払い義務を課し、治療終了通告の後、コミューンが適切な受入ができずに入院延長がなされる場合、その入院費用はコミューンがランスティングに支払うこととなった。この改革はコミューンがグループホーム建設等、高齢者の居住環境を整備する動機につながった。

表1　高齢者介護サービスと障害者福祉サービス（LSS法対象）の推移（2000年、2009年）

	2000年	2009年	変化の割合
65歳以上高齢者			
—ホームヘルプ利用数（人）	125,300	148,400	+18%
—介護付き住宅入居者数（人）	118,300	95,400	−19%
—介護付き住宅入居者数（人）	243,600	243,800	+/−0%
—高齢者介護サービス総支出（10億クローナ）	95.3	89.6	−6%
65歳未満の障害者（LSS法対象者）			
—ホームヘルプ利用数（人）	14,500	20.400	+41%
—介護付き住宅入居者数（社会サービス法）（人）	5,500	4,400	−20%
—障害者福祉サービス利用者数（LSS法）（人）	42,400	55,600	+31%
—パーソナルアシスタンス（LASS法）利用者数（人）	9,700	13,800	+42%
—障害者福祉サービス利用者数の合計（人）	72,100	94,200	+31%
—障害者福祉サービス総支出（10億クローナ）	37.0	61.3	+66%

（出所）Szebehely 2011:219

四．財政の縮小とグローバル化の影響

表1は高齢者介護サービスと障害者福祉サービス（LSS法対象）の推移を示している。スウェーデンにおける高齢者介護の支出は戦後を通じて、伸び続けてきたが、二〇〇〇年から二〇〇九年の間に初めて支出の減少を経験した。障害者福

祉サービスの支出は三七〇億クローナから六一三億クローナに増加（六六％増）した一方で、この一〇年間に八〇歳以上人口が九％増えたにも関わらず、高齢者介護は九五三億クローナから八九六億クローナとなり、六％の支出減少となった。社会サービス法は前述の通り、枠組み法の性格を持ち、給付水準や利用料金の決定権がコミューンにあるため、その内容はコミューンの財政事情に左右されがちである。障害者福祉サービスの中でも社会サービス法対象のサービスについては二〇％の支出削減となっていることが表1からわかる。また高齢者介護サービス全体の利用者数はほとんど変化がみられないが、介護付き住宅入居者は一一万八三〇〇人から九万五四〇〇人に減少（一九％減）したのに対し、ホームヘルプ利用者は一二万五三〇〇人から一四万八四〇〇人に増加（一八％増）した。介護付き住宅入居者の約二万人が在宅でのホームヘルプ利用に移ったことを意味しており、これはホームヘルプも居住施設もともに増えてきた一九六〇〜七〇年代とは状況が異なっている。まさに施設から在宅への移行であり、ゼロサムの関係となっている。

スウェーデンは一九九五年にEUに加盟したが、前述の花びんモデルが示すように、国内の諸政策はEU政策の影響を強く受けるようになった。その一つが一九九四年の公共調達法改正である。公的機関による民間サービスや作業の購入はほぼすべてが同法の規制対象となり、コミューンは入札等を通じて民間事業者の参入機会を提供しなければならなくなった。介護サービスは公的供給であるべきか、民間供給を導入するべきかという二者択一を問うイデオロギー論争はあまり意味を持たなくなった。一九九〇年代には介護サービスの民間委託が急速に増え、一九九三年に比べ二〇〇〇年にはその量は三倍に増加した。民間委託が増える中でも、財政運営は公的責任という政府方針は示されていた。

公共調達による民間委託という手法の他に、ストックホルム周辺ではサービス選択自由化制度を導入するコミューンが現れた。高齢者介護におけるサービス選択自由化制度はバウチャー制度の一種で、介護サービス判定で介護サービスが必要と判定された高齢者が自分でサービス事業者を選ぶしくみで、利用者のサービスへの影響力を強め、事業者間の競争を促すことを目的とする。ストックホルム近郊のナッカでは一九九〇年代初頭から同制度を採用していたものの、二〇〇三年の調査では同制度を採用するコミューンは一〇コミューンで全体の三％にすぎず、ストックホルム近郊に集中していた。

ラインフェルト保守中道政権（二〇〇六－二〇一四）は二〇〇九年にサービス選択自由化法を施行し、全国的に同制度の導入を進めようとした。法律の趣旨は、利用者がコミューン直営サービスと民間サービスの選択肢を保障するために、サービス選択自由化制度を全国に普及させようとするものである。法制化により、同制度の普及が加速化するかと思われたが、二〇一五年時点で同制度を導入したコミューンは約半数、一度導入したが廃止したというコミューンも三ヵ所ある。また制度の運用はコミューンごとに多様である。たとえばストックホルムでは事業者の参入の自由を大幅に認めており、市内に二〇〇件を超えるホームヘルプ事業者がある。一方、スウェーデン南部のヴェクショーでは参入規制を厳格にしており、ホームヘルプ事業者は全部で八事業所しかない。身体介護を提供する事業所はコミューン直営事業所と民間事業所一件のみである。二四時間体制の身体介護はコミューン直営を中心に、家事援助については民間事業者の選択も可能という考え方のもとで制度設計がなされている。全国一律に行われている日本の介護保険制度からは想像できないほど、スウェーデンの高齢者介護システムはコミューンの裁量が大きく、多様性に富んでいる。

五．議論—誰が介護し、誰が支払うか

図5は「誰が介護をするか（供給）」、「誰が支払うか（費用負担）」の方向性を示している。表1で示したように、高齢者介護の支出は減少傾向もみられ、家族の負担が増える方向性を示す「再家族化」はやや懸念される。しかしエスピン—アンデルセン（一九九九）のいう脱家族化、つまり介護や育児の負担を軽減する政策に力を入れてきたスウェーデンにおいて、日本のように直接的な介護を家族が担うようになることは想定しにくい。また社会サービス法に基づき、必要な人に必要な社会サービスを提供する上で最終責任を持つのは基礎自治体コミューンであることが明確に規定されている点も日本とは大きく異なる。そこで本節では「市場化」と「私費購入化」、またコミューンが運営する高齢者介護に対する住民のロイヤルティについて考察する。

図5　誰が介護し、誰が支払うのか。

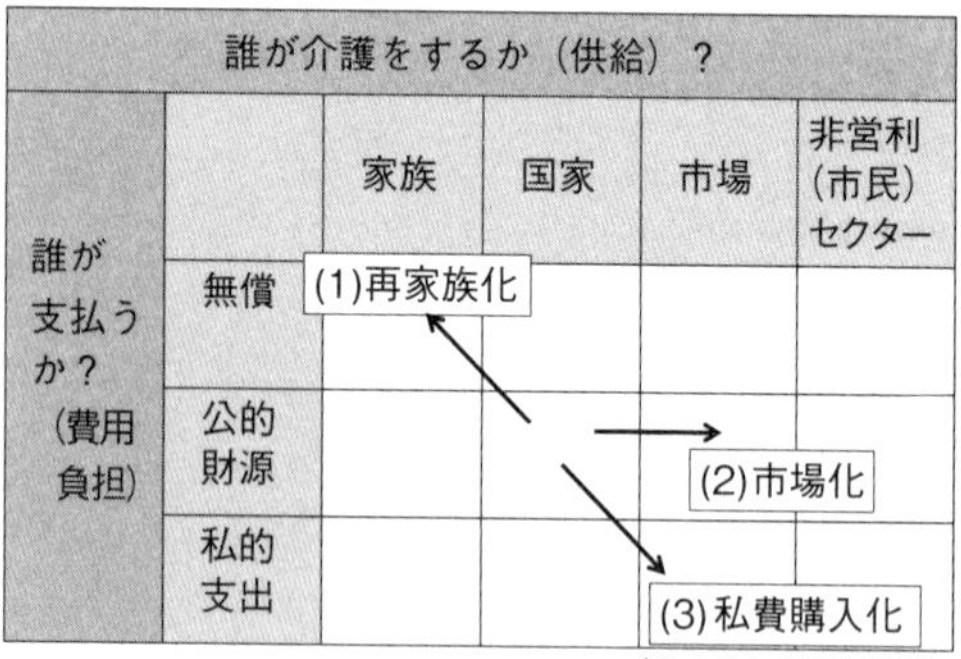

（Szebehely 2014）に加筆

（一）大企業による寡占化の進行—ベンチャー投資系介護企業の登場

カレマケア社をめぐる一連の報道は、二〇一一年一〇月一一日に報道されたコッパゴーデン介護付き住宅での入居者死亡事故に始まった。その後、カレマケア社が受託する介護付き住宅で起きた事故や事件の告発報道が新聞やテレビで約半年間も続き、国会では首相や関係大臣が議論するまでに至った。カレマケ

ア社はベンチャー投資系介護企業という名の、グローバル資本主義の中で生まれた新たなタイプの事業者である。スウェーデンの民間介護事業者数は一九九九年には全国で一二〇事業者であったが、二〇〇二年には三一〇事業者、二〇一〇年には四〇〇事業者を超えた。また民間事業者のうち九割が営利法人であり、非営利団体は一割程度である。民間供給においては大企業による寡占化が進み、在宅介護の分野ではアテンドケア社、カレマケア社、アレリス社、フェレナデアケア社の四社が民間供給シェアの大部分を占めている。二〇〇八年では上位二社のアテンドケア社とカレマケア社の二社で民間供給部分の半分以上を占め、両者でスウェーデン全体の介護サービス供給の六~七割を占めていた。スウェーデンでは一九九〇年代初頭、ビルト保守中道連立政権（一九九一―一九九四）の時代に公共サービスの民営化論争が始まった頃に介護企業が現れたが、その後、大手企業による買収が続いてきた。二〇〇五年頃から介護企業はベンチャー投資会社の投機の対象となり、企業の転売により利益を生み出す構造が作られてきた。

ベンチャー投資系介護企業はグローバル資本主義の産物といえるが、新たな課題を生み出している。企業自体が投機の対象であり、所有者が数年ごとに代わるという体質をもつ事業者をどう捉えるべきか。スウェーデン国内では政党で意見がわかれており、環境党と左党は営利企業の参入規制を厳格にし、職員の配置基準を決める等の規制強化を要求している。保守中道系政党は党により強弱はあるが、営利企業が介護サービス市場に参入することを基本的に歓迎している。社会民主党は両グループの間で、党としての態度は不鮮明である。しかし税財源の海外流出に対する世論の批判は強く、どの政党も共通して一定の歯止めをかけたいと考えている。

介護サービスの供給多元化の中で、政府はサービスの質の低下を防ぐために、フォローアップ体制を強化しようとするが容易ではない。たとえば社会庁は毎年『高齢者ガイド』のなかで事業者評価を発表しているが、新聞紙上で数々の事件や事故が指摘されている事業者の評価が高いことで批判を受けている。コミューンが監査を強化しても、その監査結果がコミューンの公共調達に反映されているとは限らず、介護の質よりも政治判断が優先となりがちとなる。政治権力と事業者の癒着も懸念される。

ペストフ(二〇〇九)はスウェーデンにおける介護サービス多元化の議論は、公的供給を継続するべきというイデオロギー的議論と、民営化で効率化を図るという議論が繰り返されるばかりで、公的解決か市場解決かという選択肢しか示されていないと指摘する。またセベヘリ(二〇一四)は北欧諸国間の比較研究の中で、スウェーデンの高齢者介護が最も市場化と営利化の方向性が強いことを分析している。

(二)「私費購入化」の広がり?——家事労賃控除の定着

ラインフェルト保守中道連立政権は、二〇〇七年七月に家事サービスの労賃支払いに対する税額控除(RUT-avdrag、以下、家事労賃控除)を導入した。政府は家事労賃控除の理由を二つあげており、第一に無申告の労働をなくし、正規労働とすること、第二に家事サービス産業を育成し、新たな雇用をつくることで失業問題の解決に貢献することとしている。家事労賃控除は、自宅、サマーハウス、親の住む家において、掃除、洗濯、調理、庭の手入れ、雪かき、子守り、高齢者の散歩や銀行・病院への付添、保育所への送り迎えなどの家事サービスを購入した時に適用される。対象となるのは労賃部門のみで、材料費や移動にかかる費用などは控除の対象にならないが、納税義務のある一八歳以上すべての市民が、年最高五万クローナまでの控除が可能である(二〇一五年)。

家事労賃控除の利用者は増加しており、二〇〇九年には一八万人が総額七億五千万クローナの控除を受けていたが、二〇一〇年には三二万六千人が総額一三億七千万クローナと二倍弱の伸びとなった。家事労賃控除を利用している世帯は全体の三・五％で、一人の子どもを持つ夫婦世帯に最も広がっており、次いで六五歳以上の単身女性となっている。年齢別では七五歳以上の利用が最も多く、七五歳以上高齢者の約五％が家事労賃控除を利用しており、スウェーデンの高齢者介護にも影響し始めている。

高齢者介護への影響として、具体的には次の二点を指摘できる。一つめに所得が高い高齢者は、公的な介護サービスの代わりに、家事労賃控除を利用する傾向が高まっている。公的な介護サービスの自己負担額は所得に応じているため、所得の高い高齢者にとっては家事労賃控除により家事サービスを購入した方が安く、またサービス判定を受ける手間を省くことができる。所得の高い高齢者に対しては、家事労賃控除の利用を勧めるコミューンも存在する。

二つめに民間の介護事業者の市場参入を後押ししている。民間の介護事業者には、付加サービスの提供が奨励されている。付加サービスとは介護サービス判定を超えるサービスのことを指し、全額負担で購入することができるが、付加サービスの購入にも家事労賃控除を適用できる。付加サービスの提供はコミューン直営事業には認められていないため、事実上、民間の介護事業者をバックアップしていることになる。

(三) コミューンによる高齢者介護へのロイヤルティ

シュバルフォシュによる『福祉国家に関する意識調査』は一九八六年からおよそ五年ごとに実施されているが、二〇一〇年調査においても、スウェーデンの人々が高齢者介護については公的システムに強い期待を持っていることが明らかとなった。図6は高齢者介護において望まれる供給主体に対する意向の推移を示している。「国・コミューン」という回答が七八％であり、公的な供給主体に対する期待が大きいこ

図6　望まれる供給主体（高齢者介護）

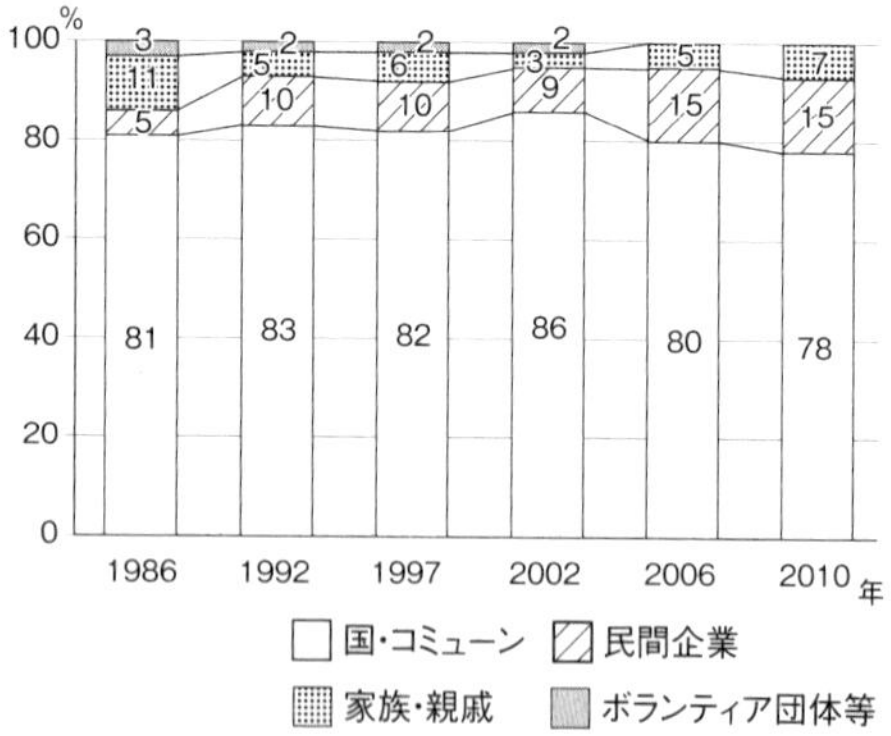

（出所）Svallfors 2011より作成。

とがわかる。この傾向は過去二四年間にわたり続いているが、「民間企業」という回答は少しずつではあるが増加している。民間事業者による介護サービスの利用者が増え、一般化し、抵抗が少なくなってきたこともその理由と考えられる。また「ボランティア団体等」への期待がほとんどないことも特徴といえる。

図7は高齢者介護、保育、医療、教育の財源についての考え方の推移を示すが、「以下の事業は、税と雇用税で運営されるべきである」という問いに対し、高齢者介護では七八％の人が税による運営を支持している。この数字も常に高い状態であるものの、微減の傾向も指摘できる。さらに図8は増税についての考え方を示しているが、「以下の事業に使われるなら、より多くの税金を払ってもよい」という問いに対し、二〇一〇年では七三％の人が高齢者介護に使うための増税を容認しており、二〇〇二年に比べて一三％も増加している。

スウェーデンの高齢者介護はグローバル資本主義の影響を受けて変容しているものの、コミューン税によるコミューン自治を基盤とした高齢者介護に対するスウェーデンの人たちのロイヤルティは今なお大きいといえる。スウェーデンの高齢者介護の展望として、次の四点を指摘したい。第一に、スウェーデンにおいて公的な高齢者介護システムへの信頼は今だ根強いことは確かであるが、今後の動向は気になる。たとえば前述の家事労賃控除により、介護サービス利用者は少しずつ消費指向になっている。コミューンによる供給独占の時代を経験していない世代が、要介護高齢者となる時代にはどう変わるだろうか。第二に、営利企業による市場の寡占化である。理想とされる福祉多元主義は、さまざまなタイプの事業者が適度な競争をすることで介護の質が向上することを目指している。しかし介護サービス市場におけるベンチャー投資系介護企業の力は大きく、二〇〇〇年代初頭に期待された市場における競争の状態は実現せず、その中で一定の役割が期待された協同組合型事業者、地域に密着した零細事業者は消滅しつつある。目指したはずの事業者間競争がなくなり、介護サービスの質の低下が懸念される。第三に、グローバル

図7　望まれる財政システム

「以下の事業は、税と雇用税で運営されるべきである」
（「はい」という回答）

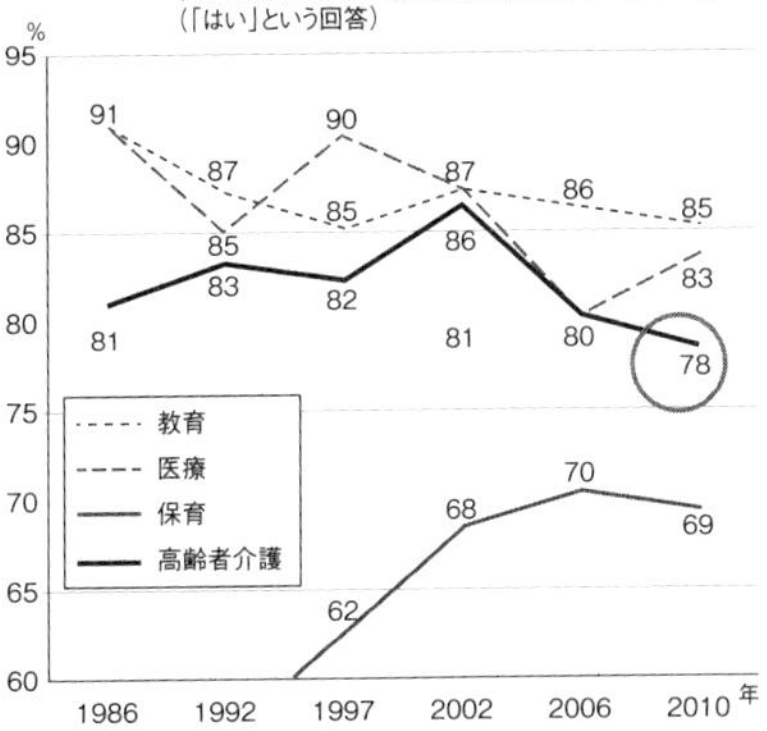

図8　増税についての考え

「以下の事業に使われるなら、より多くの税金を払ってもいい」
（「はい」という回答）

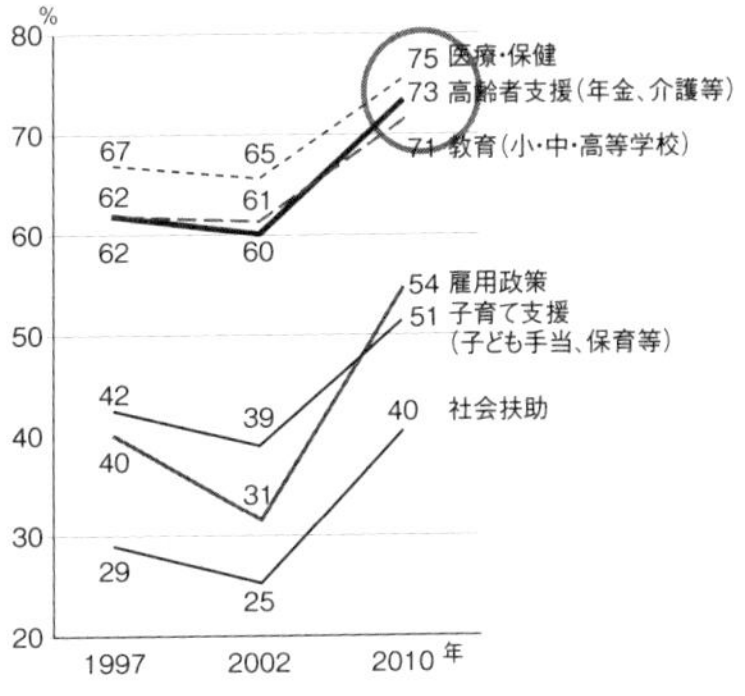

（出所）Svallfor 2011より作成。

企業の参入による税の海外流出である。公共サービスの財源が地域に還元されることなく、海外の租税回避地を通じて国外に流出することは、コミューン税を財源とする介護システムの信頼にかかわることである。

グローバル資本主義の進む中、スウェーデンにおいて「コミューン自治を基軸とした高齢者介護」は形を変えて残っており、そこには住民の「ロイヤルティ」(＝コミューン税で運営される高齢者介護に対する信頼と期待)という背景がある。これらの国際規模の課題に対して、スウェーデンのコミューン自治はどこまで対処できるのかは今後も注目される。

註

(1)コミューン歳入の内訳は地方税収入六七%、一般補助金一三・五%、特別補助金三・五%、料金収入六%、事業収入一%、借入金三%、その他六%。コミューン歳出は保育・学童保育一四・五%、小中学校一六%、高校七%、その他の教育事業四%、高齢者介護一九%、障害者福祉一一・五%、経済的支援二・五%、生活保護および家族支援(経済的支援を除く)四・五%、ビジネス事業四・五%、その他一六・五%(二〇一三年)Sveriges Kommuner och Landsting 資料より。

引用文献・参考文献

岡沢憲芙、二〇〇九、『スウェーデンの政治　実験国家の合意形成型政治』東京大学出版会。
斉藤弥生、二〇一四、『スウェーデンにみる高齢者介護の供給と編成』大阪大学出版会。
Edebalk, Per Gunnar. 1990. Hemmaboendeideologins genombrott – åldringsvård och socialpolitik 1945-1965. *Meddelanden från Socialhögskolan 1990:4*. Socialhögskolan, Lunds Universitet.
Edebalk, Per Gunnar. 1991. *Drömmen om ålderdomshemmet.Åldringsvård och socialpolitik 1900-1952. Meddelanden från*

Socialhögskolan 1991:5. Socialhögskolan, Lunds Universitet.
Esping Andersen, Gøsta. 1999. *Social foundations of postindustrial economies*. Oxford University Press: Oxford, UK.（＝渡辺雅男・渡辺景子訳．2000.『ポスト工業経済の社会的基礎．市場・福祉国家・家族の政治経済学』．桜井書店：東京.）
Gustafsson, Agne. 1999. *Kommunal självstyrelse. Sjunde upplagan*. SNS Förlag: Stockholm, Sweden.
Pestoff, Victor. 2009. *A democratic architecture for the welfare state*. Routledge: London, UK.
Petersson, Olof. 1998. *Kommunalpolitik*. (Tredje upplagan). Norsteds Jutidik: Stockholm, Sweden.
Petersson, Olof. 2006. *Kommunalpolitik*. (Femte upplagan). Norsteds Jutidik: Stockholm, Sweden.
Svallfors, Stefan. 2011. A bedrock of support? Trends in welfare state attitudes in Sweden, 1981-2010. *Social policy and administration*. Vol.45, No.7.
Szebehely, Marta.1995. *Vardagens organisering. Om vårdbiträde och gamla i hemtjänsten*. Arkiv: Lund, Sweden.
Szebehely, Marta. 2011. Insatser för äldre och funktionshindrade i privat regi. Laura Hartman (red.) *Konkurrensens konsekvenser. Vad händer med svensk värfärd?* SNS Förlag: Stockholm, Sweden.
Szebehely, Marta. 2014. *Sustaining universalism? Changing roles for the state, family and market in Nordic eldercare*, Keynote. Annual ESPAnet Conference, 4–6 September, 2014, Oslo, Norway.

統計資料

スウェーデン統計局　http://www.scb.se
スウェーデン・コミューン&ランスティング協会　http://skl.se
Socialstyrelsen, Sveriges Kommuner och Landsting. 2014. *Öppna jämförelser 2014/Vård och omsorg om äldre*.
Socialstyrelsen. 2015. *Äldre och personer med funktionsnedsättning – regiform år 2014*.

第四章　スウェーデンの在住外国人環境

清水由賀

一．市立図書館に五二言語の書籍

二〇一四年夏、ウプサラ市立図書館を訪れた。ウプサラは首都ストックホルムの北に位置し、四〇分ほど列車に乗ると到着する。人口約二〇万人、スウェーデンでは四番目に大きい。一四七七年にスウェーデンで最初に創設された大学であるウプサラ大学、北欧最大の教会であるウプサラ大聖堂などで有名である。大聖堂の先端は市内のほとんどどこからでも見える。ウプサラ中央駅から大聖堂を目指して歩く途中、ショッピングストリートを北に進むとその北端、ひらり細い紙をねじった形をした銅像がある。その右手、大きな丸い窓に六角形の模様が特徴的な茶色いレンガ造りの建物が、ウプサラ市立図書館である。中に入るとまず驚くのは、鮮やかな色使い、大きな窓、さまざまなデザインの椅子。昼寝に誘うかのような、ゆったりとした椅子が印象的である。しかし奥に入り二階に上がると、さらに驚かされた。図書や新聞の言語数の多さである。全七架の外国語図書コーナーに所蔵されていた図書の言語数は、計、五二言語。英語、フランス語、ドイツ語、スペイン語、ロシア語、中国語など世界的に使用人口の多い言語はもちろんのこと、イタリア語、ポルトガル語、ラテン語などのヨーロッパ言語、ポーランド語、チェコ語、スロベニア語、クロアチア語などのスラブ諸語、アラビア語、シリア語などの中東で使われる言語、タイ語、ベトナム語、日本語、韓国語などのアジア・東南アジア言語、ヒンディー語、ウルドゥー語、ベンガル語などのインド諸語、ソマリ語などのアフリカで使われる言語や、イディッシュ語、ロマ語などの少数民族言語でユネスコが認定する消滅危機言語なども含まれている(1)。

新聞の言語数も多い。日刊新聞はスウェーデン語新聞が九〇紙ある一方、外国語新聞は計二四紙、言語数は一七言語であった。こちらは英語六紙、ドイツ語二紙、アラビア語二紙、デンマーク語一紙、フィンランド語一紙、フランス語一紙、中国語簡体字一紙、繁体字一紙、クルド語一紙、ノルウェー語一紙、ペルシア語一紙、ポーランド語一紙、ロシア語一紙、スペイン語一紙、トルコ語一紙、ティグリニャ語一紙、チェコ語一紙であった。図書の言語数に比せば少ないものの、全一七言語という数にも驚く。そしてもちろん、利用は無料であり、ツーリストでも誰でも入れる。入場に登録カードなどは必要ない。

なぜ、ヨーロッパの北の端、人口一千万に満たない国の市立図書館で、ここまで多様な言語に対応しているのであろうか。

本章では、このような多言語の図書館サービスを一例とするスウェーデンの在住外国人環境を、難民・移民(2)の移入動向、移民の歴史的経緯、そして在住外国人環境の整備過程から描写・考察したい。近年は増加する難民・移民に対する反発が高まっており、大きな政治争点となっている。二〇一〇年に移民反対を主張するスウェーデン民主党(Sverigedemokraterna)が初めて議席を得て、二〇一四年には第三党へと躍進したように、寛大すぎる難民・移民政策に対する反発とも見られる現象が起きている。それにも関わらず、二〇一三年九月三日、スウェーデン政府はEU加盟国として初めて、亡命を希望するシリア難民全員を受け入れる方針を示し、二〇一四年末時点でも人口比で圧倒的な量の難民を受け入れている。人口比の難民受け入れ数はOECD加盟国のなかでトップであり、二番目に多いスイスの二倍以上であった(3)。今後、スウェーデン難民・移民政策はどのように展開していくのであろうか。

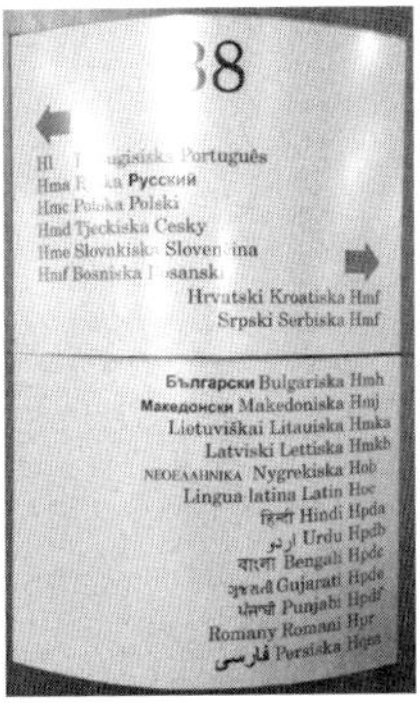

外国語書架の一つ。上段にロシア語、下段にヒンディー語など（筆者撮影）。

二．地球上のほぼすべての国・地域から(4)

市立図書館が多様な言語に対応していることの理由としてまず考えられることは、それを必要とする多様な民族集団が国内にいるということであろう。

【図版1】1973年以降の「外国籍の者」総数の推移

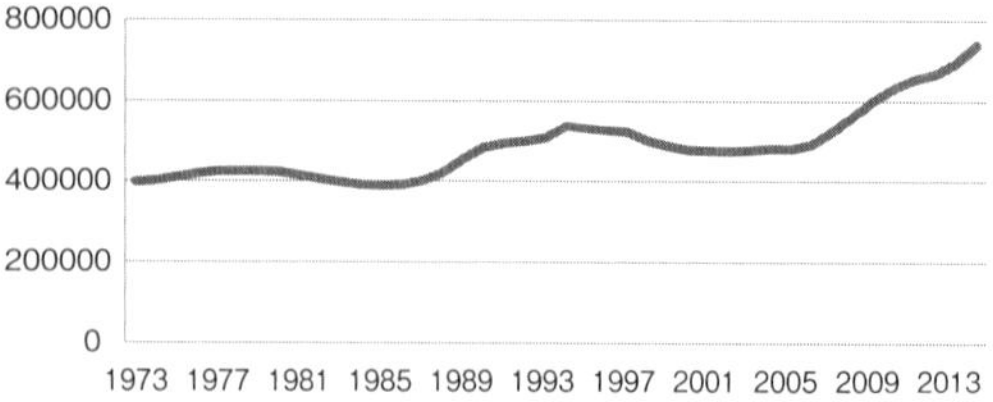

（スウェーデン統計局2015より筆者作成）

【図版2】2014年 国籍別「外国籍の者」（5000人以上のみ）

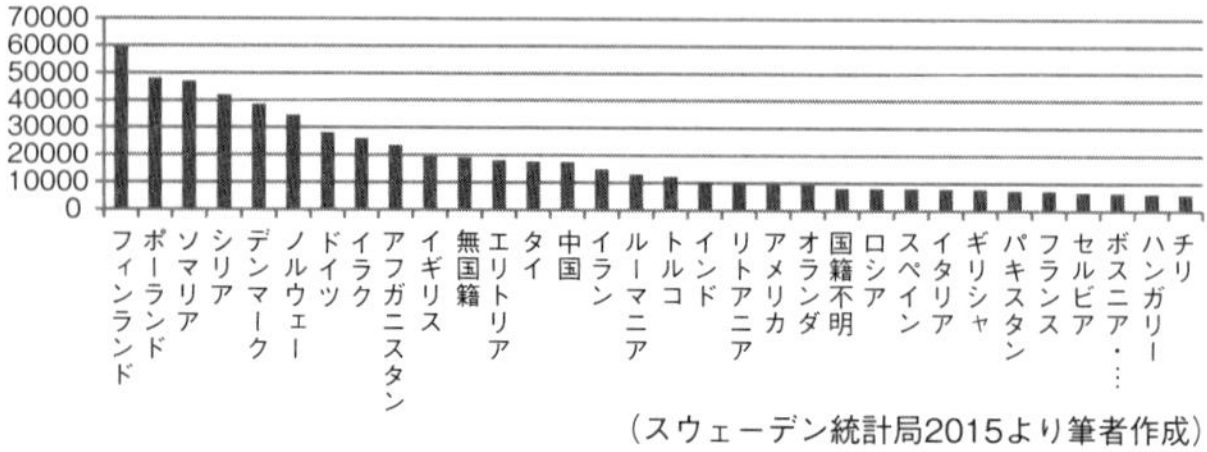

（スウェーデン統計局2015より筆者作成）

現状はどうなっているだろうか。主に二〇一四年末時点のスウェーデン統計局のデータ(5)を用い、概観したい。スウェーデンにおける移民関連の人口データは、「外国籍の者 utländskt medborgare」、「外国生まれの者 utrikes födda」、「外国のバックグラウンドをもつ者 utländsk bakgrund」、「庇護申請者 asylsökande」「難民等 flyktingar」に分かれる。

まず「外国籍の者」は、総人口九七四万七三五五人のうち、七三万九四三五人で約七・六%、国籍数は全部で一九八ヵ国・地域である。「外国籍の者」総数は一九七三年から二〇〇七年まで、大体四万〜五万で推移していたが、二〇〇七年以降からは千人以上ずつ増加し、二〇〇九年には六万人を突破して増加を続けている（【図版1】参

【図版3】2001年以降の「外国生まれの者」総数の推移

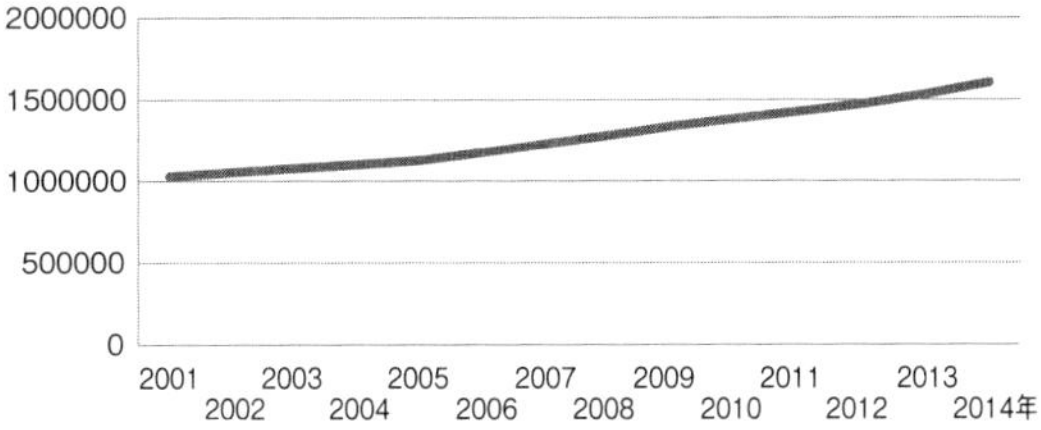

（スウェーデン統計局2015より筆者作成）

【図版4】2014年 出身国別「外国生まれの者」（1万人以上のみ）

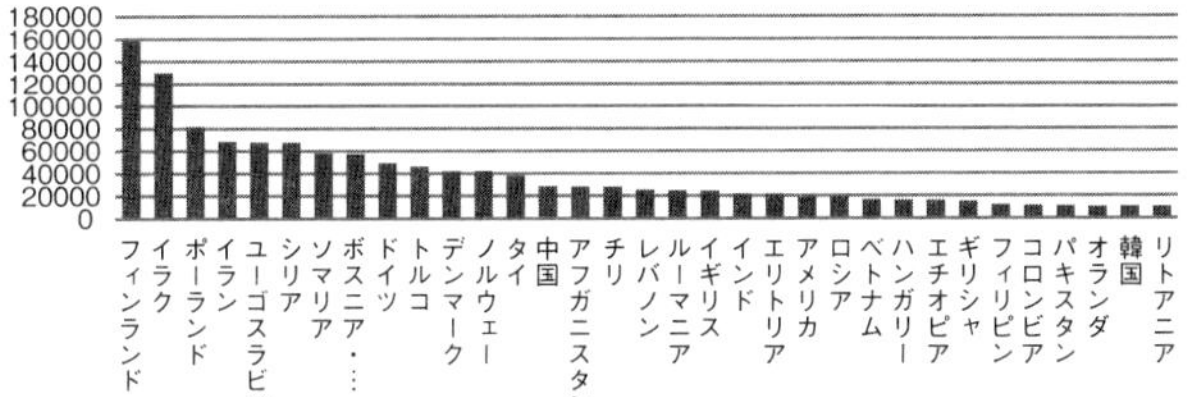

（スウェーデン統計局2015より筆者作成）

照）。人数の多い外国籍は、隣国のフィンランド、デンマーク、ノルウェーのほか、近年急速に増加したのはポーランド、ソマリア、シリア、イラク、アフガニスタンなどである（【図版2】参照）。シリア国籍者は二〇一三年、スウェーデン政府がシリア難民全員を受け入れる意向を示したため、二〇一三〜四年に急増した。無国籍者・国籍不明者が多いことも一つの特徴と言えるかもしれない。

次に、出身国が外国である「外国生まれの者」は、二〇一四年、一六〇万三五五一人で総人口の約一六・五%、全出身国数は二〇三ヵ国・地域である。二〇〇〇年から千人以上ずつ増加しており、二〇六〇年には一八%になると予測されている[6]。「外国生まれの者」の統計を取り始めたのが比較的最近であるためデータは二〇〇一年からのものになるが、ほぼ直線的に継続して増加している（【図版3】参照）。人数の多い出身国は、歴史的な関係の深いフィンランドの次に、イラク、ポーランド、イラン、ユーゴスラビア、シリア、ソマリアの順となっている（【図版4】参照）。

【図版5】2001年以降の「外国のバックグラウンドをもつ者」総数の推移

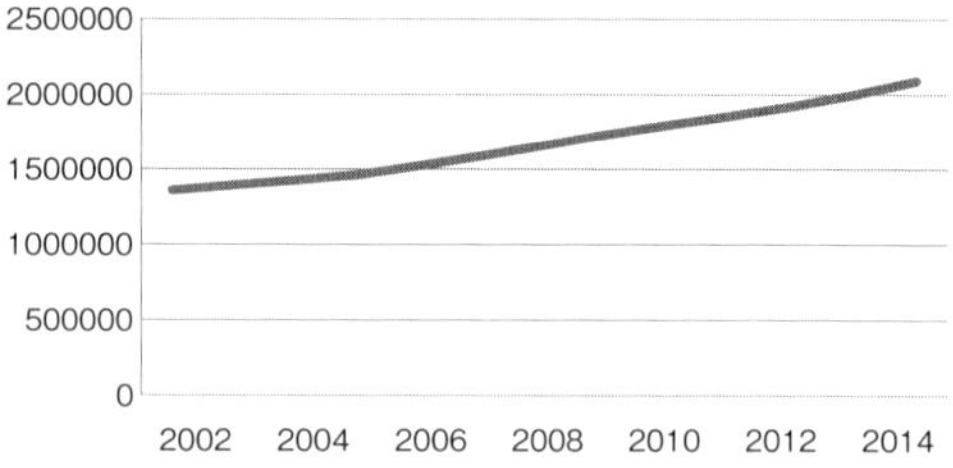

（スウェーデン統計局2015より筆者作成）

さらに広い意味の「移民」に含まれる、本人が外国生まれ、もしくは両親ともが外国生まれである「外国のバックグラウンドをもつ者」は二〇一四年、二〇九万二二〇六人で総人口の約二一・五％にまでのぼっている。総人口の五人に一人は外国のバックグラウンドをもつことになる。この定義も比較的新しいものであるため二〇〇二年からの統計しかないが、ほぼ直線的に増加している（【図版5】参照）。ただし、スウェーデン統計局が、「外国のバックグラウンドをもつ者」と定義しているのは、本人が外国生まれ、もしくは本人はスウェーデン生まれで両親ともが外国生まれの者である。[7] つまり、どちらかの親が外国生まれで本人がスウェーデン生まれの場合は、「スウェーデンのバックグラウンドをもつ者」と定義されている。どちらかの親が外国生まれで本人はスウェーデン生まれの者も含めた人口は、二〇一四年時点で合計二八〇万二五一九人、総人口の約二九％にのぼる。スウェーデン総人口の約三・五人に一人は、本人もしくはどちらかの親が外国生まれということになる。これは、比較的最近まで同質な民族国家と考えられていたイメージとは、大きく異なる現実であろう。

さらに、海外の紛争地などから戦争孤児を引き取り、養子縁組をする方法も珍しくない。ただし、一九八〇年代以降養子縁組の数は減少を続けており、二〇一三年に受け入れられた外国からの養子は二四三人であった。内訳は、ヨーロッパ諸国からの子どもが六一人、アフリカ諸国からの子どもが四二人、アジア諸国からの子どもが一三九人で、最も多い出身国は中国である。一九八四年から二〇一三年までの統計のうち、養子として受け入れられた子どもの総計が最も多い年は一九八五年で、一三七二人であった。
国籍取得の割合も比較的高く、「スウェーデン国籍取得者」は、二〇一三年は五万一六七人、二〇一四年は四万三五一〇人であった。スウェーデンに在住する移民の過半数は十年以上在住しており、そのうち六〇%はスウェーデン国籍を取得、さらに毎年外国籍者の十人に一人は国籍を取得するという[8]。

【図版6】1987年以降の庇護申請数の推移

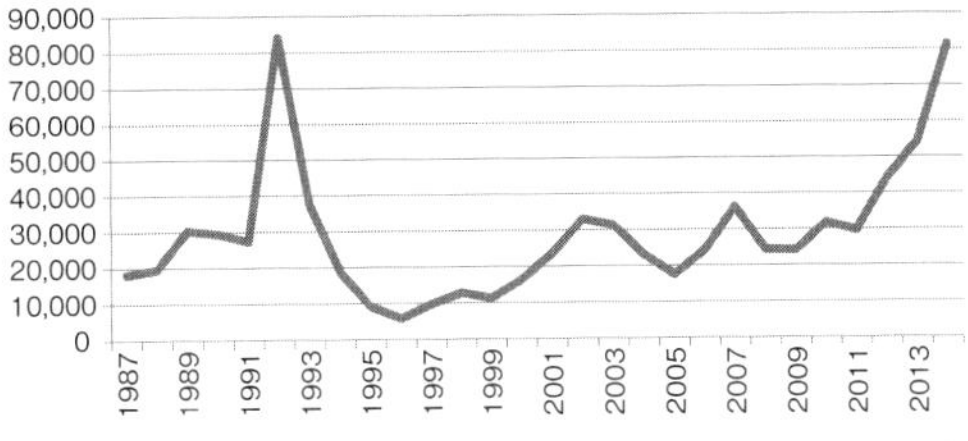

(スウェーデン統計局2015より筆者作成)

最後に、「庇護申請者」と「難民等」の現状・推移を概観しよう[9]。二〇一四年、「庇護申請者」としてスウェーデンに在住している人口は八万一三〇一人である。最も多い順から、シリア、エリトリア、無国籍、ソマリア、アフガニスタン、イラク、アルバニア、セルビア、イラン出身者である。庇護申請数は国際環境に直接影響を受け、変動する。冷戦終結直後に急増するが、一九九二年を境に急減、しかしその後は多少の上下を続けながら、近年またイラク戦争、シリア内戦などの影響から年々増加傾向にある(【図版6】参照)。難民認定を受けて居住許可を発行された者は、二〇一四年末現在で三万五六四二人。一九八〇~八九年の九年間は合計が九万七一一二人であったことから、平均一年に一万人であったと考えて良い。難民等居住許可発行数の推移グラフ(【図版7】)と庇護申請数の推移グラフ(【図版6】)を見比べると、両者がほぼ同じ推移傾向を示していることが分かる。つまり、大きな傾向としては国内の政治経済状況よりも、国際

【図版7】1990年以降の「難民等」居住許可発行数の推移

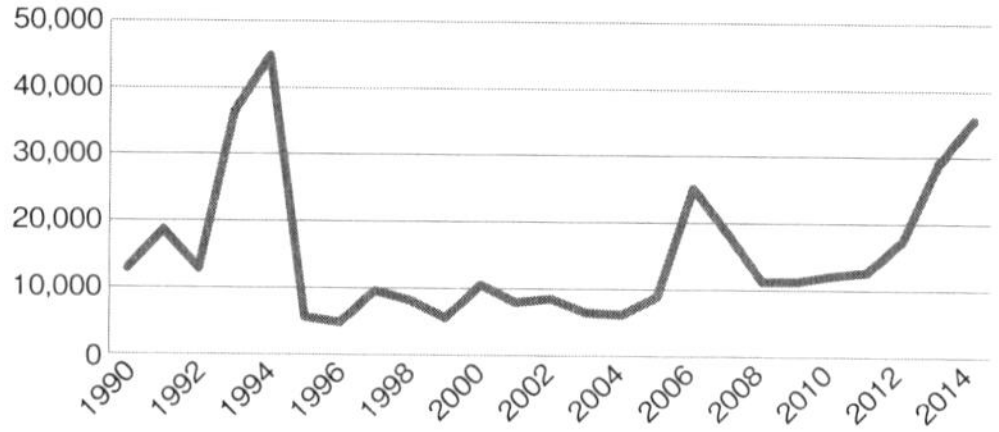

（スウェーデン移民庁2015より筆者作成）

環境に合わせて難民受け入れを行っていると言って良いだろう。実際に、庇護申請者に対する難民認定の割合は、二〇一四年では七七%[10]、一九八〇年代後半の時点では平均八〇~八五%[11]と高い。

以上のように、スウェーデンには地球上のほぼすべての国・地域から、さまざまな形態で、人びとがやって来て、生活している。どちらかの親のみが外国生まれの者も含めると、三・五人に一人、さらにスウェーデン人の夫婦でも外国から養子縁組をしている家族などもいることを考えるとさらに多くの人びとが、外国につながる家族をもつ。「小さな国際国家」と表現されるのも理解できる。しかし、北欧やスウェーデンはいまだ比較的同質な民族国家というイメージが強い。ここまで多様な国籍・出身国の人びとで構成されるようになったのはいつからで、なぜそうなったのであろうか。次節では移民の歴史的経緯を説明したい。

三. 移民の歴史―五つの時期区分[12]

スウェーデンにおける移民の歴史は、五つの時期区分に分けることができる。第一期は一九三〇年以前の移民送出期、第二期は第二次世界大戦中・直後の北欧・バルト諸国からの戦争難民移入期、第三期は一九五〇~六〇年代の北欧・南欧諸国からの労働移民移入期、第四期は一九七〇~八〇年代の南米・中東からの政治難民移入期、そして第五期は一九九〇年代以降のEU域内自由移動・中東アフリカ難民移入期、である。

第一期　移民送出期

スウェーデンは長く、「移民を送り出す国」であった。一八五〇年から一九三〇年の間に、一五〇万人がスウェーデンを離れた。うち一二〇万人が北米に移住した。[13] 一八〇〇年代末に生まれた男性の約二〇%、女性の約一五%がこの国を離れた。[14] それほど貧しい国であった。それが、一九三〇年に初めて移入民が移出民を超え、「移民を受け入れる国」へと転じた。遅ればせながら工業化が本格化した一九二〇年代後半は、スウェーデン経済は拡張期を迎え、隣国からの労働移民の移入が始まった。

したがって、一九三〇年代以前には、移民を受け入れるための政策はほとんどなかった。最初の移民関連法は一九一四年の国外退去法(utvisningslagen)である。[15] これは一九二七年、外国人法(utlänningslagen)に代わる。この年やっと、入国制限をする法律ができたのである。第一次世界大戦まではスウェーデンは入国に制限がなく、移入も自由であった。[16] 国外退去法で規定された緊急の場合の政府による国外退去に加えて、労働・居住許可に関する規定もされた。[17] 外国人法の制定は、スウェーデン人労働者の保護に対する要求と、あからさまなレイシズムの混合の結果であると、スウェーデンを代表する歴史家、ヘルマン・リンドクヴィストは述べている。[18] 実際、外国人法が一九三七年に改正された際も、ユダヤ難民には門戸を閉じていた。[19] その後、第二次世界大戦期を通して変化が起きる。

第二期　戦争難民移入期

二つの世界大戦に参加せず中立を維持したことから、スウェーデンの難民受け入れの歴史は始まる。外国人法が一九三七年に改正され、ユダヤ人を除く政治難民の保護が規定された。一九四三年八月、デンマークからのユダヤ難民の救済によってそれまでの制限的難民政策は転換した。一九四四年には三万人のエストニア人難民を、一九四五年五月には「白バス」で収容者たちをスウェーデンに救出した。[20]第二次世界大戦開戦当時、スウェーデン国内にいる難民は五〇〇〇人以下であったが、終戦時、国内にいる外国人は一九万五〇〇〇人にふくれ上がった。その多くがノルウェー・デンマーク・エストニアからの難民とフィンランドからの避難者であった。[21]

戦後、世界人権宣言が採択されたことをきっかけに、人権に関する多くの宣言や条約が国連の枠組みの中で締結された。こうした条約のなかで最初に結ばれたのが一九五一年「難民の地位に関する条約」(ジュネーブ条約)である。「難民の地位に関する条約」は、難民の権利、とくに迫害の恐れのある国へ強制的に送還されない権利を定めており、また労働、教育、公的援助および社会保障の権利や旅行文書の権利など、日常生活のさまざまな側面について規定している。一九五四年に本条約は発効し、同年、スウェーデンは批准する。それにともなって一九五四年外国人法を改正し、難民の亡命する権利を初めて規定した。また一九六七年には難民の地位に関する議定書が採択され、スウェーデンは同年、先進工業国で最も早くに批准した。これにより、一九五一年時点では第二次世界大戦による難民を対象に限定していたが、条約の適用は普遍的なものになり、戦後に生じた難民にも適用されるようになった。

第三期　労働移民移入期

戦争終結後は、労働力不足を補うため外国人労働者の受け入れを始める。一九四七年からイタリア、オーストリア、ハンガリーから外国人労働者をリクルートし、一九五〇〜六〇年代は主にトルコ、ギリシャ、イタリア、ユーゴスラビアから受け入れる。一九五〇〜六〇年代の九五%は労働移民であった。[22]一九五〇

～六〇年代、スウェーデン経済は好調で、高度な福祉国家を構築し、「スウェーデン・モデル」として世界に知られる時代となった。一九六八～七〇年で移入民は、年三万八〇〇〇人から七万七〇〇〇人へと急増し、一九七〇年にピークに達する。この年間七万七〇〇〇人という数は、以後一九九二年に至るまで、最大の数となる。しかし六〇年代末から国内では外国人労働者よりも国内の女性・高齢者を活用すべきとして移民受け入れに対する反発が高まり、一九七二年、労働組合全国組織ＬＯは外国人労働者の受け入れを停止し、スウェーデンは実質的に労働移民の受け入れを終了した。ただし、一九五四年に北欧共通労働市場協定が締結されてから、北欧諸国民は常に自由に入国・労働ができ、適用除外とされた。一九七二、七三年は一九三〇年以来で初めて、移入民が移出民を下回ることとなった。

第四期　政治難民移入期

一九七二年、非北欧諸国からの労働移民を制限するのとほぼ同時に、ふたたび移入民は難民の割合が高まることとなる。一九七三年チリでの軍事クーデターに伴い発生したチリ難民、中東戦争によるイラン・イラク難民など、一九七〇年代、八〇年代は南米、中東などからの難民が増加する。スウェーデンは一九七〇年からチリのサルバドール・アジェンデ政権に民主化支援を行っていたが、一九七三年ピノチェトによる軍事クーデター起きた後、チリ支援政策を難民受け入れと人権保護活動に転換した。[23]一九七六年、外国人法をさらに改正して、国連難民条約の条件にあわない難民に対して政治的亡命者でなくても特別な方法を必要としている外国人については、国内にとどまる権利を獲得できることとした。これは「事実上の難民」または「Ｂ級難民」と呼ばれている。非北欧出身者が一九七〇年には六％であったのに対して一九八〇年には一六％に増加した。[24]そして一九八七年からは非ヨーロッパ出身者がヨーロッパ出身者を超えた[25]。一九四五〜八八年、合計で一四万人の難民（年間三六〇〇人）がスウェーデンにやってきた。このうちの多くがクォータ難民で国際機関の難民キャンプから送られてきた人々であったのに対し、一九八〇年代末からは自らスウェーデンにやってくる難民が急増した。年間の庇護申請者は二万人に達し、一九八九年には三万人に到達した[26]。

しかし、このような庇護申請者の急増に見合う受け入れ体制が整っておらず、スウェーデン政府は一九八九年一二月一三日、「ルチアの決定」と呼ばれる難民受け入れ制限の決定を下した。事実上の難民または戦争難民を認めないこととし、一九五一年の難民の地位に関する条約と一九六七年の難民の地位に関する議定書に基づく難民のみを認めることとした。ボレビ（二〇一二）によれば、「国際的にスウェーデンを目指すのは良いアイディアではないと知らせ、国内的にも移民が国内福祉政策に影響を及ぼすことはないと知らせる意図があった」[27]。「新たな、より制限的な難民政策が、一時的とはいえいつまで継続するかは議論されないまま、開始された」[28]。これをもってハンマー（一九九二）はスウェーデン難民・移民受け入れ政策は、寛大な政策から制限的な政策へと転換したとする。しかし後の第五期を見ると、そうとは言えないことが分かる[29]。

第五期　EU域内移動・中東アフリカ難民移入期

スウェーデンは一九九五年にEUに加盟、その後EU域内移動者は増加を続ける。しかし二〇一四年五月には、EU域内移動者を国内移動者と同等とみなし、移民庁はEU加盟国国籍者の登録を廃止した。さらに二〇〇八年からはEEA加盟国以外からの労働者受け入れを開始した。二〇〇八年一二月一五日に施行し、二〇〇九年には新たに一万人が労働許可を受けた。最も多い出身国はタイで約半数を占める。次にインドと中国が続く[30]。EU加盟以後、国境を越えた自発的な移動は、拡大を続けている。

一方難民については、一九八九年「ルチアの決定」以後三年間、受け入れ数は一万人台に減少した。しかし、一九九三年には約三万六五〇〇人へと急増し、一九九四年には過去最高の四万四八七五人に達している。その後一九九五年には急減し、二〇〇五年までほぼ一万人未満で推移するが、庇護申請者数そのものが減少しており、庇護申請数に対する難民認定数が減ったというわけではない（【図版6】、【図版7】参照）。その後、二〇〇三年に始まったイラク戦争により、大量のイラク難民が発生、二〇〇六年には「国際的保護を必要とする者」の受け入れが前年の約三七〇〇人から一万人に増加し「難民等」総数は二万五〇〇〇人に急増した。そして、二〇一四年、難民等受け入れ総数は過去最高の三万五六四二人に到達した。したがって、一九八九年の「ルチアの決定」以後も基本的には国内事情よりも国際事情に即した難民の受け入れを続けていると言えるだろう。二〇〇〇年代末からは保護者のいない未成年の単独流入が増加し関心が高まっている。二〇〇九年には二二五〇人に上り、前年比四九％増となった。その四分の三はソマリアとアフガニスタンからの一五～一七歳の少年である[31]。

以上のように、スウェーデンは一九三〇年にはじめて「移民を送り出す国」から「移民を受け入れる国」に転じて以降、近隣諸国からの難民受け入れ期、北欧・南欧などからの労働移民受け入れ期、南米・中東からの政治難民受け入れ期、そしてEU域内自由移動の拡大と中東・アフリカからの難民受け入れ期という時期を経て、比較的同質な社会から多民族・多文化社会へと変容した。しかも、EU加盟以後は過去と比較しても高い割合で移入数は増加を続けている（【図版8】参照）。現在進行形で、多民族・多文化化は、

【図版8】1880年以降の移入・移出総数の推移

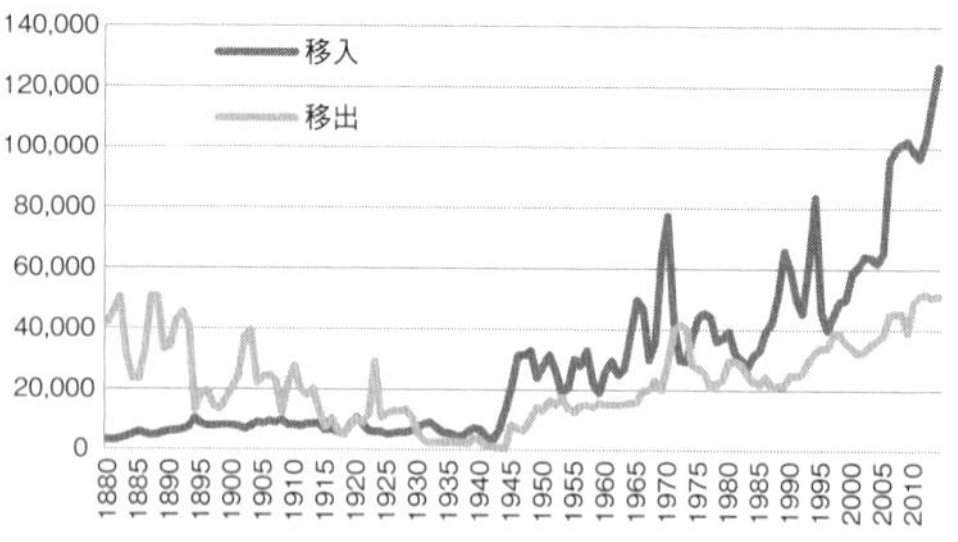

（スウェーデン統計局2015より筆者作成）

進んでいる。市立図書館に多様な言語の書籍を用意する必要があるのもその意味では納得がいく。しかし、多様性の幅が大きいということは、それぞれの集団を構成する人数は、多くはないということである。たとえば、「外国生まれ」で最も多いフィンランド生まれで、外国生まれ総数の約一〇%、次に多いイラク生まれは約八%、三番目に多いポーランド生まれは約五%で、これらを合わせても外国生まれ総数の二三%のみである。（日本の場合、二〇一四年末時点で最も多い中国籍は在留外国人総数の約三〇・九%、次に多い韓国・朝鮮籍が二三・六%、三番目に多いフィリピン籍が一〇・三%で、合わせて約六五%にのぼる）[32]。そもそもユネスコ指定の消滅危機言語を使用する人口は限りなく少ないと考えて良いだろう。それではなぜ、それぞれ少数しかいない人びとのために、市立図書館という市民の税金で運営される公的機関が、サービスを提供しようとするのであろうか。財政効率の観点からは説明が難しい。これを理解するには、スウェーデンにおける在住外国人環境整備の背景と理念を理解する必要があるだろう。

四．平等・選択の自由・協同原則の確立

「スウェーデンは外国人労働者を受け入れていたが、彼らに家族があり、さまざまな文化背景があることを考慮していなかった。約二〇年間にわたって、高い移入率がありながら、移民の社会的統合のための

政策を持っていなかった」[33]。これは、一九六九年から二〇〇〇年に至るまで、約三〇年間にわたって入国管理と移民統合政策の双方を担っていた移民庁による、移民のためのスウェーデン社会解説書での説明である。実際、一九六〇年代末に至るまでは、特段「寛大な」移民統合政策を採用してはいなかった。そもそも、「移民 invandrare」という用語よりも、「外国人 utlänning」が使用されていた。

変化は、一九六六年、最初の移民に関する作業部会（Arbetsgrupp för invandrarfrågor）が内務省下に設置されたことに始まる。一九六八年には、最初の移民政策に関するガイドライン（Prop. 1968:142. *Angående riktlinjer för utlänningspolitiken*）が採択され、入国制限を行うこと、在住者に関しては平等を原則とすることが示された。入国制限を行う理由として政府が示したのは、スウェーデン人と同じ生活水準を在住外国人にも提供できるだけの国家資源が必要である、というものであった[34]。しかし、本ガイドラインは、同化を前提にした内容だと批判を受け[35]、同年、新たな移民に関する調査・研究委員会（Invandrarutredning: IU）が設置された。

一九六九年七月一日には、移民に関連する業務を包括的に担う政府機関である移民庁（Statens Invandrarverk: SIV）が創設される。これは一九四四年に創設された外国人庁（Utlänningskomission）から改称したものであるが、入国管理と統合政策の双方を扱うという点でも、機関名称が「外国人 utlänning」から「移民 invandrar」へと変わった点でも重要な転換点であった。「移民庁ＳＩＶ」は二〇〇〇年に現在の「移民庁 Migrationsverket」に改称されるまで、約三〇年間にわたってその業務を担った。

さて、一九六八年に作成されたガイドラインに対する批判を受けて設置された、移民に関する調査・研究委員会は、三度にわたり報告書を提出するが、一九七四年、最終報告書を提出する。これに基づき翌年、新たな「在住外国人及びマイノリティ政策に関するガイドライン（Prop. 1975:26. *Om riktlinjer för invandrar-och mi-*

noritetspolitiken)」が採択された。これが、以後のスウェーデンにおける在住外国人環境整備の基本枠組みとなった。本ガイドラインでは、三つの原則が定められた。平等、選択の自由、協同の原則である。最終報告書では三原則をつぎのように説明している。

平等原則はその他国民と同じ生活水準を提供するための継続的努力を意味する。選択の自由原則は、民族的・言語的なマイノリティが、彼らのもともと保持する文化的アイデンティティとスウェーデンの文化的アイデンティティを選択することを可能にするための施策を政府がとることを意味している。母国文化の保持のための施策によって、それぞれの移民と彼らの子どもがスウェーデンに残るかそれとも母国に帰るかを選択することを容易にする。協同原則は、異なる民族・マイノリティ集団とネイティブ国民が互いに利益を得ることができるよう協力し合うことを意味する。これには、それぞれのマイノリティ集団が社会を発展させる対等なパートナーと認識されることが前提となる。それはつまり、彼らが彼ら自身の団体を組織するための手段を提供されることを意味する。協同原則はまた、在住外国人がスウェーデンの社会問題に取り組むため、スウェーデン政治や組合活動への積極的参加を容易にすることを意味している。[36]

この三原則をもとに、一九七五年ガイドラインは、具体的に以下の政策を打ち出した。移民の政策決定への影響力拡大、移民・マイノリティ団体、宗教団体、移民をサポートするスウェーデン人団体への補助金、移民に対する情報提供活動、移民に関する国民全般に対する情報提供活動の拡大、移民庁の財源・

人員拡大。コミューンへの移民施策のための補助金、翻訳者・通訳者の資格化、などである。[37] 一九七六年、政府は民族的・言語的・宗教的マイノリティが、自身の文化と社会生活を維持・発展させる機会を促進すべきということについて決定を行った。包括的福祉政策がまたその政策の基礎となった。つまり、政府各組織は、在住外国人に対してその他の国民に対するのと同様の責任をとることを意味した。[38] 二つのガイドラインが作成される以前から徐々に在住外国人を対象とした施策はとられるようになっていた。たとえば、一九六五年、すべての外国人が成人教育施設でスウェーデン語を無料受講可能になり、一九六七年、移民向けの新聞（Invandrartidningen）や書籍が国家資金で配布されることになった。一九六八年には移民の母国語教育を週あたり二時間任意で行うことが決定された。一九七三年には、年間最高二四〇時間の給与保障付きスウェーデン語学習権が確立された。同年、公共図書館が外国語の書物を購入する場合には国庫から補助金が提供されることになった。[39] 多くのその他の活動や措置は一九七五年決定の結果、導入された。一九七六年には選挙権改革が実現し、スウェーデンに最低三年在住している外国籍者はコミューン選挙の選挙権と被選挙権を獲得した。続いて母国語教育改革が一九七七年に実施された。同年、学校において児童に母国語教育権が付与された。その他の措置として、書籍の購入やラジオ・テレビプログラム、スウェーデン語以外の言語による文学作品など、「言語的少数者」のための文化活動に対する多様な形の支援が導入された。[40]

ハンマー編著（一九八五）の『ヨーロッパ移民政策の比較研究』は二〇〇九年までに一二版まで増版され、ヨーロッパ移民政策研究の基本文献の一つとなっているが、それによれば移民統合政策は直接的政策と間接的政策に分類される。この時期、間接的移民統合政策である住宅、労働市場、福祉政策などにおいては平等原則によってスウェーデン人との平等が追求され、直接的移民統合政策である母国語教育や多言語教育、移民団体・外国語書籍や新聞・移民活動への支援、移民のための情報提供活動、移民のためのラジオやテレビ番組、移民サービス局、通訳使用権、スウェーデン人に対する移民に関する情報提供、などによって移民のスウェーデン社会への積極的包摂が進められたと言って良いだろう。

本章の冒頭に紹介した外国語書籍の豊富な取り揃えも、この時期の制度改革の結果であろう。外国から来た者にとって、生活上最も大きな障壁となるのは、やはり言語である。その点に関してスウェーデンが積極的にさまざまな支援を提供している点が印象的である。移民庁は移民のためのスウェーデン社会解説書において、「通訳サービスと情報アクセスの権利 Rätten till tolk och information」を以下のように説明している。

「公的機関は、スウェーデン語を解しない人も含めたすべての人が公的情報を受け取るようにする義務がある」

「通訳は、移民サービス局が手配するか、社会保険局では規定の時間に常駐しなければならない」

「子どもや親戚に通訳をさせてはならない。(通訳は)母語とスウェーデン語両方の確かな知識を備えた、プロの通訳者の仕事であり、不適切な通訳は病気や出産、裁判などにおいて深刻な結果を導くことになりかねない」(41)

一九六八年から配布されることになった移民向け新聞は公的情報やスウェーデンに関するニュースを移民

に届けるものであるが、一九八三年時点で週刊のものが英語（“News & Views”）、フィンランド語、セルボクロアチア語、スペイン語、ギリシャ語、ポーランド語、平易なスウェーデン語（“På lätt svenska”）の七ヵ国語、月刊のものにアラビア語、フランス語、イタリア語、トルコ語、ドイツ語の五ヵ国語がある。[42]

さらに、「協同原則」によって促進された在住外国人の意思決定過程への影響力拡大のための施策も、積極的にとられた。在住外国人への選挙権が付与された一九七九年の第二回のコミューン選挙では、コミューン選挙が彼らにとってどのような意味を持つか丁寧に分かりやすく説明したパンフレットが、一五言語[43]で用意され、無料配布された。パンフレットの表紙を開いた最初のページに、つぎのように書いている。「スウェーデンは今も、これからも、あなたを必要としています。したがって、あなたがここでの意思決定に参加することは、正当な権利なのです。それが、選挙に参加することです」[44]。ちなみに選挙権が付与された第一回のコミューン選挙では、スウェーデン人の投票率が九〇％であったのに対して、在住外国人の投票率は六〇％であった。[45]

五．未来に向かう社会

以上のように、スウェーデンでは五つの時期を経て、比較的同質な民族国家から、多民族・多文化国家へと大きく変化した。現在では二〇三以上もの国・地域で生まれた人びとがスウェーデンで生活し、三・五人に一人は本人か親のどちらかが外国生まれである。そして現在も移入人口は増え続けている。

在住外国人環境整備へと転換したのは、一九六〇年代末～一九七〇年代である。平等・選択の自由・協同の原則が、制度整備の理念となった。実際には、この中でも選択の自由原則は後に大きな議論となり、一九八六年、新たに採択された移民政策に関する決議では、その修正が図られた。「より正確には、選択の自由原則は、個人のアイデンティティの尊重と同時に、スウェーデン社会における人間的な共存に適合する基本的枠組みの中での彼ら自身の文化遺産を発展させる機会、とされた」[46]。方向修正が図られた理由としては、「選択の自由原則はさまざまな民族集団のための特別な政策に対する期待を創り出したが、またスウェーデンらしさに対する脅威をも作り出した。議論はしばしば『選択の自由の限界』という問題提起につながった」[47]ためである。その後は「選択の自由」の代わりに、「多文化社会」が主張されたが、実質的な議論はあまり変わらなかった。どちらにしても、スウェーデン人と比べた場合の移民の権利と機会について議論された。その後はさらに、多文化という言葉が徐々にさまざまな意味を含むようになったことから、代わりに民族的・文化的に多様な社会、というようになった[48]。社会的セグレゲーションが徐々に進んだことから、一九九四年、議会内委員会である移民政策委員会は、全般にわたるスウェーデン移民政策の徹底的な調査を使命として召集され、一九九六年に最終報告書を提出、翌年、「スウェーデン、未来、多様性：移民政策から統合政策へ（Prop. 1997:16, *Sverige, framtiden och mångfalden – från invandrarpolitik till integrationspolitik*）」が政府議案として提出され、一二月に採択された。

寛大な難民・移民の受け入れ、そして寛大な統合政策は、一部国民からの反発も招き、早くも一九八七年には一地方自治体であるシェーボ（Sjöbo）が難民受け入れを拒否する住民投票を行ったし、反移民を主張するスウェーデン民主党は二〇一〇年に初めて議席を得て、二〇一四年には第三党へと躍進した。二〇一五年六月二九日、ダーゲンス・ニへーテル紙に掲載された調査結果[49]は衝撃的である。ダーゲンス・ニへーテル紙と国際調査機関であるＩＰＳＯＳが共同で、政策分野ごとに「最も良い政策を持っている政党はどれだと思うか」という質問を一二一九人に対して行った。その結果、難民・移民政策に関しては極右政党であるスウェーデン民主党と答えた人が二〇％で最も多かった。社民党は一九％で二番目に多いとはいえ、これまでの寛大な政策と、現在の国民の本音との距離は、開きつつあるのかもしれない。今後、スウェーデンの難民・移民政策、統合政策はどのように変化するだろうか。少なくとも、問題が噴出し始めた八〇年後半から九〇年代以降も、移民政策に関する改革は続けられており、二〇〇九年にも新たな労働市場導入法や反差別法が制定され、ブリティッシュ・カウンシルなどが作成する移民統合政策指標ランキングにおいても総合一位を二回連続で獲得している、という事実はある。

スウェーデン観光局の公式ウェブサイトに、つぎのようなページがある。「これがスウェーデン・未来に向かう社会」。「スウェーデンは、常に新しいことに取り組み、新しい考え方を吸収する。科学からデニム、音楽から平等まで、スウェーデンは環境に限らずクリエイティビティに満ちている。今日のスウェーデンは、多文化社会である。人口のほぼ五分の一が外国にルーツを持つ。移民は、社会的分離などの問題を抱えながらも、スウェーデンをより開かれた、国際的な、多文化社会へと導いている」[(50)]。今後、どのようにして高まる反発の声とのバランスをとりながら、未来へと向かおうとするのか。引き続き観察をつづけたい。

註

（1）全五二言語は以下。英語、イディッシュ語、オランダ語、ドイツ語、ルーマニア語、イタリア語、フランス語、スペイン語、ポルトガル語、ポーランド語、チェコ語、スロベニア語、ボスニア語、クロアチア語、セルビア語、ブルガリア語、マケドニア語、リトアニア語、ラトビア語、現代ギリシャ語、ラテン語、ヒンディー語、ウルドゥー語、ベンガル語、パンジャブ語、ロマ語、ペルシア語、クルド語、アルメニア語、アルバニア語、ヘブライ語、シリア語、アラビア語、ティグリニア語、アムハラ語、ソマリ語、フィンランド語、トルネダルフィンランド語、エストニア語、サーミ語、ハンガリー語、トルクメニスタン語、トルコ語、中国語、タイ語、ベトナム語、日本語、韓国語、タミール語、グリーンランド語、エスペラント語。

（2）本章では、「在住外国人」と「難民・移民」もしくは「移民」という用語を両方使っている。両者は基本的には同義のものとして使用しているが、国外から来た者をとりまく生活環境、というときには「在住外国人環境」とし、国外から来た者、を指す時には一般的に「移民」、特に外部要因により強制的に移住した者と自発的に移住した者を分ける場合には、「難民・移民」としている。「在住外国人」は、正確には帰化した者やスウェーデン生まれの者に使うのは適当ではない。しかし、国外から来た者やその子どもたちをとりまく生活環境という時には、「移民環境」というよりも「在住外国人環境」という方が分かりやすく、若干正確さを欠くがこちらを採用している。また、在住外国人環境整備を始めた初期段階においては、スウェーデン語で「移民 invandrare」よりも「外国人 utlänning」を使用していた。このようにまだ「移民」概念が定着していなかった時期に関しては、「移民」よりも「在住外国人」を使用している。

また「移民」という用語には多様な意味が含まれる。スウェーデンでもこの用語に関する議論が行われ、二〇〇〇年、文化省は調査報告書「移民概念：政府活動における使用法（*Begreppet invandrare: användningen i myndigheters verksamhet*（Ds 2000: 43））」をまとめた。そのなかで、自身でスウェーデンにやって来た者のみを「移民 invandrare」と呼ぶこととし、スウェーデン生まれの、いわゆる「移民二世」を「移民」とは呼ばないことを提案した。なぜなら、彼／彼女らはスウェーデンで生まれ、育ち、他のどの国よりもスウェーデンと深いつながりを持っているからである［Kulturdepartementet 2000:22］。実際、移民関連統計も「外国籍の者」「外国生まれの者」「外国のバックグラウンドをもつ者」「スウェーデンのバックグラウンドをもつ者」と細かく分類されるようになり、「外国のバックグラウンドをもつ者」は、本人が外国生まれ、もしくは本人はスウェーデン生まれで両親ともが外国生まれの者、とされた。しかし以上のような概念定義は統計や公式文書での使い方を規定したものであり、一般社会での使用法はこのように明確に分かれてはいない。本稿では、明確に定義されている統計データ以外では、正確には「移民」と呼ぶべきではないスウェーデン生まれの者なども含め、一般的に外国のルーツをもつ者を指して使用している箇所もある。一般社会では国籍や生まれよりも、外観や話し方、それぞれの帰属意識など、主観的な要素で「移民」かどうかを判断している場合が多くあり、明確な区分は出来ないからである。

（3）OECD (2014) *International Migration Outlook 2014*., p.13, 27, <http://www.oecd.org/migration/international-migration-outlook-1999124x.htm>より入手（2015-04-26 アクセス）

（4）本節は清水由賀（二〇一五）を加筆・修正したものである。

（5）特に註がない限り下記より入手。Statistiska centralbyrån: SCB（2015）"Befolkningsstatistik" <http://www.scb.se/sv_/Hitta-statistik/Statistik-efter-amne/Befolkning/Befolkningens-sammansattning/Befolkningsstatistik/>（2015-03-09 更新）

（6）Statistiska centralbyrån: SCB（2014）, *Sveriges framtida befolkning 2014–2060*., s.1

（7）Statistiska centralbyrån: SCB "Antal personer efter region, utländsk/svensk bakgrund, ålder, kön och år" 註5と同じ出典

（8）Ministry of Integration and Gender Equality (2009) "Swedish integration policy", Fact Sheet, December 2009.

（9）Migrationsverket (2015) "Översikter och statistik från tidigare år" <http://www.migrationsverket.se/Om-Migrationsverket/Statistik/Oversikter-och-statistik-fran-tidigare-ar.html>（2015-07-04 アクセス）

（10）ダブリン規則の枠組みの下で、他国で審査されたものも含めた割合。スウェーデン国内のみで許可された割合は58%である。Migrationsverket, "Avgjorda asylärenden beslutade av Migrationsverket, 2014" <http://www.migrationsverket.se/English/About-the-Migration-Agency/Facts-and-statistics-/Statistics/2014.html>（2015-01-01 更新）

（11）Hammar, Tomas (1989) "SOPEMI Report on Immigration to Sweden in 1986 and 1987", *Center for Research in International Migration and Ethnic Relations*, Stockholm University, p.5.

（12）本節は清水由賀（二〇一五）を加筆・修正したものである。

（13）Nilsson, Åke (2004) "Efterkrigstidens invandring och utvandring" Statistiska centralbyrån, *Demografiska Rapprter 2004:5*., s. 14

（14）Nilsson (2004) , s. 14

（15）Hammar, Tomas (1985) *European Immigration Policy : a Comparative Study*, New York : Cambridge University Press., p.26

（16）Lindqvist, Herman (2000) *Historien om Sverige: Drömmar och verklighet*, Norstedts, s. 391

（17）Hammar (1985) , p.26

（18）Lindqvist, Herman (2000), s. 392

（19）Byström, Mikael & Frohnert, Pär (eds.) (2013) *Reaching a State of Hope: Refugee, Immigrants and the Swedish Welfare State 1930-2000*, Lund: Nordic Academic Press. p.17

(20) Hammar, Tomas (1991) "'Cradle of Freedom on Earth': Refugee Immigration in Ethnic Pluralis-m", in Jan-Erik Lane (ed.), *Understanding the Swedish Model*, FRANK CASS., p.185
(21) Byström & Frohnert (eds.) (2013), p.18
(22) Byström & Frohnert (eds.) (2013), p. 227
(23) Palmlund, Thord (1988) 'Swedish Development and Foreign Policy' in Kofi B. Hadjor (ed.) *New Perspectives in North-South Dialogue: Essays in Honor of Olof Palme*, I. B. Tauris & Company in association with Third World Communications. , p. 236
(24) Statens Invandrarverk: SIV (1983) *Sweden- a General Introduction for Immigrants*, Liber, p. 40
(25) Hammar (1991), p. 185
(26) Hammar (1991), p. 192
(27) Borevi, Karin (2012) "Sweden: The Flagship of Multiculturalism", in, G. & Hagelund, A. (2012), *Immigration Policy and the Scandinavian Welfare State 1945-2010*, Palgrave Macmillan., p.50
(28) Hammar (1991), pp.192-193
(29) 清水（二〇一五）を参照されたい。
(30) OECD (2011) *International Migration Outlook: SOPEMI 2011.*, p. 324
(31) OECD (2011), p. 324
(32) 総務省（二〇〇六）「多文化社会の推進に関する研究会報告書〜地域における多文化共生の推進に向けて」二〇〇六年三月、三二〜八頁のデータを参照して算出した。
(33) SIV (1983), p. 37
(34) Kulturdepartementet（2000）*Begreppet invandr-are: användningen i myndigheters verksamhet*. (Ds 2000: 43) , ss. 14-15
(35) Sainsbury, Diane (2012) *Welfare States and Immigrant Rights: The Politics of Inclusion and Exclusion*, Oxford university press., p. 215
(36) SOU 1974: 69, *Invandrarutredningen: Invandrarna och minoriteterna.*, s.23
(37) Regeringens proposition 1975:26. *Om riktlinjer för invandrar-och minoritetspolitiken m.m.*
(38) Kulturdepartementet (2000), ss. 15-16
(39) 岡沢憲芙（一九九一）『スウェーデンの挑戦』岩波書店、付表一二〜一八頁
(40) Kulturdepartementet (2000), ss. 15-16

(41) SIV (1983), p. 45
(42) SIV (1983), p. 46
(43) スウェーデン語、フィンランド語、セルボクロアチア語、ドイツ語、ギリシャ語、イタリア語、トルコ語、スペイン語、ハンガリー語、ポーランド語、チェコ語、ポルトガル語、英語、フランス語、アラビア語
(44) SIV (1979) "ABC om communalvalen", p. 2
(45) SIV (1979), p. 16
(46) Kulturdepartementet (2000), s. 16
(47) Kulturdepartementet (2000), s. 16
(48) Kulturdepartementet (2000), s. 17
(49) Jens Kärrman, (2015-06-29) "S tappar förtroende i de viktiga frågorna", *Dagens Nyheter*, <http://www.dn.se/nyheter/politik/s-tappar-fortroende-i-de-viktiga-fragorna/>
(50) Visit Sweden, "This is Sweden: A Society Facing the Future" <http://www.visitsweden.com/sweden/Featured/Sweden-Beyond/Society/This-is-Sweden-A-Society-Facing-the-Future/>（二〇一五年六月六日アクセス）

参考文献

岡沢憲芙（一九九一）『スウェーデンの挑戦』岩波書店、付表一二～一八頁
岡沢憲芙（一九九三）『スウェーデンを検証する』早稲田大学出版会、一四四～一七五頁
清水由賀（二〇一五）「スウェーデンにおける難民・移民受け入れ政策：継続性に着目して」『社学研論集第二六号』二〇一五年九月、四七～六二頁。
篠田武司（二〇一四）「スウェーデンにおける移民・難民問題」『Björk: ビョルク（白樺）』第一二三号、二～七頁
Borevi, Karin (2012) "Sweden: The Flagship of Multiculturalism", in, G. & Hagelund, A. (2012), *Immigration Policy and the Scandinavian Welfare State 1945-2010*, Palgrave Macmillan., pp.25-96
British council, Migration Policy Group, *et.al.* (2011) *MIPEX: Migration Integration Policy Index* <http://www.mipex.eu>（2015-03-06アクセス）
Byström, Mikael & Frohnert, Pär (eds.) (2013) *Reaching a State of Hope: Refugee, Immigrants and the Swedish Welfare State 1930-2000*, Lund; Nordic Academic Press.

Ministry of Integration and Gender Equality (2009) “Swedish integration policy”, Fact Sheet, December 2009.
Hammar, Tomas (1989) “SOPEMI Report on Immigration to Sweden in 1986 and 1987”, Center for Research in International Migration and Ethnic Relations, Stockholm University
Hammar, Tomas (1985) *European Immigration Policy : a Comparative Study*, New York : Cambridge University Press., p.26
Hammar, Tomas (1991) “‘Cradle of Freedom on Earth’: Refugee Immigration in Ethnic Pluralis-m”, in Jan-Erik Lane (ed.), *Understanding the Swedish Model*, FRANK CASS.
Kulturdepartementet (2000) *Begreppet invandr-are: användningen i myndigheters verksamhet*. (Ds 2000: 43)
Lindqvist, Herman (2000) *Historien om Sverige: Drömmar och verklighet*, Norstedts., ss. 391-2
Migrationsverket (2015) “Översikter och statistik från tidigare år” <http://www.migrationsverket.se/Om-Migrationsverket/Statistik/Oversikter-och-statistik-fran-tidigare-ar.html>(2015-07-04 アクセス)
Regeringens proposition 1975/76:26. Om riktlinjer för invandrar-och minoritetspolitiken m. m.
OECD (2011) *International Migration Outlook: SOPEMI 2011.*, pp. 324-325
OECD (2014) *International Migration Outlook 2014*. pp. 300-301
Sainsbury, Diane (2012) *Welfare States an-d Immigrant Rights: The Politics of Inclusion and Exclusion*, Oxford university press.
Statistiska Centralbyrån: SCB (2015) “Befolkningsstatistik”<http://www.scb.se/sv_/Hitta-statistik/Statistik-efter-amne/Befolkning/Befolkningens-sammansattning/Befolkningsstatistik/> (2015-03-09 更新)
Statens Invandrarverk: SIV (1979) ”ABC om communalvalen”
Statens Invandrarverk: SIV (1983) *Sweden- a General Introduction for Immigrants*, Liber
SOU (1971): 51, *Invandrarutredningn 1: Invandrarnas utbildningssituation, Förslag om grundutbildning i svenska för vuxna invandrare*.
SOU (1974): 69, *Invandrarutredningen: Invandrarna och minoriteterna*
Westin, Charles (2006) “Sweden: Restrictive Im-migration Policy and Multiculturalism”, Migration Policy Institute website, <http://www.migrationpolicy.org/article/sweden-restrictive-immigration-policy-and-multiculturalism> (2006-06-01 更新)

第五章　スウェーデンの子ども・子育て環境

吉岡洋子／佐藤桃子

スウェーデンで町を歩くと、育休中と思われるママやパパ、子どもたちが昼間の公園でゆったりと遊ぶ姿をよくみかける。また、スウェーデンは教育費が無料、世界で初めて体罰を法律で禁止した国として紹介されることもある。子どもや子育て家庭にフレンドリーな社会とイメージされる北欧諸国だが、その背景にある社会制度や理念とはどのようなものだろうか。本章では、スウェーデンまた社会的養護（親と暮らせない子どもたちを社会でケアする仕組み）施策に関してはとくにデンマークを対象として、子ども・子育てをめぐる環境を多角的に描いていきたい。

一．「子どもの権利」という理念的基盤

（一）「子どもの幸福度」が高い北欧諸国

今日、世界の国々における子ども関係施策の基盤は、一九八九年に国連総会で採択された「子どもの権利条約」である。この条約は、子どもを大人と同じ一つの人格のある存在と示し、子どもの権利を大きく四つの柱で表現している。「生きる権利」「守られる権利」「育つ権利」「参加する権利」である。保護されるといった受動的権利だけでなく、一人の人間として発言や参加をするなどの主体的権利を謳っている。

北欧諸国は、この条約の批准時期が早く、子どもの権利の実現度が非常に高いとされる。ユニセフが発表した「子どもの幸福度」では、オランダと北欧四ヵ国（フィンランド、アイスランド、ノルウェー、スウェーデン）が各項目のランキング上位に位置する（Unicef 2013）。また、子どもの貧困率（子どもがいる世帯の相対的貧困率）の低い国として、一位のデンマークを含め北欧五ヵ国が上位を占めた（OECD2014）。

これらのランキングの指標は、「子ども」自身を軸としている点が特徴である。「子育て」の面での状況

（育児休業の長さや給付額、保育サービスの量など）はもちろん子どもに大きな意味を有するし、従来、北欧諸国の充実した施策は注目されてきた。しかし、二一世紀のいま、子どもをめぐる環境を考えるには「子ども（自身の育ち）」と「子育て」の両面が重要であり、本章ではそれを意識している。

（二）子どもの権利擁護における先進国

北欧諸国ではそもそも国連の条約以前から子どもの権利擁護が語られ、その発展のための施策が取られてきた。たとえば、スウェーデンの思想家エレン・ケイ（一八四九〜一九二六）は、母性と児童の尊重を説き、『児童の世紀』（一九〇〇年）で「二〇世紀は児童の世紀」にならねばならないと宣言し、世界の新教育運動に思想的指針を与えた。『長靴下のピッピ』等で著名な児童文学作家のアストリッド・リンドグレーン（一九〇七〜二〇〇二）も、子どもの権利や動物の権利の擁護者として知られ、あらゆる虐待に反対したという。

一九三〇年代からの「国民の家」建設、福祉国家の発展のなかで、子どもと子育て家庭を重視する政策が確立していった。当初は人口危機への対応が強く意識され、母子保健や児童手当などの制度が次々に導入された。その後、福祉国家が掲げる連帯と平等において、大人とは区別して子どもも等しい一員とみなされるようになり、子どもの権利を尊重する考え方が浸透していった。スウェーデンは世界で初めて「体罰禁止法」（一九七七年）を制定し、政府や関連民間団体による空前の広報キャンペーンを実施した国でもある。この取り組みにより、しつけのために体罰は必要という人々の価値観は変化し、実際に体罰使用は激減している。

政府施策の牽引役として、子どもの権利擁護に取り組む民間団体も活発である。特に、「セーブザチルドレン」と「ＢＲＩＳ（Barnens rätt I samhället、社会における子どもの権利）」は、知名度も高い。道ばたやウェブ上でも広告をよく見かけるが、子どもの生の声にもとづく社会啓発や政策提言、新たな課題発掘、解決のための独自の実践を行っている。

子どもの権利条約批准を経て、スウェーデンはさらに世界に先駆けた施策を展開し、他国のモデルとなっている。たとえば、子どもオンブズマンの設置（一九九三年）、児童の商業的性的搾取に反対する世界会議での宣言（一九九九年）、「子どもの権利条約実施のための戦略」の公表（一九九九年）、子どものウェルビーイング測定指標の開発と情報公開（二〇〇三年〜）などである。取組みは既に一定充実しているといえようが、政府は今日も、条約が謳う子どもの権利が発揮されるには未だやるべきことは多いと表明している。

社会民主主義型の福祉国家では、本人のせいではないことに関してとくに、社会全体での解決が志向される。子どもはその典型で、親を選ぶことができず、問題があっても声をあげにくい存在である。こうした背景からも、社会政策のなかで子どもとその家庭は優先度が高いとされる。

二．スウェーデンにおける子ども家庭福祉の支出規模と法制度

(一)家族分野への大きな支出

スウェーデンのＧＤＰ（二〇一一年）に占める社会支出の割合は二八・一％と、ＯＥＣＤ平均二一・六％よりかなり高い。さらに、その社会支出の中で「家族関係」の割合が大きい。スウェーデンの家族関係支出の対ＧＤＰ比は三・六四％で、ＯＥＣＤ諸国の平均二・五五％（日本は一・七四％）を大きく上回っている（図1）。他のＯＥＣＤ諸国と比べ、現金給付や税控除ではなくサービス支出の割合が高いことが特徴的である。

社会の未来を担う子どもという人的資源の土台作りに対して、大きな投資をしていることが分かる。ま

図1　OECD諸国の家族関係支出の対GDP比国際比較（2011年）

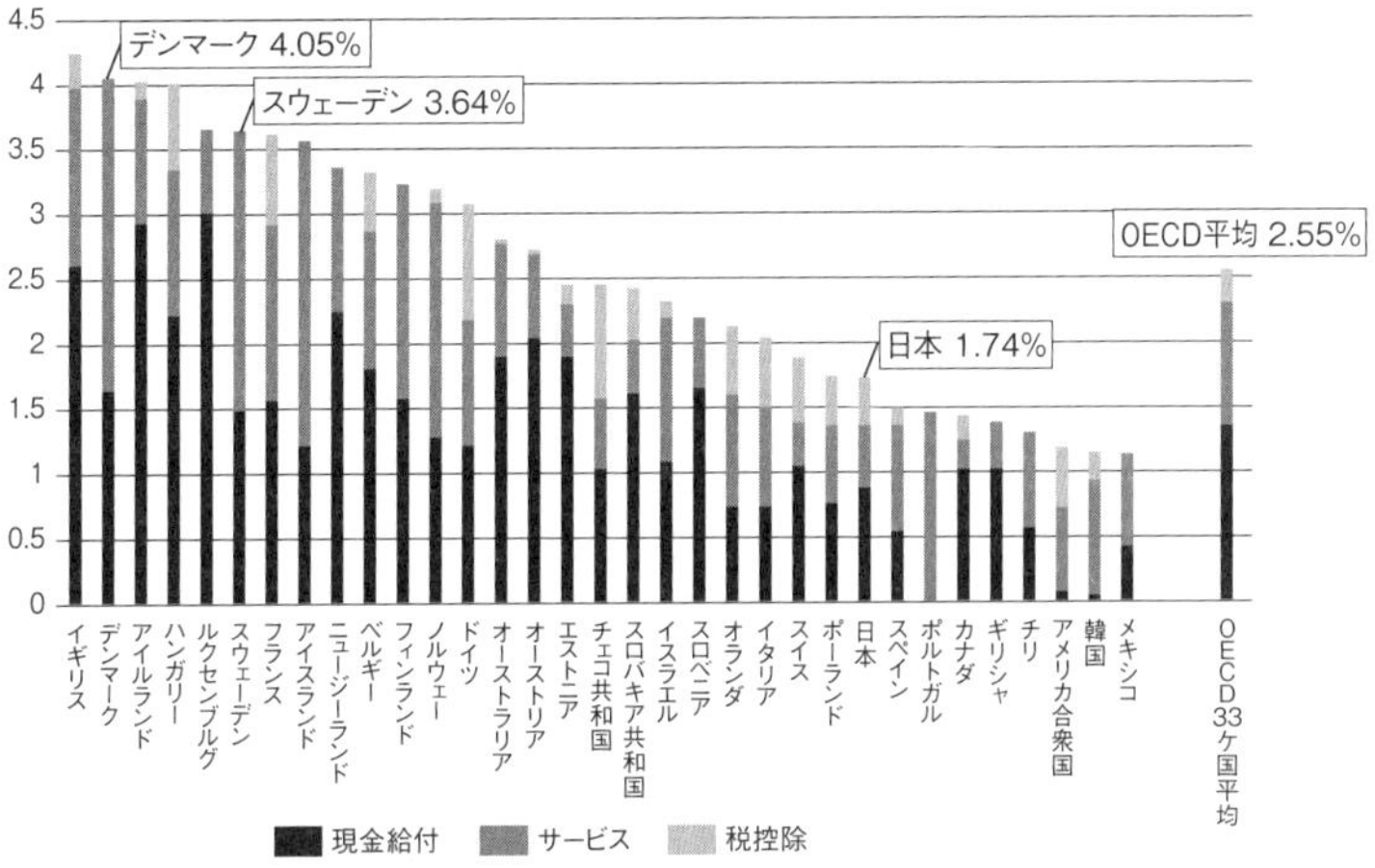

（OECD Family Databaseより）

た現役世代もひろく給付の対象とすることで、社会保障制度全体への納得を得る仕組みとも捉えられる。二〇〇〇年以降の全国レベルでの支出をみると、限られた財源の中でも、子どもに関わる分野（福祉・教育）の支出は大きく拡大している。

（二）子ども家庭福祉の法制度

スウェーデンの子ども家庭福祉の基盤となる法律は、「社会サービス法（Socialtjänstlag, SoL）」（一九八二年、改正された現行法は二〇〇一年施行）である。高齢・障害・児童等の対象別分野を統合した枠組み法で、子ども家庭福祉もこの法律で全般が規定されている。基本的な理念や原則を記す法律だが、子どもに関しては具体的な記述がかなり多い。五章の対象別特別規定では、「子どもおよび青少年」が冒頭で最も詳しく取り上げられる。六章里親およびケア・居住のための施設におけるケアでも、「子どもの入居」「国際養子縁組」に分量が割かれている。

子ども関連の給付の管轄は、児童手当などの現金給付は国の事業（社会保険）、保健・医療サービスはランスティング（県）、その他のサービスは基礎自治体であるコミューンと明確に分かれている。つまり、子どもと家庭に対する大半の支援やサービスは、全国に二九〇あるコミューンごとの小さなエリアで、コミューンの最終責任により担われている。コミューンの支出をみると、就学前学校と学童保育（二四・五％）、基礎学校（一六％）、高等学校（七％）、個人家庭福祉（生活保護を除く）（四・五％）と、教育を中心に子どもに深く関わる部分で支出全体の半分弱を占めている（SKL2014）。また、子育て家庭の生活課題は複合的なことが多いため、教育やサービス給付だけでなく、労働市場や移民政策など行政のなかでも多部門の連携を要する分野である。

サービスの認定や最終責任はコミューンが担う。サービス供給の部分について、子どもの福祉や教育の関係は、他の分野（高齢者福祉など）より民間による供給が多く多元化が進んでいる。例えば、親と暮らせない子どものための二四時間型のホーム等では、約七割の子どもが民間運営の場（うち八割は営利企業）に委託されている（Wiklund2011）。グローバル化の中で、巨大企業が高齢者介護・障害者支援・子ども家庭福祉のケアホーム・依存症ケア施設など、多様な福祉サービスを提供している例も今日では少なくない。

福祉的課題（経済問題、虐待、DV、親の疾患など）がある場合、子ども家庭福祉を含む行政部署（主に「個人家庭福祉」）のソーシャルワーカー（socialsekreterare）が中心となる。児童の強制保護を要する場合は、「社会サービス法」を補完する位置づけの「児童特別保護法（Lagen med särskilda bestämmelser om vård av unga, LVU）」が適用される。

なお、「保育所」は現在は法律上、「就学前学校（förskola）」と位置づけられており、一九九八年からは学童保育とともに、社会サービス法から学校法に移行して、学校庁管轄の教育政策の一部となっている。

以上の制度概要をふまえて、次の三節では、スウェーデンでの「子育てしやすさ」を、1)労働環境、2)切れ目のない支援、という二つの視点から述べることとする。

三．子育てしやすい社会

(一)子育てしやすい労働環境

①高い合計特殊出生率

ストックホルム市の中心部、セルゲル広場に面して文化会館がある。劇場やホール等を主とする建物だが、実は四階のフロア全体は「子どもの部屋」という空間である。大きなベビーカーが並んだ入口を超えて中に入ると、木製の本棚全体が遊び場として設計された「子ども図書館」を中心に、アトリエコーナーやイベントスペースもある。小さい子どもを遊ばせながら、ソファで本を手に取るママやパパの姿があり、和やかな雰囲気に溢れている。また、平日は夕方四時から五時に帰宅ラッシュがみられ、子どもの迎えに向かう自転車も目立つ。特に金曜午後は親たちが仕事を早めに切り上げているようで、公園に親子の姿が溢れている。

スウェーデンの合計特殊出生率は一・九一人(二〇一三年)と、今日の先進国でも高水準にあり、「女性労働力率が高く、出生率も高い」国の典型である。しかし、「少子化対策」という言葉は使われていない。子どもをもつかは個人の選択であり、子どもをもつ場合にはその経済的・精神的負担を国家が軽減し、個人の生き方を支援するというスタンスが明確である。ただ、その前提となるのは、まず親の個人としての自立・自律した生活である。個人単位の社会保障制度が確立され、女性も自分で稼ぐことが当たり前で、専業主婦として家事・子育てに専念するといった発想はいまや殆どない。子育ては社会全体で行うことが社会規範のような形で定着している。

②ワーク・ライフ・バランスを支える労働環境

スウェーデンの女性の労働参加率は、七歳未満の子どもがいる場合も約八〇%と非常に高い。それを可能とする要因は、社会全体でのジェンダー平等と、女性が働きやすい労働環境の整備である。スウェーデンのワーク・ライフ・バランス（WLB）の実現度は高く、「柔軟性と自律性のある働き方」とも表現される（高橋 2010）。具体的な施策や現状を、以下で確認する。

スウェーデンの労働時間は週平均で三六時間、有給休暇は五週間／年である。有給休暇は全て消化するのが当然とされる。朝は早めに出勤し、夕方早めに仕事を終えることが一般的である。終業後は趣味の時間を過ごすなり、子育て中の人は子どもを迎えにいき夕食を共にするなり、ライフスタイルにより様々な形となる。配偶者や子どもの有無に関わらず、仕事とプライベートが両立できるように、男女平等の理念と労働者の権利保障・労働環境の整備がなされている。

ただ実際には、子育て中は労働時間を短縮する女性は多い。「今は七五%（＝フルタイムの七五%の時間数）で働いているの」といった会話をよく耳にする。パートタイム雇用は、女性全体で約三〇%、三歳未満の子どものいる女性の約半数である（SCB）。

育児休業制度（親保険制度）は、二〇一四年現在、所得補償（親手当）のある期間が四八〇日間（父親、母親の合計日数）である。三九〇日間は従前給与の八〇%が支払われ、残りの九〇日間は最低保証額（一八〇クローナ／日）となる。四八〇日のうち、六〇日ずつは母親・父親それぞれに割り当てられ、残りはどちらかが選ぶことができる。父親は平均で、育児休業を九一日取得している(SCB)。また、育児休業制度は非常に柔軟性が高く、子の八歳の誕生日まで、連続期間ではなく分割された時間(四分の一日など)でも使うことができる。二〇一二年より、最初の一年で三〇日間までは母親と父親が同時に休業を取得できるなど、利用促進の改善策は続いている。

こうした手厚い政策により、子どもは一歳過ぎまでは家庭生活を送る形が定着しており、就学前学校でもゼロ歳児の受入はほぼ皆無である。親保険には、一時看護手当制度もある。一二歳までの病気の子どもの看病のため、年間六〇日まで取得できる(八〇%所得補償)。このように働くことが社会生活の基盤であり、各々の所得が育児に関わる休業時の給付に反映されている。

(二)切れ目のない包括的な支援

①全ての子どもの育ちを平等に保証

一九八五年、「すべての子どもに就学前学校を」という与党議案(社会民主党)が国会に提出された。親たちの保育ニーズに応えるだけでなく、家族の状況に関わりなく全ての子どもに子ども自身の権利として就学前学校への参加を保証すべきという内容である。この考えは、今日のスウェーデンの子ども・子育て環境の基盤的な理念を顕著に示している。

子どもは、親の経済状態や健康状態、就労状況などから、発達や学力面でも大きな影響を受けてしまう。そこで、子どもの育ちを平等に保証する視点から、子どもと子育て家庭に対して切れ目のない包括的な施策・支援が準備されている。人生最初の段階で質の高いケアや教育を受けることが、子どもの発達にとって、ひいては社会にとっても望ましいからである。スウェーデンでは「少子化対策」や「子育て支援」という日本語に相当する言葉は使われないが、以下、子ども・子育て環境に関わる公的施策を具体的にみていく。

②胎内から大学院生まで：普遍的な施策・支援

〈母子保健・医療〉

秋朝(2004)でも具体的に描かれる通り、母子保健の取り組みは積極的であり無料で提供される。コミューン内でのプライマリケア地区ごとに拠点として「妊産婦保健センター」があり、地区診療所内などに設置されている。助産師が中心となり、妊婦健診、親教育、情報提供などを行う。

出産にかかる分娩ケアは通常、病院の産科で提供される。通常の出産は病気ではないと認識され、現在では問題がなければ一〜二日の入院が一般的で、日帰りの場合もある。かかる費用は、入院代として一日八〇クローナ程度である。通常の育児休業と別に、父親が産後一〇日間休業できる制度(八〇%所得補償)があり、父親が赤ちゃんと過ごしたり、きょうだい児がいれば世話をしたりする。社会としては医療費の削減であるが、父親が共に子育てをスタートする良い機会ともいえる。

産後約一週間で看護師や保健師の家庭訪問があり、その後小学校に入るまでの子どもの育児をサポートするのは、「子ども保健センター」である。健康診断や予防接種、子育て講座等が提供され、赤ちゃんに関する相談を受けたり、子どもの心身の健康をサポートしたりする。比較的最近だが「家族センター」という、民間団体との連携も重視して、妊娠から出産、産後の子育て相談や支援を目的とした拠点も増えつつある。

なお、二〇歳までの医療は基本的に無料である。スウェーデンの医療については、順番待ちなどの問題も深刻だが、効率化を図りつつアクセス向上が目指されている。

〈保育・教育〉

子どもが一歳を過ぎれば一般的に、親は職場に戻り子どもは就学前学校に入る。スウェーデンの就学前教育・ケアは、少人数のグループ、職員配置比率や利用率の高さなどから、国際比較でも質が高いといわれる。のびのびとした遊びを中心とする生活重視の過ごし方ではあるが、今日では「学校教育および生涯教育の最初のステージ」と位置付けられている。そのため、家庭の状況によらず、全ての子どもが質の高い教育を受けられるように、一九九〇年代末から就学前学校の改革が進んだ。親が失業中や育児休業中の子ども(一～五歳)も週一五時間は利用でき、四～五歳児であれば全員年間最低五二五時間は無料で通うことができる。就学前学校の料金は、公立・私立を問わずコミューンごとに規定されるが、全国共通で上限がある。二〇〇二年からの利用者負担上限制度により、親の負担額は大きく減少した。料金は現在、一人目の子は家計収入の三%(一一四〇クローナが上限)、二人目は二%といった形である。

なお、育休中などの在宅での子育て家庭は、オープン型就学前学校という、日本でいえば子育てセンターや常設型子育てひろばのような場所を利用できる。親子が自由に来て遊び、スタッフがプログラムを提供する時間があったり、テーマごと(ひとり親など)に親の仲間づくりを促進したりしている。

六歳児の「就学前クラス」(小学校前の一年間)以降の学校教育は、給食費も含めて無料である。大学や大学院の授業料も基本的に無料で、子育てにかかる経済的負担が小さい。

〈経済的支援ほか〉

現金給付の主なものは、一六歳未満の子どもを育てる親(保護者)を対象とする「児童手当」である。金額は、子ども一人当たり一〇五〇クローナで、多子加算もある。親の所得を問わず、全ての子どもに等しく給付される点が特徴的である。二〇一四年より、保護者が二人いる場合は各々に半額が支給される形となった。経済的支援として、住宅手当や就学手当加算（所得制限あり）や、必要に応じての社会手当（生活保護）制度等がある。

四．子どもたちが抱える悩みとニーズへの対応

（一）子どもたちが抱える様々な生きづらさ、特別なニーズ

三節までで概観した通り、スウェーデンの子ども・子育て環境は全般に、他国と比べて大変恵まれているといえよう。しかし、スウェーデンの子どもたちもやはり、様々な生きづらさを抱え、特別なニーズをもっている。

子どもの電話相談を三〇年以上運営している民間団体「ＢＲＩＳ」のレポートにもそれは顕著である。友人・恋人や親との関係、いじめ、親の離婚や病気、虐待、ドラッグ、異文化の摩擦、等々の深刻な悩みがあげられている（BRIS 2014）。また、スウェーデンでも近年は格差拡大がみられ、子どもの貧困が問題化している。子どもの貧困率（二〇〇〇年代後半）は、スウェーデンは八・四％で世界的にみれば低いが（ＯＥＣＤ平均一一・一％、日本一五・七％）、八〇年代後半と比べて大きく悪化している。子どもが食べ物に事欠いたり、夏休みにどこにも行けなかったりするケースは、豊かなはずのスウェーデンでもみられる（Näsman2012）。

このような、子ども・子育て環境に関わる多くの課題に対して、対応が迫られている。今日、スウェーデン政府の報告書などでも、子どもが“sårbar”または“utsatthet”の状態にあるという表現が多くみられる。

直接対応する日本語はないが、英語の"vulnerable"と同様、「傷つきやすく危険等に晒されている、また何らかの形で剥奪されている」状態を意味する。つまり、権利が発揮できない状態に対する不平等の意識が込められた用語であり、解決策を探る時の基盤となる視点といえよう。

普遍主義にもとづく施策・サービスを軸としつつ、個々の子どもが「特別なニーズ」をもつ場合、必要な支援を提供して平等を達成することが目指されている。特別なニーズとは、機能障害に関わる場合や、言語の特別指導を必要とする移民、貧困状態にある子ども等も含む。

(二)子ども家庭福祉のソーシャルサービス

スウェーデンに関して最後に、子ども家庭福祉のソーシャルサービスについて触れておきたい。コミューンの子ども家庭福祉担当部署(ソーシャルサービス)は、日本の児童相談所の役割を幅広くしたイメージである。保護者のアルコール依存症や精神疾患、虐待、DV、子どもの薬物使用・触法行為、子ども同士のいじめや暴力等、非常に困難で複雑な諸テーマを総合的に取り扱っている(障がい関係は別部門が担当)。

日本では、児童相談所が多様な業務の中で、児童虐待の対応、子どもの一時保護や社会的養護に大きく注力せざるを得ない現状にある。スウェーデンのソーシャルサービスも同様の業務を担うが、施設入所や虐待介入の前の「予防的支援」と、実施後の「アセスメント、治療」のウェイトが大きいことが特徴である。たとえば、養育が不適切な親と子と、専門スタッフが一緒に料理をしたりプールに行ったりしながら、様子を丁寧に観察し、アセスメントする。またその中で、子どもとのより適切な関わり方を自然と学べるよう促したりもする。

次に、「子どもと若者に対するソーシャルサービス」(Socialstyrelsen2014)という報告書から、現状の概要を示す。サービスの種類は大きく二つに分けられる。第一に、地域での様々な在宅サービス（Öppenvårdsinsatser）である。社会サービス法にもとづく予防型のメニューが多様である。二〇一三年のある時点で、「パーソナルサポート（ニーズ判定あり）」は二七一〇〇人、「コンタクトパーソン／ファミリー」は一八八〇〇人、「構造的なケアプログラム（非施設型）」は一〇七〇〇人、の子ども・若者に利用された。

第二に、全日型（二四時間）ケア、いわゆる社会的養護である。二〇一三年度中に、社会サービス法または児童特別保護法に基づき全日型ケアの利用を開始したのは、一二九〇〇人。うち一万人は全く初めて全日型サービスを利用した。二〇一三年のある時点で、二二七〇〇人の子ども・若者が全日型のケアを受けていた。ケアの場所は、里親が最も一般的で六～七割、残りがＨＶＢ（ケア・居住のための施設）であった。ＨＶＢは専門職が二四時間対応するため、社会的コストは非常に高く、二〇〇八年時点で、子ども・若者一人当たり三九〇〇クローナ／日であった（Wiklund2011）。ここ数年の、利用人数増加の大きな要因は、子ども単身でスウェーデンにやって来る難民（ensamkommande barn）への対応のためともみられる。

この、子ども家庭福祉のソーシャルサービスとは、まさに最も権利が侵害された状態にある子どもに関わるテーマであり、特にその国、社会の理念や目指す方法論が問われる場面である。次項では隣国のデンマークを対象として、社会的養護に絞って詳しく述べる。

五．デンマークの社会的養護

（一）デンマークの子ども家庭福祉

デンマークとスウェーデンに共通した特徴として、子ども家庭福祉のサービス供給主体が基礎自治体

表1　デンマークの社会支出における子ども家庭福祉関係費の割合（2012年）

	金額（100万DKK）	割合
社会支出総計	603,956	100%
子ども家庭福祉分野全体	73,479	12.0%
妊娠・子どもに関わる手当	9,221	1.5%
児童手当	19,379	3.2%
保育所	26,506	4.3%
里親／児童養護施設	8,972	1.4%
その他	9,401	1.5%

（デンマーク統計局　2014）

（コミューン／コムーネ）であることが挙げられる。ソーシャルワーカー（social-rådgiver）がコムーネの職員として雇用され、子ども家庭福祉分野の業務を担当している。

社会支出でみても、デンマークとスウェーデンの特徴は類似している。デンマークで社会支出がGDPに占める割合は、三〇・一％と大きい。また、図1（本章の2項（1））の通り、家族関係支出の対GDP比割合は四・〇五％にも及び、その内訳はサービス支出の割合が高いという特徴がある。

社会支出の中でも、デンマークで子ども家庭福祉にかかる支出の内訳は表1の通りである。保育サービスや児童手当などと同時に、里親、児童養護施設などがあげられている。

デンマークではすべての社会サービスが社会サービス法（lov om social service / serviceloven）によって規定されており、これに基づいて九八のコムーネがサービス供給を行う。社会サービス法は、それぞれの社会サービスはコムーネの責任のもと提供することを定める枠組み法で、サービスの運用の仕方は自治体によって異なる。この法律はあらゆる社会福祉サービスの一本化を目指し、縦割り行政、いわゆる窓口のたらい回しを回避する意図で制定されたもので（大阪外国語大学デンマーク語・スウェーデン語研究室 2001）、これに従って子育て支援、保育、特別支援教育そして子どもの社会的養護など、全ての子ども家庭福祉サービスを各コムーネが担っている。ここでは特に、特別な支援を必要とする子どもについての規定とサービスを述べる。

デンマークでは、特別な支援を必要とする子どもに対するサービスは、社会サービス法第一一章（第四六条〜）に「特別な支援を必要とする子どもと若者に対する支援」として規定されている。この対象には、障害を持つために特別な支援が必要となる子ども、虐待や親の障害等の問題により、家族と暮らす上で困難を抱える子どもが含まれている。ここで、親と暮らすことができず社会的養護のケアを受けている子どもたちの数を、国際社会との比較で示す。表2は、家庭外でケアを受ける子どもの数とその割合の国際比較である。

表2から、スウェーデンを始めとする他のヨーロッパ諸国と比べても、親と離れて暮らす子どもの割合がデンマークでは特に高いことが読み取れる。しかし親子を分離することに対する認識に関しては、国によって大きく異なるという点については注意が必要であろう。継続した関係を築くことができるのであれば子どもを実親から離して家庭外でケアすることも、子どもの家族をメンタルヘルスの面で支えるにあたって必要なことだ、と肯定する国もある。一方で、アメリカやイギリス、カナダなどのように、子どもを社会的養護のケアの下に置くことは出来るだけ避けなければならないという国もある（Thoburn 2007）。

デンマークの場合は、多くの親子が分離され、里親や児童養護施設、ティーンエイジャー用の施設や寄宿制学校が利用されてきた。しかし近年、社会的養護施策の中でも、家庭外に子どもを措置するのではなく在宅で家族を支援する「予防的ケア」が重視されるようになっている。デンマークの社会的養護システムは、もともと公的権力の強い介入による親子分離が行われていた。しかし一九九〇年代以降の改革期を

表2　各国の要保護児童（家庭外でケアを受ける子ども）数と、
0－17歳人口1万人に対する割合

国（州）	0-17歳人口	0-17歳の要保護児童数	0-17歳人口1万人に対する割合
オーストラリア(2005)	4,803,218	23,695	49
オーストラリアNSW(2005)	1,591,813	9,230	58
オーストラリアQL(2005)	969,553	6,657	58
カナダ／アルバータ(2004)	771,316	8,536	111
カナダ／オンタリオ(2005)	2,701,825	17,324	64
デンマーク（2005）	1,210,566	12,408	102
フランス(2003)	13,426,557	137,085	102
ドイツ(2004)	14,828,835	110,206	74
アイルランド(2003)	1,015,300	5,060	50
イタリア（2003）	10,090,805	38,300	38
日本（2005）	23,046,000	38,203	17
日本（2013）	21,380,000	47,776	22
ニュージーランド(2005)	1,005,648	4,962	49
ノルウェー（2004）	1,174,489	8,037	68
スペイン（2004）	7,550,000	38,418	51
スウェーデン（2004）	1,910,967	12,161	63
UK イングランド（2005）	11,109,000	60,900	55
UKN アイルランド（2005）	451,514	2,531	56
UK スコットランド（2005）	1,066,646	7,006	66
UK ウェールズ（2005）	615,800	4,380	71
USA (2005)	74,000,000	489,003	66
USA イリノイ(2005)	3,249,654	17,985	55
USAN カロライナ(2005)	2,153,444	10,354	48
USA ワシントン(2004)	1,509,000	8,821	58

（Thoburn 2007:14に2013年日本データを加筆）

経て、親子分離よりも家族に対する支援が子どもにとっては望ましいとする共通認識が形成されてきた。一九九〇年に出された「子どもと青少年支援に関する法的枠組みについて（Betænkning Report No. 1212）」という専門家委員会による報告書が、その方向性に大きな影響を及ぼすものであった。この報告書では、デンマークの子ども家庭福祉政策においては子ども時代と青年期の「継続性」が重要な原則となること、またその継続性の中核となる概念が子どもとその両親であることが示されていた。この報告書が大きな契機となり、各自治体は家庭外ケアに置かれている子どもたちとその両親との接触を積極的に支援するようになった（Hestbæk 1999, 2011）。この考え方が、「家庭外ケアよりも予防的ケア」という方向性の基盤にある。

さらに、家庭外ケアに置かれた子どもたちを対象にした追跡調査から、親と分離されケアを受けている子どもたちはそうでない子どもと比べて心理・社会的に不利な状況に置かれやすい、という調査結果が明らかにされた。このため、家庭外ケアを出来るだけ行わない、という共通認識は全国の児童福祉分野のソーシャルワーカーに浸透している（Egelund, et al. 2008）。

親に対する支援も、特に二〇一一年の「子ども福祉改革（Barnetsreform）」以降、政策の中で存在感を増している。親への支援は予防的ケアにおいてだけではなく、子どもが家庭外でケアを受けている場合でも必要とされており、家庭復帰のために継続的な支援がなされている。

この「子ども福祉改革」は、早期介入、子どもと若者の権利の保障、支援の質の向上に向けて、社会的養護サービスの全般的な強化を目的とするもので、これによって子どもの権利保障という観点から一五歳以上に認められていた法的な発言権が一二歳以上に引き下げられたり、専門的な研修を受けた里親制度が新設されたりした。この改革の背景にあるのは、二〇〇五年に発覚し、非常にセンセーショナルに報道された性的虐待事件（Tønder case）であった。このケースでは、父親が自分の娘に対して二歳と六歳の頃から性的な虐待を続け、長女が一一歳の時には自宅で売春行為をさせており、母親もそれを黙認していた。これに対し、この家族に関わっていた二つのコムーネが何の行動も起こさなかったことに対して批判が相次ぎ、虐待対応に関する監督や早期介入の規定が強化されることとなったのである。[1]

(二) 特別な支援を必要とする子どもや若者へのサービス：法的枠組み

特別な支援を必要とする子どもや若者に対しては、ケースごとに対応したアセスメントに基づいてできるだけ早い支援を行うよう、社会サービス法で定められている。社会サービス法第四六条には、「特別な支援を必要とする子どもと若者に対する支援」の目的について以下のように記載されている。[2]

「(1)特別なニーズのある子どもや若者を支援する目的は、そのような子どもたちが成長する状況を可能な限り良い状態にすることを保障し、彼らが持つ個人的な困難に関わらず、自己実現と個人の発達・成熟や健康のための機会を同年代の子どもたちと同じように提供することである。

(2)支援は早い段階で、継続的になされるべきである。そうすれば、子どもに影響する主要な問題も、できるだけ早く家庭か代わりの環境で回復できるだろう。ケースごとのアセスメントにおいて、それぞれの子どもや家族の持つ特別な状況に合った支援がなされる必要がある。

(3)子どもや若者の学校教育機会や、教育を達成する機会を支える。

(4)子どもや若者の健康とウェルビーイングを促進する。

(5)子どもや若者が将来自立した生活を送れるよう準備を行う」

この目的と理念に則して、社会的養護は子ども本人の特別なニーズに応えるサービスとして提供される。

ここで注目されるのは、(1)にあるように「彼らが持つ個人的な困難に関わらず」、子ども本人の発達や教育機会を保障していくことが念頭に置かれていることである。特に一二歳以上の子どもには、本人の意見を最優先することが必要とされている。

右記(2)にあるように、子どもの保護に際しては規定のアセスメントが行われる。社会サービス法の「第五〇条：子どもに関する専門的調査(§50：Børnefaglig undersøgelse)」は、実際にコムーネのソーシャルワーカーが子どもと家族のケースをアセスメントし、提供するサービスを決定する際に依拠する条文である。第五〇条には「子どもや若者が、身体的・精神的に障害があるためなどの理由で特別な支援を必要とする場合、コムーネはその子どもの身辺状況を調査することによって保護をする。この場合のいかなる決定も、子どもの親権を持つ親か親権を持つその他の人物と、一二歳以上の子ども本人の合意のもと決められる。」とある。しかし、コムーネにより「子どもの健康や発達に明らかに危険や深刻な被害が予想され、判断することが必要とされている場合(第五一条)」、コムーネの子ども・青少年委員会(børn og unge udvalget)は親権を持つ者並びに一二歳以上の青少年の同意なしに調査を実施し、暫定的なサービス決定を行うことができる。つまり、強制的に親子を分離する権限がコムーネに与えられており、その運用のレベルではソーシャルワーカーの判断が重視されるのである。社会サービス法第一六七条では、一二歳以上の子どもは本人の意思によりコムーネの決定に対して不服を表明することができる、と規定されている。これには家庭外ケアを受けている子どもが家庭に戻ることを希望することも含まれる。

さらにデンマークの法的枠組みに特徴的なのは、一八歳〜二二歳の若者に対しての支援は〇〜一七歳の子どもとは区別して、社会サービス法第一二章(第七六条〜)に規定されていることである。第七六条から始まる若者への支援はアフターケア（Efterværn）と呼ばれ、二〇〇一年に社会サービス法が改正された折に新たに付け加えられた。アフターケアを制度化した目的は、あらゆる方法でケアシステムから脱却する機会を一八歳以上の子どもに与えることであった。つまりこれは、一八歳に達しても子どもたちが特別なサポートを必要としていることが法律によって認められた、ということを意味している（Hestbæk 2011）。

（三）社会的養護制度の全体像

ここで、具体的に社会的養護サービスが各コムーネでどのように運用されているかについて述べる。社会的養護サービスの決定と実施の主体となるのはコムーネで、社会福祉不服審査庁（Ankestyrelsen）、国家行政機関（Statsforvaltningen）がその監督機関の役割を果たしている。コムーネのソーシャルワーカーによる社会サービス法第五〇条に基づくアセスメントを経て、子どもとその家族は「予防的ケア（Forebyggelse）」を受けるのか「家庭外ケア（Anbringelse）」を受けるのか、六ヵ月間の支援計画（Handleplan）をソーシャルワーカーとともに立てる。予防的ケアにはコンタクトパーソン[3]の利用やショートステイ、日常的な生活支援も含まれる（社会サービス法第五二条）。家庭外ケアに分類される児童養護施設や里親は、コムーネによるアセスメントと支援計画決定の後にコムーネからの委託を受け、子どものケアを行う仕組みである。

特別なニーズのある子どものケースを発見してコムーネにつなぐこと、また予防的ケアにおいて積極的にコムーネと関わりを持つことが、学校や保育所、地域の役割である。

図2に示したように、コムーネを中心として地域のあらゆるアクターが協働し、できるだけ早期に問題を発見する仕組みが作られている。社会サービス法第四九条には、SSDネットワークと呼ばれる子どもを取り巻くネットワークについての言及がある。SSDネットワークとは学校、保健師や医師、看

図2　デンマークの社会的擁護体制の全体像

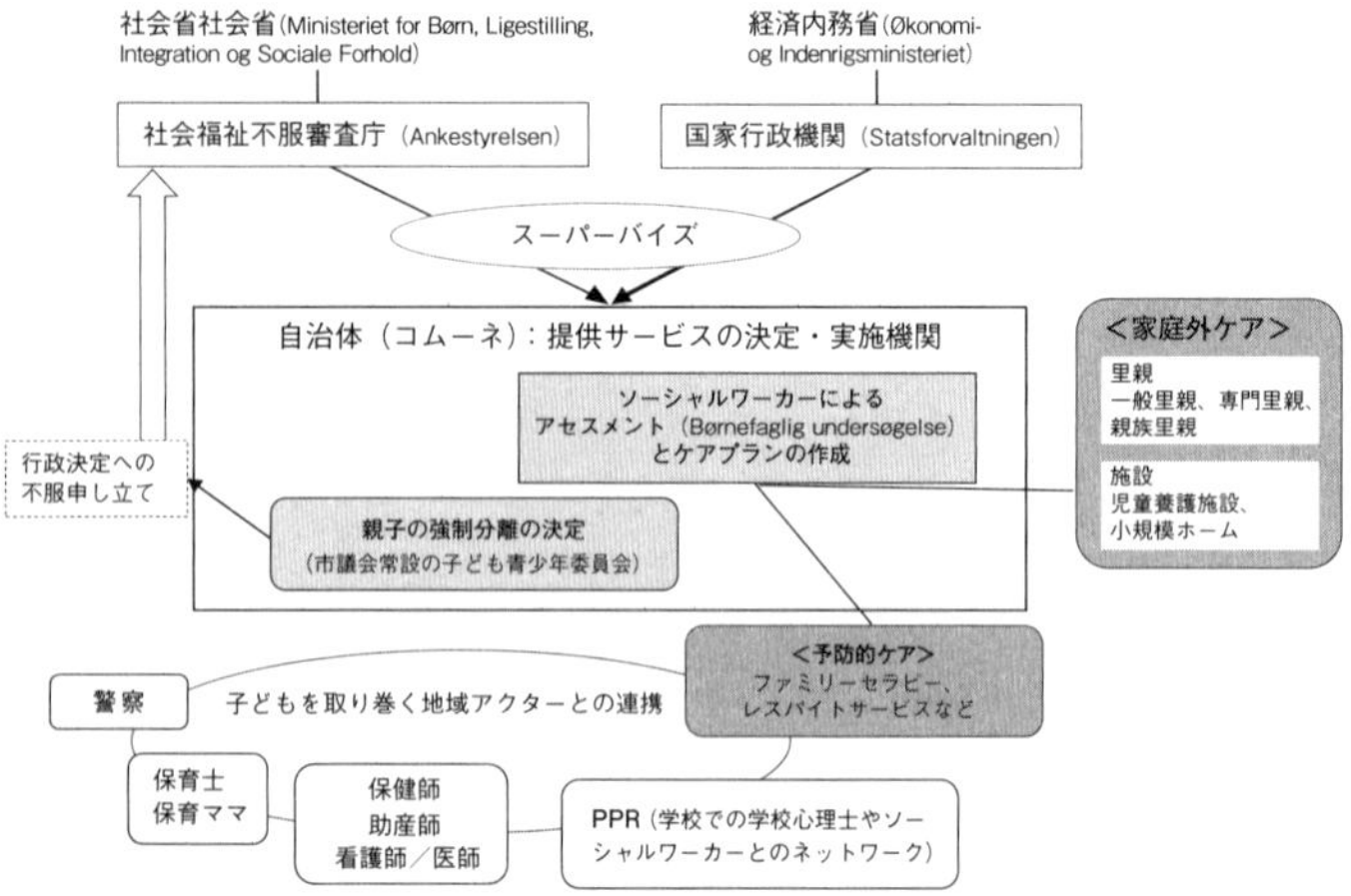

（佐藤　2014：41より）

護師と地域の歯医者が専門知識を共有し合って支援の必要な子どもに早期に介入する取り組みのことである。これは、地域でもともと行われている専門職ネットワークの仕組み、たとえばSSP（学校、ソーシャルワーカー、警察のネットワーク）やPPR（学校や保育所、心理士、ソーシャルワーカーのネットワーク）などから着想を得ており、専門職同士で子どもに関する情報交換をし合うものである（佐藤 2014, 2015）。

PPRやSSPのようなネットワークは、ケースの早期発見だけでなく関係機関の円滑な連携、コミュニケーションを促す機能を有する。ソーシャルワーカーと学校や保育所、警察が連携することで、子どもに気になる変化や何らかのサインがあった場合、教師がソーシャルワーカーに報告する経路が確保される。デンマークの「子ども福祉改革」で掲げられている「早期介入」は、このように日常的なネットワークにより子どもたちと子育て家庭、そして教育現場を支えることを指している。特別な支援を必要とする家庭へのサポートについて、子どもの権利を守るという理念と同時に、コムーネという小さな単位で家庭の抱える問題を共有する体制が整っていることが、社会的養護施策の基盤として置かれていることが分かるだろう。

まとめと展望

スウェーデン、デンマークともに、福祉国家の発展に伴い、女性も男性も平等に「仕事も家庭・育児も」楽しみまた責任をもつ社会を構築した。その「子育て」しやすい社会は同時に、「子ども」自身の権利実現を掲げ、コミューン／コムーネを中心に手厚いケアや支援、教育を提供する社会でもある。様々なデータをみても、両国とも現在、世界でもトップレベルの子ども・子育て環境を獲得したといえるだろう。一方、子どもに対する社会の責任を明確に掲げたからこそ、一歩も後戻りはできない厳しさも実際にはあるかも知れない。

グローバリゼーションの中で、この数十年の間に人々の生活や働き方、価値観も多様化している。対応を要する新たなテーマも、多文化、離婚・再婚、国際養子縁組といった側面から、新たに、単身で渡ってきた難民の子どもの対応までもが加わっている。それらを排除するのではなく、構築してきた制度に包摂していこうと試み続けるところに、スウェーデンの将来の展望も見える気がする。

スウェーデンのように子どもに関わるサービス供給の多元化・営利企業化が進めば、従来培われてきた、コミューンによる小さいエリアでの手厚い支援、連携による切れ目のない支援、に難しい面もでてくるであろう。

しかし、変化が目まぐるしい今日だからこそ、少子化対策という視点ではなく、一人ひとりの子どもを権利主体である社会の一員として支えることの積み重ねが重要であると思う。平等に提供された質の高いケアや教育を基盤として、単なるサービスの受給者としての大人ではなく、自律して社会を構成する一員として子ども達が育っていくような未来図が思い描ける。

註

(1)このケースでは母親は統合失調症であると診断されており、家族が以前暮らしていたコムーネでは母親は社会福祉サービスを利用していた。しかし、ケースが発覚する直前に家族が引っ越し、コムーネ間のやり取りが不十分であったため見逃されたのではないか、とされている。コムーネを移動することで容易に社会保障のセーフティネットをくぐり抜けてしまうことが示された例だと言われている(Hestbæk 2011)。

(2)以下、法律条文に関してはすべてデンマーク法律インフォメーションを参照した。

(3)コンタクトパーソン(kontaktperson)とは、特定の大人(子ども本人の身近な人の場合もある)が定期的に子どもの相談に乗ったり、一緒に遊んだりするというプログラムである。コムーネに雇用される。

参考文献

秋朝礼恵(二〇〇四)「出産・育児事情」、岡澤憲芙・中間真一編『スウェーデン 自律社会を生きる人びと』早稲田大学出版部 1-37

佐藤桃子(二〇一四)「デンマークにおける子どもの社会的養護——予防的役割の必要性」『年報人間科学』大阪大学大学院人間科学研究科 35: 53-71.

佐藤桃子(二〇一五)「各国の現状把握 デンマーク」日本社会事業大学社会事業研究所『平成26年度厚生労働省児童福祉問題調査研究事業課題9 社会的養護制度の国際比較に関する研究調査報告書』、pp.37-60

資生堂社会福祉事業団(二〇一二)「二〇一一年度 第37回資生堂児童福祉海外研修報告書～スウェーデン・デンマーク児童福

社レポート〜」
高橋美恵子（二〇〇七）「スウェーデンの子育て支援―ワーク・ライフ・バランスと子どもの権利の実現―」、『海外社会保障研究』No.160, pp.73-86
吉岡洋子（二〇一五）「スウェーデンにおける里親支援―ある里親支援機関でのヒアリングから」『頌栄短期大学研究紀要』40. 71-84.
Ankestyrelsen, 2014, Anbringelsesstatistik, Årsstatistik 2013
BRIS, 2014, Bris-rapporten 2013
Danmarks Statistik, 2010, Udsatte børn og unge 2007 Med temaafsnit om kriminalitet blandt 10-14-årige. Danmarks Statistik.
Danmarks Statistik, 2014, Statistisk Årbog 2014
Duvander, Ann-Zofir, & Ferrarini, Tommy. 2013, Sweden's Family Policy under Change: Past, Present, Future. Stockholmuniversity (Working Paper 2013:8)
Egelund, Tine and Anne-Dorthe Hestbaek, 2007, Children in Care (CIC): A Danish Longitudinal Study. The Working Paper13 of the Danish National Center for Research (Det Nationale Forskningscenter for Velfærd).
Hestbæk, Anne-Dorthe, 1999, "Social background and placement course – the case of Denmark." International Journal of Social Welfare.8: 267-276
———, 2011, 'Denmark: A Child Welfare System Under Refraiming' Gilbert, Neil. Parton, Nigel. Skivenes, Marit (eds.) Child Protection Systems – International trends and Orientations. pp.131-153
Näsman, Elisabet. 2012. Barnfattigdom. Gothia Förlag
Skivenes, Marit (eds.) Child Protection Systems – International trends and Orientations. pp.131-153
SKL, 2014, Kommunernas intäkter och kostnader 2013
Socialstyrelsen, 2014, Barn och unga- insatser år 2013
Thoburn, J. (2007) Globalisation and Child Welfare: Some lessons from a cross national study of children in out of home care. Social Work Monographs Norwich: University of East Anglia.
UNICEF Office of Research (2013) "Child well-being in rich countries :A comparative overview" (Innocenti Report Card 11)
Wiklund, Stefan., 2011, Individ- och familjeomsorgens välfärdstjänster. I: Hartman, L., (red) "Konkurrensens konsekvenser. Vad händer med svensk välfärd? " SNS.

〈インターネット上の情報〉
OECD Family Database (2014) "Child Poverty"
OECD Data "Demography" https://data.oecd.org/pop/fertility-rates.htm （２０１５年６月１日アクセス）
OECD によるデータは全て、https://stats.oecd.org より取得。
SCB スウェーデン統計局

第六章　スウェーデンの障害者環境

是永かな子

はじめに

本章ではスウェーデンの障害者環境として、まず障害児者施策の基本理念になっているノーマライゼーションの定義とキーパーソンを確認し、ノーマライゼーション提唱前後の知的障害児者を中心とした教育と福祉の歴史的展開について示す。次にノーマライゼーションの具体化としてのインテグレーションの内、教育的統合の到達点について紹介するとともに、インテグレーションを進めるための特別学校就学支援システムについて記す。そして本人への情報提供や自己決定および自立を支える仕組み、当事者の意見反映のための当事者運動の成果を示す。最後に現在の障害児者福祉の到達点としての「機能障害者を対象とする援助およびサービスに関する法律（SFS 1993:387、以下、LSS法）」の内容と実際について紹介するとともに、今後の課題としての障害者の権利保障およびオンブズマンに関する動向について確認する。

一．基本的理念としてのノーマライゼーション

ノーマライゼーション（Normalisering）発祥の地である北欧では、社会や学校における「統合（Integrering）」を推進し、大規模収容施設の脱施設化[1]を具体化してきた。

ノーマライゼーションは、一九五〇年代にデンマークのバンク＝ミケルセン（Neils Erik Bank-Mikkelsen、一九一九年〜一九九〇年）が提唱し、デンマークの「一九五九年法」において世界で初めて法律で用いられた（花村、一九九八）。その後スウェーデンのニィリエ（Bengt Nirje、一九二四年〜二〇〇六年）がより具体化し（ニィリエ、一九九八）、グリュネバルド（Karl Grunewald、一九二一年〜）らによって知的障害児者福祉施策として展開した（グラニンガー他、二〇〇七）。現在のスウェーデンの障害児者環境にはノーマライゼーションの考え方が浸

透していることが随所で見受けられるため、ノーマライゼーションの視点での考察を本文中にも記す。

ニィリエは、ノーマライゼーションを「生活環境や彼らの地域生活が可能な限り通常のものと近いか、あるいは、全く同じようになるように、生活様式や日常生活の状態を、すべての知的障害やほかの障害をもっている人々に適した形で、正しく適用すること」と定義している。その後、ノーマライゼーションは障害者を「ノーマル」な行動をするよう変革する、という誤解を解くために「ノーマライゼーションとは、人間をノーマルにすることではなく、知的障害者が可能な限り社会の人々と同等の個人的な多様性と選択性のある生活条件を得るために、必要な支援や可能性を与えられるべきという意味である」と再定義した（ニィリエ、二〇〇八）。よって、ノーマライゼーションでは個々の多様性や、選択性のある生活条件が重視される。

ニィリエは障害児者が人間として発達していくために必要な以下の八つの構成要素を示した。一、一日のノーマルなリズム、二、一週間のノーマルなリズム、三、一年間のノーマルなリズム、四、ライフサイクルにおけるノーマルな発達的経験、五、ノーマルな個人の尊厳と自己決定、六、その文化におけるノーマルな性的関係、七、その社会におけるノーマルな経済水準とそれを得る権利、八、ノーマルな環境形態と水準、である（Nirje, 一九六九）。

また、ニィリエは一九六一年から一九七〇年まで知的障害児者協会（FUB）の事務局兼オンブズマンであり、この間、障害者団体中央委員会委員、政府障害者専門委員会委員（Handikapporganisationernas Centralkommitté, HCK）などを務めるなど、グリュネバルドや当事者とともにノーマライゼーション理念の普及およびノーマルな生活獲得のための運動を推進した。

二．ノーマライゼーション提唱前後の知的障害児者政策の展開

ノーマライゼーション提唱前後のメルクマールとなる知的障害児者にかかわる事項について以下に見ていく。

一九四四年の知的障害教育及びケア法（SFS 1944:477）では「教育可能」な知的障害児者に教育や労働を保障するため、就学前の知的障害児の養育施設、学齢期の知的障害児の教育施設、就学後の知的障害者のための労働施設を県が準備する責任を規定した。障害児者の中でも「教育可能」か「教育不可能」かという区別がされ「教育可能」な障害児者のみ教育や労働の対象とされていたのである。

一九五四年の知的障害教育に関する法律（SFS 1954:483）では、学校教育環境の改善が図られて、特別学校は通学制と寄宿制が保障され、保護施設としては労働施設、老後施設、保護施設が規定された。しかし「教育不可能」な重度障害や重複障害児者はこの法律の対象にはならなかった。この法律においても重度・重複障害児者は排除されていたのである。

しかし一九六七年の知的障害者福祉法（SFS 1967:940）では「教育不可能」という表現は消滅し、従来の「知的障害基礎学校（Grundsärskola）」のみならず重度知的障害児のために「訓練学校（Träningsskolan）」が設立され、全ての子どもを対象とした義務教育が確立した。日本における障害児教育の完全義務制実施は一九七九年であるので、スウェーデンは一〇年以上も早く、全ての子どもが学校に通える体制を整備したと言える。完全義務制実施に伴う資源不足に関しては、基礎学校（通常学校）の施設を活用する「場の統合（Lokalintegring）」が推進された。そのため、一九七〇年には四三・六％であった知的障害基礎学校の場の統

合は、一九七六年には八〇％を超えた(石田、二〇〇三)。この資源の有効利用によって、障害児と通常の子どもが毎日交流できる環境が作られたのである。これはライフサイクルにおけるノーマルな発達的経験とノーマルな環境形態の保障にもつながっている。そして知的障害特別学校の最初の学習指導要領(Lsä73)が一九七三年に制定されるなど、知的障害特別学校の教育内容も整備されていった。

一九八〇年には社会サービス法(SFS 1980:620)によって、高齢者福祉、障害者福祉、児童福祉、公的扶助、薬物・アルコール依存患者の保護など、福祉に関する法律が統合され、基礎自治体としてのコミューンがそれらの支援に対して責任を持つこととなった。一方で、一九八二年には保健・医療法(SFS 1982:763)によって、リハビリテーション(以下、リハビリ)や補助器具などを含む保健・医療支援に関しては県が責任を持つこととなり、コミューンと県の責任分担が明確になった。

そして一九八五年には「知的障害者特別福祉法」(SFS 1985:568)が制定された。知的障害者特別福祉法は社会サービス法や保健・医療法、学校法を補完し、障害児と通常の子どもの早期の統合によって障害児の社会性と情緒面の発達を促すことを期待しており、知的障害のある人が通常の人とより同等な生活を送る可能性を強化した。具体的には、一、相談援助サービスやその他の個人的サポートと特別なコンタクトパーソンによるサポート、二、デイセンターにおける日中活動など、三、ショートステイサービスや相談援助サービス、一二歳を超える子どもの学童保育、四、保護者と暮らすことができない子どもの里親と学生ホーム、五、自立生活が困難な成人のグループホーム、が規定されたのである。統合された福祉を補完する法律としての知的障害者特別福祉法によって、障害者の権利保障の可能性が拡大し、一九九〇年代のLSS法にもつながっていく。

また、一九八五年の学校法(SFS 1985:1100)では、障害児に対する教育責任が社会省(Socialdepartment)から教育省(Ubildningsdepartment)へ移行した。そして知的障害特別学校は一九八八年から一九九六年にかけて県からコミューンに管轄が移行された。管轄移行しても資源は確保されるのかという議論がなされたが、その過程の一九九三年に、知的障害者特別福祉法に変わってLSS法が権利法として制定されたのである。

一九四〇年代の「教育可能」か「教育不可能」かの区分を乗り越え、一九六〇年代には完全義務制実施を達成し、一九八〇年代には福祉の総合化と障害福祉の個別化の同時追求が行われたと言える。次は障害児の学ぶ場としての教育的統合の現状について見てみる。

三．障害児の学ぶ場と教育的統合

スウェーデンの障害児の学ぶ場の特徴は以下である。第一に、視覚障害、肢体不自由、病弱の特別学校がないこと。第二に、障害種に応じた特別学級がないこと。第三に、国立(Riksskolor)もしくは地域立(Regionskolor)として、手話を第一言語とする聴覚障害特別学校や重複障害特別学校が存在すること。第四に、コミューン立として、知的障害特別学校が維持されていること、である。

スウェーデンでは特別学級は設置されていない。それは一九八〇年の基礎学校学習指導要領(Lgr80)導入以降、通常「学級」枠を廃止し、活動に応じて集団を編成する活動単位(Arbetsenheten)制を導入して、必要に応じて学習集団を編成することを基本にしているからである。よって特別「学級」は存在せず、必要に応じて小集団での支援が行われる。また基礎学校の隣の建物もしくは隣の教室に知的障害特別学校が設置される「場の統合」であるため、基礎学校で学ぶ子どもも支援が必要な場合は特別学校の資源を活用できることも特別学級設置がない理由であろう。

ノーマルな学習環境の保障として障害児も含めた「全ての者の学校」を目指すが、基礎学校では十分に満たされない個々のニーズに対応するため、特別な学校も維持している。

たとえば聴覚障害特別学校は、手話を第一言語、スウェーデン語を第二言語として学ぶバイリンガルろう教育やピア集団、重複障害教育、教材の開発、通常より一年長い一〇年間の義務教育を保障する。聴覚障害特別学校を必要とする子どもの数は少ないため、国立重複障害特別学校三校（就学児数八〇人）と地域立聴覚障害特別学校五校（就学児数一八九人）のみが維持されている（全就学児の〇・〇三%、二〇一三／一四年度）。また聴覚障特別害学校は全国を北部、南部、東部、西部、中部の五地域に分割し、国の特別教育学校当局（Specialpedagogiska skolmyndigheten, SPSM）と連携して支援体制を構築している。

知的障害特別学校は基礎学校と同じコミューン立で、義務教育段階に知的障害基礎学校と訓練学校の二種類があり、知的障害教育カリキュラムを保障する。相対的に軽度の知的障害児が就学する知的障害基礎学校は基礎学校と同じ教科で、個々の子どもに合わせた教育を行う。相対的に重度の知的障害児が就学する訓練学校は芸術活動、コミュニケーション、運動、日常活動、活動理解の五領域で教育を行う。二〇一三／一四年度の知的障害特別学校就学児数は九三四六人（全就学児の一・〇二%）、その内、知的障害基礎学校就学児数は五七八一人、訓練学校就学児数は三五六五人である。日本は特別支援学校、特別支援学級、通級として分離的教育措置を受けている子どもの割合が、二〇一三年度に三・一一%であるので、スウェーデンは教育的統合を進めていると評価できる。

また、必要に応じて基礎学校の教育の場を活用する「個の統合」も行う。二〇一三／一四年度は知的障害特別学校就学児の約一二・六%、一一七三人が個の統合を行っている。個の統合の方法も多様であり、基礎学校の授業を受けつつ知的障害教育カリキュラムを履修する個別統合、複数の障害児が通常学級で学ぶグループ統合、可能な範囲でともに学ぶ交流学習、交流集団を固定化した共同学習がある。また「場の統合」の状態であるため、学習時間のみならず休み時間や給食、体育など、施設の共同利用でも統合教育は進められる。

義務教育後の知的障害高等学校（Gymnasiesärskolan）は四年制であり、二〇一三／一四年春学期までは、経済、メディア、産業など一〇の職業コース（相対的に軽度知的障害児対象）と一つの個別プログラムコース（相対的に重度知的障害児対象）を設置していたが、二〇一三／一四年秋学期からは九の職業コースと一つの個別プログラムコースに再編した。職業コースでは建築コースやホテル・レストラン・ベーカリーコースが人気である（Statistiska centralbyrån, 二〇一五）。学校卒業後は一般労働市場での賃金助成雇用や国が助成する社会工場としてのサムハル（SAMHALL）、もしくはLSS法に基づくデイサービスに移行する。社会教育としての国民高等学校（Folkhögskola）や知的障害成人学校（Särvux）で学びを継続しても良いため、通常の人と同じ高校卒業後のライフサイクルにおけるノーマルな発達的経験の機会がある。

視覚障害児は教育的統合が進み、一九八六年に最後の国立視覚障害特別学校が閉校になった。その後、視覚障害特別学校は視覚障害リソースセンターとなり、視覚障害児が就学する学校の教員研修、保護者への理解・啓発活動、ピア集団の保障、教材開発などの役割を担っていた。二〇〇一年以降リソースセンターは、特別教育研究所に統合され、二〇〇八年七月一日からは特別教育学校当局に再編された。視覚障害児は基礎学校に就学し、聴覚障害を重複する視覚障害児は国立重複障害特別学校に、知的障害を重複する視覚障害児はコミューン立知的障害特別学校に就学する。またLSS法を活用してガイドヘルプやパーソナルアシスタントを雇用することもできる。

肢体不自由児の特別学校は、統合教育の推進や基礎学校内の環境整備と共に一九六〇年代に廃止された。肢体不自由児は基礎学校に就学し、知的障害を重複する肢体不自由児はコミューン立知的障害特別学校に就学する。肢体不自由児の就学に際しては、県の医療機関であるハビリテーリングセンターのスタッフチーム（医師、看護師、作業療法士、理学療法士、言語療法士、心理士、医療ソーシャルワーカー、特別教員、余暇コンサルタント、車椅子修理のための裁縫士や技術者などの専門家によって編成）や県の補助器具センターなどとの連携によって子どもに適した学習環境が整備される。またLSS法を活用してパーソナルアシスタントを雇用することもできる。そして基礎学校において特別指導グループが編成されたり、抽出個別指導が行われたりもする。

県のハビリテーリングセンターや補助器具センターは、肢体不自由だけでなく様々な「機能に障害がある人（Funktionshindrade）」を援助する。ハビリテーリングセンターでは、個別サービスプログラムに基づいて支援方法が検討される。病院で出産された新生児に障害があることがわかると、ハビリテーリングセンターに登録される。また定期健診などで障害が発見された際にもハビリテーリングセンターに登録される。保護者から相談があった場合は、各専門職で構成された利用判定チームが家族と面接する。必要に応じて療育や集中的な支援などを行う。支援に関する情報は学校教育にも引き継がれるなど、早期からの医療、保健、福祉、教育の連携が障害児者支援の基礎にある。ハビリテーリングセンターの対象は〇歳から二〇歳であるが、二一歳以上でリハビリが必要と認定された人は成人リハビリテーリングセンターに登録され支援を利用することができる。

ハビリテーリングセンターのスタッフが障害児者と補助器具センターに行き、適した補助器具を決める。学習教材のノートや鉛筆、スプーンやフォーク、食器のような補助器具や、車椅子や自転車、歩行器、電動車イス、電動バイク、風呂介助用イスや簡易式トイレに至るまで、乳児用から成人用、サイズ、色やデザインも多種多様に展示されている。補助器具はレンタルであり、費用は無料、レンタルの期限は使用しなくなるまでである。ただし使用しないまま家に放置されることがないように管理やメンテナンスが行われる（河本、二〇〇〇）。

病弱学校も独立した学校制度としては存在しない。病気の子どもが特別な教育的ニーズに応じた教育を受ける形態は以下の三つである。第一に、子どもが自宅療養中である場合は家庭に教員が派遣される。第二に、子どもが入院している場合は病院内で、個別にもしくは特別指導グループ編制によって、派遣された教員が基礎学校の学習に対応した教育を行う。第三に、病気があるが特別な教育の場が必要ではない場合は、基礎学校で病気による特別な教育的ニーズへの対応が行われる。基礎学校の担当教員は必要に応じて研修を受ける。病弱児の就学の際には本人・保護者と地域の学校教員と特別教育家（Specialpedagog）[2]、医療機関が連携する。

ちなみに通常学級においても全ての子どもは自分の学習を計画する力が求められ、自分の学習に責任を持つのは自分自身であることを指導される（林他、二〇〇四、二〇〇五）。その上で二〇〇六／〇七年度からは原則九年間の義務教育及び後期中等教育段階において全ての子どもに「個別発達計画（Individuell utvecklingsplan）」を作成している（加瀬、二〇〇九 a）。さらに障害などで個別の対応が必要な場合には校長の責任において「対応プログラム（Åtgärdsprogram）」を策定する。対応プログラムの策定に際しての原則は可能な限り分離せず、常に統合を志向しつつ、教育を行うこととされている。

情緒障害として、二〇〇九年にアスペルガー障害は基礎学校で支援を行う方針が明示された（Skolverket, 二〇〇九）。他の発達障害を含めて通常学級での修学が困難な場合には資源を付加したリソース学校（加瀬、二〇〇九b）や補償教育、専門家支援、そして特別な学習集団編成などの援助教育、分離的措置も考慮した特別指導が活用される（SFS 1994:1194）。特別指導の形態は、個別抽出指導、小グループ指導、学級をいくつかの小集団に分割しての指導などである。特別指導は担当教員や教員免許のないアシスタント教員によって行われる場合もあるが、特別教育の専門家としての特別教育家や特別教員が介入することもある。よって、基礎学校の支援方法はとても多様であり、教室には多くの専門家が出入りしたり、子どもも教室内、別の教室、廊下などいろいろな場で学んでいたりするため、どの子どもが「特別」な支援を受けているかが目立たない。

言語障害児を支援する専門家は、主に医療機関に所属して医療を基礎に支援する言語聴覚士（Logoped）と主に教育機関に所属して教育を基礎とする言語教員（Talpedagog）である。言語障害児は基礎学校に就学し、必要な時に通級のような形態で言語教員などから支援を受ける。支援には読み書き困難のディスレキシアも対象となる。また専門機関としてはシグテュナ市に言語障害リソースセンターがある。

四．特別学校就学支援システム

近年、知的障害学校就学児数の増加が課題視されていた。一九九〇年代から二〇〇三／〇四年度の間、知的障害基礎学校就学児が増加し、一九九〇年代には訓練学校就学児も増加していたのである。そのため、特別学校の就学は「権利」であることが強調され、いっそう丁寧な就学支援が行われている。その結果、現在は一九九五／九六年度程度まで知的障害学校就学児数は減少した。ちなみに日本は分離的教育措置の対象となる子どもは増加の一途をたどっている。

特別学校の就学支援について、学校庁の資料(Skolverket, 二〇〇九a、二〇〇九b)を参考に説明する。まず特別学校就学の権利を有するかが判断される。事前の情報提供のもと就学先の提案を行うために専門家が評価を行う。その後、就学指導ではなく就学「検討会」が開催される。検討会では学習評価、能力評価、医学的な知見など、教育、医療、心理、社会面の四領域の情報が示される。検討会には本人や保護者は可能な限り参加し、参加が困難な場合は代弁者としてのコンタクトパーソンを通じて意見表明したり、コンタクトパーソンから情報を提供されたりする。コンタクトパーソンは、検討会に参加する四領域の専門家、具体的には保育士、教員などの教育領域、心理士、作業療法士、理学療法士などの心理領域、学校ソーシャルワーカーやハビリテーリングのソーシャルワーカーなどの社会領域、医師などの医学領域の内一名、もしくは本人・保護者が第三者を指名する。検討会によって就学先が具体化され、提案が示される。就学検討会の開催、保護者への情報提供、就学先の決定や保護者が私立学校や他コミューンの学校就学を希望した時の調整などは、コミューンが義務を負っている。就学制度は学校法によって運用され、一九九五年には就学における保護者の権限を強化させることが規定された(SFS 1995:1249)。検討会は本人・保護者を対象とした自己決定のための支援として位置付く。

合意形成は、選択肢の提示や提案に対する保護者の見解表明、修学状況のテストや専門家評価による客観的把握を基本として、協議によって導かれる。協議が難航した場合、本人・保護者は「学校制度不服申し立て当局」やオンブズマンに訴えることもできる。就学時のみならず教育支援としての修学相談は随時行われる。

五．本人への情報提供

先日知的障害特別学校を訪問した際に、写真1に示すような、学習指導要領の内容を知的障害児本人に伝える研究が行われていた（Ziethén他、二〇一四）。子どもが学習指導要領の内容を理解するために、シンプルな文書と絵で表現する「書き替え」が行われていたのである。学習において何が求められているかを本人に伝えて授業を行い、授業後にどの程度自分が学習目標に到達したかを振り返る。学習活動が目的を達成しつつあるか、学習計画の修正が必要かを知ること、「子ども自身が何が求められているかを理解することが、学習成果に結びつく」という形成的評価および形成的アプローチの実践であった。学習活動後には自己評価が行われるが、意思表出が十分でない場合は教員が聞き取る。その際どのように本人に聞くのかを重視し、本人が意思表出できるための方法を教員がより具体化、個別化していた。

（写真１）本人への情報提供として知的障害学習指導要領理解のための覚え書き

さて、障害者本人への情報提供として、スウェーデンでは「読みやすいスウェーデン語（Lättläst, 以下、ＬＬ）」の伝統がある。以下にＬＬ

の内容をホームページの情報をもとに紹介する。

すでに一九六八年には学校教育庁（Skolöverstyrelsen）の実験として最初のＬＬ本を出版し、一九八四年にはＬＬ新聞「八ページ（8 sidor）」の出版を開始した。現在はスウェーデン語、英語、オランダ語、フィンランド語、デンマーク語のＬＬ新聞「八ページ」がインターネット上で読める。ＬＬは一九八七年にＬＬ基金（LL stiftelsen）を設立し、後にＬＬセンター（Centrum för lättläst）に社名を変更した。その後、代読活動（Läsombudsverksamheten）やＬＬサービス（Lättläst-tjänsten）に展開している。

後述する全国知的障害児者協会（ＦＵＢ）とも連携して、代読者プロジェクト（Läsombudsprojektet）も行い、障害者や高齢者を対象に代読者（Läsombud）を養成している。今日では、全国に数千の代読者がいる。障害者のみならず二〇〇九年には認知症の高齢者への支援プロジェクト「読む力（Läskraft）」も始めた。そして、二〇一五年一月一日にからＬＬセンターの機能は国のメディア庁（Myndigheten för tillgängliga medier, MTM）に移管した。

現在想定しているＬＬ対象者は障害者や高齢者のみならず、ディスレキシア、ＡＤＨＤやアスペルガー障害など集中に困難がある人、スウェーデン語以外の母語をもつ人など、全人口の一三％の「読みに困難がある人」である。毎年約二五冊の新刊が出版され、難易度は三段階に分かれている。読み上げ音声付の本もある。

ＬＬ本や代読は、自分では読めなくても、子ども用の本を読みたいわけではなく、新聞も読みたいという希望を叶えるノーマルな発達的経験の保障である。また障害者への支援が高齢者や移民にも有効な手立てとして活用されることは、少数者を対象とした特別な支援が特別ではなくなる好例であろう。

六．自己決定と自立のための支援

障害者も社会の構成員として自立が求められる。そして自立のためにも自己決定、自己評価が学校教育段階から重視されている。たとえば、知的障害特別学校での自己決定のための工夫として、写真2のように音楽の授業でどの歌を歌いたいかを自分で選ぶ絵カード選択場面が設定されていた。年齢に応じた選曲ができるための選択肢として、ベートーベンやエルビス・プレスリー、アバなど、クラシックからロック、

（写真２）知的障害者特別学校での、音楽の選曲の選択肢

ポップスの複数の絵を提示していた。音楽教員は「子どもが好きだからと言ってもずっと子どもっぽい曲を選んで良いわけではない」と指摘し、偶発的にであっても生活年齢に応じた曲を選べるように選択肢を工夫するとのことであった。これもライフサイクルにおけるノーマルな発達的経験の保障になろう。

障害者支援の前提は「脱家族化」である。「脱家族化」とは、政府や市場原理を活用して、家庭での育児や介護をどの程度軽減できるかという指標・考え方である（Andersen, 一九九九）。よって保護者は障害児者ケアの担い手ではなく、障害児者が自立できるために障害児者自身にエンパワメントを行う。支援の受給資格認定にあたっても、家族のみならず個人も資産調査を必要としない非選抜制を基本とする。補助器具・福祉機器、住宅改良、障害児者教育、リハビリ、余暇活動など、

障害者が自立して地域で生活する上で必要なものが、本人や家族にとって経済的負担とならないように公的に保障されるのである。たとえば、ハビリテーリングセンターや補助器具センターと連携してその必要性が判断されれば、車いす利用者や肢体不自由児者の家庭で、利用者の身長に合わせて流し台が上下し、戸棚が前方に出てくるような台所の改修工事も無償で行われる。これらはノーマルな経済水準とそれを得る権利、ノーマルな環境形態と水準の保障になろう。

七．当事者運動の成果

障害者は、全国視覚障害者協会（Synskadades riksförbund）や全国聴覚障害者・難聴者協会（Riksförbundet för döva och hörselskadade barn）、全国肢体不自由者協会（Riksförbundet för rörelsehindrade barn och ungdomar）などの当事者団体に所属し、意見を表明して、関連する政策などに影響を与える。ここでは知的障害児者の当事者団体としての全国知的障害児者協会（以下、ＦＵＢ）を取り上げる（Everitt, 1989）。

ＦＵＢは一九五二年にソーシャルワーカー（Socionomen）のヒエルストローム（G.A Hjelmström）のイニシアティブによって、知的障害児者協会（Föreningen för utvecklingsstörda Barn, Ungdomar och Vuxna）としてストックホルム市で設立された。その後一九五六年には三〇地域でＦＵＢが設立した。二五〇〇人のメンバーと共に、一九五六年にＦＵＢは全国組織（Riksförbundet för Utvecklingsstörda Barn Ungdomar och Vuxna、RFUB）となった。その後の展開は早く、一九五七年には一一の県で、一九五八年には三五の地域および県で、一九六二年には全ての県で団体が設立され、一九六四年には七八の地域団体が設立された。今日では一五〇の地域団体があり、二六五〇〇人のメンバーがいる。

ＦＵＢは常に障害のある人のための良好な生活の権利を主張し、議会と政府に影響を与えている。ＦＵＢは知的障害者の発達や自立・社会参加に関する様々な研究を行う研究支援組織としてＡＬＡ（Anpassning till Liv och Arbete, 生活と労働への適応）基金を一九六四年に設立し、問題提起を続けている。他にもＦＵＢが要求した例として、子どもの学校や仕事への送り迎えから保護者を解放する、移送サービスがある。それは今日の交通保障サービスにつながった。成人教育の要求は今日の障害者を対象とした国民高等学校や学習サークルにつながった。保護者支援は今日のメンバーへの助言機能につながっている。障害のある子ども本人、家族、近親者（Anhöriga）、職員の出会いの場も、実際に会う活動とソーシャルメディアを活用する活動の両方を提供している。

ノーマライゼーションの推進においても、ＦＵＢはニィリエやグリュネバルド、政府障害者専門委員会（ＨＣＫ）とともに運動を展開した。今日、政府障害者専門委員会は、三七の関係団体四〇万人のメンバーによって構成される、障害者連盟（Handikapp Förbunden）になっている。当事者団体は団結して、当事者の声を反映させた政策を要求し続けているのである。

八．障害児者福祉の到達点としてのＬＳＳ法の内容と実際

ＬＳＳ法は、一〇項目のサービス提供を法律で義務付けている権利法である。ＬＳＳ法の対象は以下の三区分である。区分一は知的障害者、自閉症または自閉症的症状を示す人。区分二は成人に達してからの外傷または身体的疾患に起因する脳障害により、重篤かつ恒久的な知的機能障害のある人。区分三は明らかに通常の高齢化にはよらない、他の恒久的な身体的または精神的機能障害のある人であり、障害の程度

が重く、日常の生活を送る上で著しい困難さが見られるため、広範な援助とサービスを必要とする人、である。

LSS法が保障する一〇項目は以下である。一、専門職による助言と他の個人的支援、二、パーソナルアシスタントやアシスタントのための費用負担、三、ガイドヘルプサービス、四、コンタクトパーソン、五、レスパイトサービス、六、ショートステイ、七、一二歳以上を対象とした障害児向け学童保育、八、里親や児童青少年対象介助付住宅、九、成人対象介助付住宅、十、デイサービス、であり、これまでの権利保障の集大成として、LSS法が位置づいていることが分かる。

（写真３）シンプルな表示と絵によるオーダーメイドレシピ集

パーソナルアシスタンスは週二〇時間以上の利用になるとパーソナルアシスタンス補償金に関する法律（SFS 1993:389）の適用となり、コミューンではなく国の社会保険が保障する。法的基準額に従って援助が支給され、家族もパーソナルアシスタントになれるため、重度肢体不自由のある知人は自分の母親をパーソナルアシスタントとして雇用していた。

さて、成人対象介助付住宅にはグループホームが含まれる。ここで、実際に訪問して職員に聞き取りをした知的障害者グループホームにおけるLSSの活用について見てみる。このグループホーム利用の個人負担は水道代や電気代込で月四六〇〇クローナ、食費は別であるが、本人の障害者年金で払える金額であった。個室は一人六〇平方メートルが保障されていた。提供するサービスは、金銭管理と掃除であり、他は個のニーズに応じる。彼女は自分で料理ができるため、オーダーメイドレシピ集を作ってもらっていた。可能な限り通常のマンションでの自立生活移行を試みるため、余暇には、障害のある人および通常の人を対象とした、演劇クラブ、アクアビクス、乗馬、ディスコなどの地域の活動に参加する。地域での活動拠点を形成したり、友人をつくったりするためである。余暇活動参加の際に移動支援としてのガイドヘルプサービスや余暇情報提供としてのコンタクトパーソンが活用できる。ガイドヘルプサービスには国内外旅行の同行も依頼できる。グループホーム職員と医療、福祉の専門職との連携は、専門職による助言や他の個人的支援が活用できる。また本人も必要に応じて、看護師やリハビリ、作業療法士の支援を活用する。成人対象介助付住宅としてのグループホーム入居や支援内容に関しては、サービス判定員の認定に基づく。それぞれは個別の計画を持っており、個々人の目標を設定して、どのような方法や目標が必要かを考える。グループホームは自立の第一ステップである。後見人も指名できるため保護者からの自立とともに経済的自立を目指し、そのための自己決定を支援する。多くの部分では自分の家と同じ決定ができる。外泊も恋人が泊りに来ることも可能であり、ホームパーティーも他者の迷惑にならない範囲で認められている。

彼女のグループホームでの生活をノーマライゼーションの観点から考察すると、自立をめざすというノーマルな発達的経験、自己決定のための力を育成する機会、自分の年金で家賃を支払えるというノーマルな経済水準とそれを得る権利、広い個室というノーマルな環境形態、恋人の宿泊も可能であるというその文化におけるノーマルな性的関係などが保障されていると言えよう。

九．障害者の権利保障およびオンブズマン関する動向

以下に一九九〇年以降のスウェーデンにおける障害者の権利保障およびオンブズマンに関する動向および今後の課題を示す。

スウェーデンでは一九九三年の国連の人権に関する「パリ原則（Parisprinciperna）」を基礎に、一九九四年に障害オンブズマンを設置し、障害者に対する権利保障活動を推進していた。二〇〇〇年には二〇一〇年までを見越した「障害者施策に関する国のアクションプラン」を示し、二〇〇六年五月九日には「人権に関する国の指針二〇〇六年—二〇〇九年」を公表している（Regeringens skrivelse 2005/06:95）。国の指針においては、性別、民族、宗教や信念、性的志向、障害などによる差別があってはならないとし、「人権」として障害者の権利が議論されていた。

二〇〇七年三月三〇日の国連の障害者権利条約署名をふまえて、政府は二〇〇八年七月三日に人権保障の追加方針を示した。そして条約は二〇〇九年一月一四日から適用されることになった（Utrikesdepartment, 2008）。他にも二〇〇八年には、平等オンブズマン、民族オンブズマン、障害オンブズマン、性差別オンブズマンが学校教育庁（Skolverket）と合同で、「学校における差別予防・平等促進ガイドブック」を公刊している。二〇〇八年七月には差別禁止オンブズマンと障害者施策総合局（Handisam）を新たに設置し、他の関係当局とともに「差別禁止」という視点から障害者権利条約の使命を遂行することとした。

その結果、障害オンブズマンも二〇〇九年一月一日には、平等オンブズマン、民族オンブズマン、性差別オンブズマンとともに「差別禁止オンブズマン」として活動することになった。差別禁止オンブズマンは関係局とともに「差別と侮蔑予防、平等促進」の学校ガイドブック改訂版を出した。二〇〇八年

版ガイドブックでは各学校は宗教や性的志向、民族、障害、性別などの差別に対応するため「平等計画」を作成しなければならないとされていた。二〇〇九年版ガイドブックでは平等のための活動に着手することや平等計画のみならず「侮蔑行動予防計画」も作成するべきこととされた。

そして障害者権利条約第三三条の国内でのモニタリング活動を行うために、二〇〇九年に政府は公式報告書「促進、保護、スーパーバイズ　国連障害者権利条約」を示した(SOU 2009:36)。この報告書においては、障害者が自己の権利を行使する上での困難を取り除く環境の整備に焦点が置かれており、そのための基本的な原則が差別禁止、可能性の平等、自己決定、参加とインクルージョンであるとされた。

このように近年の動向においても自己決定や参加、インクルージョンが重視されており、そのための障害児者環境の整備が進められていくことが期待される。障害者オンブズマンも差別禁止オンブズマンとして、総合的な対応とともに障害者の多様性と個別性を考慮することが求められるであろう。

おわりに

北欧で生まれたノーマライゼーション理念は障害者をノーマルにするのではなく、個々の多様性や、選択性のある生活条件が重視されるのであり、それぞれが幸せだと思う生活を保障することが重要であろう。そのために当事者の意見を聞きながら、当事者団体と共に理念と政策を具体化させていったニィリエとグリュネバルドの功績は注目に値する。一九四〇年代には知的障害者も「教育可能」と「教育不可能」に分けられ、「教育可能」な知的障害児者にのみ教育と福祉が保障された。一九六〇年代に入り全ての障害児の教育義務制に至り、ノーマライゼーションの具体化としてのインテグレーションは可能な限り分離的教育措置を減らすことを目指した。ただし当事者の意見を反映させて特別学校も維持している。就学児数の増加が課題であった知的障害特別学校に関しては、丁寧な就学支援を行うことで、より統合的な環境において教育保障を行うことに成功している。

障害者の自立には自己決定が必要である。そのために教育段階から意思表出や自己決定、自己評価する機会が設定されている。本人が理解した上で自己決定できるために、本人に対する情報提供も工夫されていた。また個人のみならず当事者団体として意見を表明することで権利を獲得していく組織が各障害種別にあり、当事者団体の運動の成果は現在の障害児者支援策として具体化されている。

今後の課題は、国際的動向もふまえた差別禁止、可能性の平等、自己決定、参加とインクルージョンのための環境整備、そして障害のみに限定しないオンブズマン制度の活用であり、ノーマルな生活条件の可能性を追求し続けていくことであろう。

註

（1）ノーマライゼーションと障害者施設の脱施設化については、複数の文献によって紹介されているため、本章では割愛する。それらはたとえば河東田博（一九九二）『スウェーデンの知的しょうがい者とノーマライゼーション―当事者参加・参画の論理』現代書館、ヤンネ・ラーション、アンデシュ・ベリストローム、アン・マリー・ステンハンマル著、河東田博、ハンソン友子、杉田穏子訳編（二〇〇〇）『スウェーデンにおける施設解体　地域で自分らしく生きる』現代書館、ケント・エリクソン著、河東田博、古関・ダール瑞穂訳（二〇一二）『スウェーデンにおける施設解体と地域生活支援　施設カールスルンドの誕生と解体までを拠り所に』現代書館。

（2）一九九〇年の教員養成改革によって設立された特別教育に関する専門教員。スウェーデンにおいて特別ニーズ教育にかかわる専門教員は「特別教員（Speciallärare）」と「特別教育家（Specialpedagog）」の二種類がある。「特別教員」とは、主に直接子どもに指導する教授者の役割を担う。よって子どもの困難性の分析とともに指導法の具体化や環境整備など、子どもの学習に注目した指導・支援を行う。一方「特別教育家」とは、以下の三つの役割を担う。第一に学校長に対する子どもの学習環境整備の提言など学校組織への影響力をもつ助言者としての役割、第二に、通常学級教員に対する子どもの支援方法の助言、巡回指導、保護者との相談などのコンサルタント、スーパーバイザーとしての役割、第三に教育指導あるいは教育診断・評価など子どもに直接働きかける役割である。よって子ども個人レベルのみならず学校組織レベルへの指導・助言も行う。出典：Göteborgs universitet,Speciallärarprogrammet,Specialpedagogiska programmet.

引用文献

ジョーラン・グラニンガー、ジョン・ロビーン著、田代幹康、シシリア・ロボス訳著（二〇〇七）『スウェーデン・ノーマライゼーションへの道―知的障害者福祉とカール・グリュネバルド』現代書館。
花村春樹（一九九八）『「ノーマリゼーションの父」Ｎ・Ｅ・バンク‐ミケルセン―その生涯と思想』ミネルヴァ書房。
林寛平、是永かな子、伏木久始（二〇〇四）「スウェーデンの基礎学校における学習計画能力の育成をめざした指導―エクランダ校のロッグブークの活用法を事例として」『汎バルト海・スカンジナビア国際学会誌』14,pp.19-45.
林寛平、是永かな子、伏木久始（二〇〇五）「スウェーデンの基礎学校における「学習計画能力」指導の評価：ログブック指導についての実態調査の分析を中心に」『教育実践研究：信州大学教育学部附属教育実践総合センター紀要』6,pp.21-31.
石田祥代（二〇〇三）『スウェーデンのインテグレーションの展開に関する歴史的研究』風間書房。
加瀬進（一九九四）「スウェーデンにおける障害者の権利保障規定に関する研究：精神遅滞者「援護法」改正史を手がかりに」『特殊教育学研究』32(3),pp.23-31.
加瀬進（二〇〇九ａ）「スウェーデンの学校教育〈個別支援計画〉―〈個別支援計画〉の推進を支える制度的基盤を中心に―」『東京学芸大学紀要　総合教育科学系』60,pp.245-254.
加瀬進（二〇〇九ｂ）「スウェーデンの〈リソース学校〉と〈分離的統合〉に関する予備的研究―我が国への示唆と今後の研究課題を中心に―」『SNEジャーナル』15(1)pp.157-171.
河本佳子（二〇〇〇）『スウェーデンの作業療法士』新評論。
ベンクト・ニィリエ著、ハンソン友子訳（二〇〇八）『再考・ノーマライゼーションの原理―その広がりと現代的意義』現代書館。
ベンクト・ニィリエ著、河東田博、橋本由紀子、杉田穏子訳編（二〇〇〇）『ノーマライゼーションの原理─普遍化と社会変革を求めて』現代書館。
斉藤弥生（二〇〇六）「高齢者の生活を支える「脱家族化」と「コミューン主義」から見た自律社会」、岡沢憲芙、中間真一編『スウェーデン　自律社会を生きる人びと』早稲田大学出版部、pp.141-170.
斉藤弥生（二〇〇六）「障害と自律社会　多くの障害者が納税者となる社会」、岡沢憲芙、中間真一編『スウェーデン　自律社会を生きる人びと』早稲田大学出版部、pp.171-199.

DO, BEO & Skolinspektionen(2009) Forebygga diskriminering och kränkande behandling Framja likabehandling.
Everitt,A.(1989)Därför tillkom FUB,Projektet Handikapprörelsens historia Handikapphistoria : seminarium 1989: begåvningshandikappades historia,Arbetarrörelsens arkiv och bibliotek,s.91-100.
Grundskoleförordning Stödundervisning,Särskild undervisning, SFS 1994:1194.
Gøsta Esping-Andersen(1999)Social Foundations of Postindustrial Economies, Oxford Scholarship.
Hälso-och sjukvårdslag SFS, 1982:763.
JamO,DO, HO, HomO & BEO(2008)Förebygga diskriminering framja likabehandling i skolan.
Lag om undervisning och vård av sinnesslöa, SFS 1944:477.
Lag om undervisning av vissa psykiskt efterblivna, SFS 1954:483.
Lagen angående omsorger om vissa psykiskt utvecklingsstörda, SFS 1967:940.
Lag om särskilda omsorger om psykiskt utvecklingsstörda m. fl. SFS 1985:568.
Lag om stöd och service till vissa funktionshindrade, SFS 1993:387.
Lag om assistansersättning, SFS 1993:389.
Lag om försöksverksamhet med ökat föraldrainflytande över utvecklingsstörda barns skolgång, SFS 1995:1249.
Läroplan för särskolan 1973, Lsä 73.
Läroplan för grundskolan 1980, Lgr 80.
Läroplan för grundsärskolan 2011.
Läroplan för specialskolan, förskoleklassen och fritidshemmet 2011.

Nirje,B.(1969)The Normalization Principle and its Human Management Implications, In R. Kugel & W. Wolfensberger (Eds.):Changing patterns in residential services for the mentally retarded. President's Committee on Mental Retardation, Washington D.C.,1969.
Regeringens skrivelse 2005/06:95,En nationell handlingsplan för de mänskliga rättigheterna 2006-2009.
Skollag, SFS 1985:1100.
Skolverket(2009)Skolan och Aspergers syndrome Erfarenheter från skolpersonal och forskare,Rapport 334.
Skolverket(2009a)Särskolan-en skolform för mitt barn.
Skolverket(2009b)Särskolan Hur fungerar den?
Socialtjänstlag, SFS 1980:620.
SOU 1990:19, Handikapp och välfärd?
SOU 2003：35, För den jag är Om utbildning och utvecklingsstörning.
SOU 2004:103, LSS- och hjälpmedelsutredningen.
SOU 2004:118, Beviljats men inte fått.
SOU 2009:36, Främja, Skydda, Övervaka–FN:s konvention om rättigheter för personer med funktionsnedsättning.
Statistiska centralbyrån(2015)Utbildningsstatstsk årsbok 2015.
Utrikesdepartment(2008)Sveriges internationella överenskommelser,SÖ 2008:26
Ziethén,B.,Persson,L.(2014)"Elevnära kursplaner" Öjersjö grundsärskola Partille Kommun.

参照 HP
FUB HP,http://www.fub.se/(2015 年 6 月 13 日参照).
Lättläst HP,http://lattlast.se/(2015 年 6 月 13 日参照).
Skolverket, Utvecklingssamtalet och den individuella utvecklingsplanen, http://www.skolverket.se/(2015 年 6 月 13 日参照).
Specialpedagogiska skolmyndigheten HP: http://www.spsm.se/(2015 年 6 月 13 日参照).

第七章　スウェーデン・モデルの起点
――一九三〇年代における経済・福祉思想――

藤田菜々子

一・スウェーデンの経済と福祉

スウェーデンは、二〇世紀に「スウェーデン・モデル」と呼ばれるような独特の政治経済システムを築き上げ、経済と福祉をかなりうまく両立させたと評価される。一九世紀末に多くの移民を北米に送り出さなければならないほど貧しかった農業国は、ドイツやイギリスと比べれば後発ながらも急速に福祉国家を形成し、一九六〇年には一人当たり国民所得でアメリカに次ぐ豊かな国となることができた。一九七〇年代においても、資本主義圏の先進諸国の多くが高度成長から経済停滞の時代を迎えるなかで、スウェーデンは失業とインフレーションを抑制し、比較的良好な経済パフォーマンスを示した。

こうしたスウェーデンの経済的・社会的成功は、主として、一九三二年から七六年までの長期にわたるスウェーデン社会民主労働党（以下、社民党）政権下での諸政策・諸制度の導入や拡充によってもたらされたといえる。一八八九年に結成された社民党は、革命路線をとらず、参政権獲得に向けて自由党と共闘し、早くも一九一七年に政権入り、一九二〇年に単独政権樹立を果たした。一九二〇年代半ばには産業国有化路線から距離を置く。大恐慌の影響を受けた一九三〇年代初頭には、経済政策観の違いから自由党と袂を分かつが、新たに農民党と「赤緑同盟」を組み、長期政権の座についた。一九三〇年代は、大恐慌と大戦間という「危機の時代」であった。この時代に経済や福祉にかかわる革新的な政策アイデアが提示され、それに沿った諸政策が第二次世界大戦後に本格的に実行されていった。

社民党政権下で形成されたスウェーデン・モデルには、スウェーデンに特有な政策の三本柱の組み合わせ、すなわち、普遍主義的福祉政策、連帯的賃金政策、積極的労働市場政策の成立を見出すことができる。普遍主義的福祉の理念は、一九三〇年代の人口論議のなかでミュルダール夫妻によって公表され、スウェーデンに定着した。連帯的賃金政策と積極的労働市場政策は、一九五一年に経済戦略的に提示され、LO（スウェーデン労働総同盟）のエコノミスト二人の名をとった「レーン＝メイドナー・モデル」として実現した。しばしば「高福祉・高負担」として特徴づけられるスウェーデンであるが、当初からそうだったわけではない。スウェーデンがその方向へ舵を切ったのは、一九五〇年代末の付加年金制度導入決定によってである（渡辺二〇〇二）。

スウェーデン・モデルの揺らぎが指摘されたのは、一九八〇年代であった。脱産業化、経済競争のグローバル化、少子高齢化、「新しい社会的リスク」の増大など、経済と福祉をめぐる情勢は変化していた。世界的にも、イギリス・サッチャー保守党政権、アメリカ・レーガン共和党政権の誕生を中心に、「新自由主義（ネオ・リベラリズム）」の興隆があった。しかし、スウェーデンの場合、社民党は一九七六年にいったん下野したものの一九八二年には与党に復帰し、その間、世論や政策指針に大きな変化は見られなかったのであり、むしろ政権復帰後の社民党が「第三の道」と呼ばれる金融規制緩和などの政策をとり始めたことが転機となった。一九八〇年代半ばには、多国籍化した大企業やホワイトカラー層の増大によって、従来の中央集権的な賃金取決めシステムの弱まりが顕著になった。

一九九〇年代にスウェーデン・モデルはさらに大きく変容した。一九九〇年に、連帯的賃金政策を支えてきたLOとSAF（スウェーデン経営者連盟）の賃金交渉が停止された。また、同年末にそれまでの金融規制緩和によって膨張していた経済バブルが崩壊した。その結果、失業率が跳ね上がり、一九九一年から九三年までマイナス成長を記録した。スウェーデンの不良債権処理は、同時期に同様のバブル崩壊を経験した日本よりもずっと首尾よく行われ、一九九四年から力強い経済回復を見せたが、失業率は以前ほど低くならず、現在まで高止まりしている。さらに、政権交代が常態化するようになった一方で、新自由主義的改革が継続的に進行してきた。

スウェーデンにおける経済と福祉の両立は、他国と比べれば、依然として成功しているといえるだろう。しかし近年では、スウェーデン・モデルはすでに失われたという分析も見受けられる。本章の目的は、こうした研究動向や現状認識に対し、スウェーデン・モデルの起点に立ち返り、その思想的基盤を再考することにある。一九三〇年代のストックホルム学派、とりわけ鍵を握る一人としてグンナー・ミュルダール（Gunnar Myrdal: 1898-1987）の経済・福祉思想を検討する。

二．一九三〇年代とストックホルム学派

経済学史のなかに、「ストックホルム学派」[1]という一団の活躍を見出すことができる。経済学は、アダム・スミスに続く古典派経済学者たちを輩出したイギリス、あるいは、保護主義や国民経済学を展開したドイツなどで古くから発展してきたが、スウェーデンは一九世紀末から二〇世紀の前半に、有名な経済学者を多く輩出した。

スウェーデン経済学者群像のなかで最も年長だったのが、ヴィクセル（Knut Wicksell）である。ヴィクセルは人口論から社会科学研究に分け入り、一八八〇年二月一九日にウプサラで講演した内容を『社会的不幸の最大の原因とその対策に関する諸考察――とくに飲酒癖に留意して』（一八八〇年）として出版した。当時、スウェーデンは貧しく、人々が多くの子どもを抱えながら暮らし、毎年何万もの人々が北米へ移出する状況にあった。ヴィクセルは、貧困が飲酒の原因であるとし、貧困回避の手段として新マルサス主義[2]をスウ

エーデンで初めて本格的に説いた。その急進的改革論者の態度から彼は投獄もされたが、一九一一年にはスウェーデンでもマルサス主義連盟が設立された（橋本 2000; Lundahl 2005）。

しかし、理論経済学者としてのヴィクセルのより重要な貢献は、幾冊もの経済書のなかでも『利子と物価』（一八九八年）の刊行にあり、自然利子率と市場利子率の乖離による累積的物価上昇・物価下落の理論を提示したことにあった。その理論は一九二〇年代末から三〇年代初めにかけて、スウェーデンの若手経済学者たち（すなわち、ストックホルム学派）だけでなく、イギリスにおけるケインズの『貨幣論』（一九三〇年）やオーストリア学派のハイエクらにも大きな影響を与えた。ヴィクセルは一九二六年に亡くなったが、一九三〇年代初頭の有名なケインズ＝ハイエク論争の根源にあったのはヴィクセル理論であり、大恐慌下の政策論議でストックホルム学派の拠り所となったのも彼の理論であった。

ヴィクセルに連なる有力な年輩経済学者で一九三〇年代も健在であった者には、ダビッドソン（David Davidson）、カッセル（Gustav Cassel）、そしてやや若いヘクシャー（Eli F. Hecksher）、バッジェ（Gösta Bagge）がいた。ダビッドソンは、ウプサラ大学に在職し、スウェーデン経済学会の雑誌『エコノミスク・ティドスクリフト』の設立・編集に貢献した人物である。カッセルは購買力平価説によって一九二〇年代に世界でもきわめて有力な経済学者であり、ストックホルム大学に在職した。ヘクシャーは重商主義の研究で知られるとともに、「ヘクシャー＝オリーンの定理」と呼ばれる貿易理論を残し、ストックホルム商科大学の経済学教員であった。バッジェは、ストックホルム大学で労働政策・社会政策を教えていた。

これら年輩の経済学者に対し、次世代の集団もまた形成されつつあった。とくにカッセルの下には優秀な弟子が集まった。既述のバッジェがその一人であるが、その他にもウォリーン（Nils Wohlin）、オリーン

(Bertil Ohlin)、ミュルダールがいた。興味深いのは、同門にもかかわらず、弟子たちの政治的信条がさまざまだったことである。カッセルとヘクシャーはかなりの自由主義者であって自由放任的な論調を好んだが、バッジェは後に保守党党首、ウォリーンは農民党員、オリーンは自由党党首、ミュルダールは社民党員になる。

ミュルダールは一九二四年に博士課程に進学し、カッセルにその才覚を認められた。一九二七年に「価格形成問題と変動要因」というカッセル貨幣理論の動学化を試みた論文はきわめて優秀な成績を得て、博士学位とストックホルム大学講師の地位を彼に与えることになった。一九三三年にカッセルの後継のポストに就いたのも、ミュルダールであった。政治的意見の相違に関わらず、この師弟の人間関係は良好で、最終講義を終えたカッセルは廊下に出てきて、ミュルダールにこう言ったという。「君はスウェーデンで最も危険な人物だが、しかし私は君を後継者にもったことを誇りに思っている」(Myrdal 1972, 訳 338)。

カッセルにとってミュルダールはどのように「危険」だったのか。ミュルダールは一九二八年のストックホルム大学の春学期の講義で経済学説に潜む政治的要素について論じ、それを発展させた内容を一九三〇年に『経済学説と政治的要素』として刊行した。彼は、一九二〇年代後半のスウェーデン経済学界における年輩世代の自由放任論調を批判するために経済学史・経済学方法論の研究を始め、より一般的に古典派・新古典派という伝統的な主流派経済学に潜む自由主義への偏向の問題を見出したのであった。『経済学説と政治的要素』に対してヘクシャーは厳しく批判し、カッセルは読まなかったとされる。しかし、新聞に一つの短評が掲載された。「若手の反乱」と題されたその文章を書いたのは、後にミュルダールの協力を得て「新しい財政政策」を提唱することになるウィグフォシュ(Ernst Wigforss)であった。

一九二九年一〇月二四日、アメリカのニューヨーク株式市場が暴落し、大恐慌が始まった。不況は長期化し、その波はスウェーデンにも押し寄せ、大量失業の問題が現れた。このとき、経済政策論議の場となったのが、失業委員会である。(3) Wadensjö (1991) に詳しいが、スウェーデンでは大恐慌前から失業委員会が設立されていた。一九二六年委員会にはヘクシャーが委員として入っており、失業保険などの検討を行っていた。しかし、一九二七年に「失業の性質と原因」研究の新委員会が設立され、繁栄時にもなぜ若年層の失業率がさほど低くならないのかについて検討されていた。結局、この失業委員会は二つの報告書を提出した。一つは一九三一年の第一報告書であり、この若年層失業の課題に取り組むものであったが、大恐慌によって意義が薄れた。もう片方の一九三四年第二報告書の作成過程に多くの若手経済学者が協力することでストックホルム学派が形成されたのであり、そこにミュルダールも参画していた。

一般に、ストックホルム学派に含まれる経済学者としては、年齢が高い順に、リンダール (Erik Lindahl)、ミュルダール、ヨハンソン (Alf Johansson)、オリーン、コック (Karin Kock)、ハマーショルド (Dag Hammarkjöld)、ルンドベリ (Erik Lundberg)、スヴェニルソン (Ingvar Svennilson) が挙げられる。リンダールとコックは失業委員会の第一報告書にかかわった。オリーンは一九三〇年一月に失業に対する関税の効果についての覚書を作成し、翌年三月には金融政策と失業についての第二報告書付録を作成した。ヨハンソンは賃金変化と失業について第二報告書付録を作成した。ハマーショルドは、一九三〇年八月から失業委員会副事務長、一九三二年三月から事務長をつとめた。ミュルダールについては次節で紹介する。ルンドベリとスヴェニルソンは若かったので、大恐慌下の失業委員会での政策論議に直接的には関与していないが、補佐的役割を果たし、後年の理論的整理に貢献した。これらの面々には、経済学研究から政治活動へと踏み込んだ者が少なくない。ミュルダールやオリーンについては既に述べたとおりだが、やがてコックはスウェーデン初の女性閣僚、ハマーショルドは第二代国連事務総長になった。

一九三〇年代のスウェーデン経済学界には旧・新世代の対立ないし意見の相違があり、旧世代の自由放任的論調に対して、新世代は経済への積極的な政策介入を志向していた。ミュルダールは同世代の優秀な多くの研究仲間に囲まれて経済理論・経済政策を議論することができた。彼を含めたストックホルム学派は、カッセルやヘクシャーの議論ではなく、ヴィクセルが残した経済理論に基づいて不況時の政策介入を提言したのであり、ミュルダールはヴィクセルの急進的改革論者の姿勢にも個人的な共感を覚えていた。

三．ミュルダールの経済政策論

ミュルダールは、アメリカで大恐慌が発生した時、まさにその地にいた。彼は、アルヴァ夫人（Alva Myrdal）をともなって、ロックフェラー資金での研究生活を送る予定で、アメリカに到着したばかりであった。約一年のアメリカ生活を終え、スイス・ジュネーブの大学院大学で教鞭をとった後、彼は一九三一年六月にスウェーデンに帰国する。政治活動を志し、夫婦そろって社民党に入党した。

ストックホルム学派の一員としてのミュルダールは、一九三一年一〇月二四日、スウェーデンの税体系の効果についての覚書を書くことで失業委員会への従事を始め、公式には一九三二年三月から任用された。同年秋には、蔵相ウィグフォシュに政府予算案付録の作成を依頼され、その産物が一九三三年の政府予算案付録であった。そこにおいてミュルダールは不況時の積極的財政政策を提言したが、それはケインズ『雇用・利子および貨幣の一般理論』（一九三六年）の刊行前であったことから、後に「ケインズ以前のケインズ的政策」として広く知られるようになった。さらに彼は、失業委員会の第二報告書に付録五「財政政策の経済効果」という長文も提出した。

財政政策に対するミュルダールの考えは、Myrdal（1939）によく要約されている。端的に言えば、彼は反景気循環的な財政政策を提言した。好況と不況が繰り返し現れる「正常」な景気循環を前提として、好況時の黒字財政と不況時の赤字財政が望ましいと説いたのであるが、それは毎年の均衡財政を維持しようという従来の財政原則とは異なる、新たな財政規律の提示であった。景気が一巡するなかで財政は均衡されればよい、というのが彼の考えであり、そのための具体策として経常予算と資本勘定予算からなる二部予算の方式も提言された。

一九三〇年代の不況から、スウェーデンは比較的迅速に脱出することができた。その成功については、ミュルダールらの提言によって実行された財政政策の効果は限られたものであり、それ以上に一九三一年のスウェーデン銀行（リクスバンク）によるクローナ切り下げ、またそれに基づく固定相場制復帰とドイツの軍需の伸びがスウェーデンの経済回復の主要因であるという見解が一般的になってきている（Jonung 1979; Lundberg 1996）。しかし、ストックホルム学派による貨幣的景気動態理論研究から新たな経済政策指針が導き出されたこと、さらに一九三二年から政権与党であった社民党の経済政策としてウィグフォシュの「新しい財政政策」路線が政治家や大衆に広く受け入れられて支持されたことは、スウェーデンの特質であり、ここにミュルダールは大きく寄与したといえるだろう。

四．ミュルダールの福祉政策論

一九三〇年にストックホルム万博が開催され、スウェーデンではシンプルで機能的なデザイン、さらには合理化や計画、社会工学への目覚めがあった。そうした世間のモダニズムへの関心動向からミュルダールは影響を受け、むしろ逆に、彼はその動向を牽引した（Etzemüller 2014, ch.4; Sejersted 2011, 47）。一九三〇年代のミュルダールは主としてストックホルム学派の一員としての経済学者であったが、一九三一年の帰国後に彼が最初に取り組んだのは住宅問題や生活水準調査であった。彼は建築家オーレン（Uno Åhren）と連れ立って社会大臣メッレル（Gustav Möller）に会いに行き、イェーテボリの住宅問題調査を委託するように要請した。また、バッジェがロックフェラー研究資金を取り付けて行った社会調査「スウェーデンの生活水準」にリンダールやヨハンソンと加わった。

一九三二年、ミュルダールは「社会政策におけるジレンマ」という論文を発表している。この論文には、まもなく彼の人口論で示され普及されることになる、彼の主要な思想がすでに盛り込まれていた。それは、従来の治療的な社会政策を越えて、いまや新しい予防的な社会政策へと踏み込むべき新時代が到来している、という考えであった。

一九三四年の夏、ミュルダール夫妻はノルウェーの別荘で『人口問題の危機』を書きあげ、一一月に発表した。人口問題とは出生率の低下であり、人口減少の危惧であった。一八八〇年代からスウェーデンは出生率が低下しており、一九三〇年代初めにはヨーロッパで最低レベルを記録するまでになっていた。また、スウェーデンは多くの移民を流出させており、一八四〇―一九三〇年に約一一〇万人、すなわち総人口の約四分の一が移出していた（Carlson 1990, 2）。一九二六年には統計家スヴェン・ヴィクセル（Sven Wicksell、経済学者ヴィクセルの息子)が「さまざまな想定における スウェーデンの将来人口」という論文を発表し、五つのシナリオのうち二つで人口減少を予測した。「スウェーデン人がいなくなる」という不安が語られ始めた。

しかし、出生率低下に対する評価は大きく割れていた。一方で、保守派による出産奨励主義があった。保守派は人口減少を国力衰退と捉え、人口増加を望んでいた。伝統的家族観を擁護して非婚・避妊を罪悪とし、それらを抑制することによって人口減少を回避しようとした。その方策の典型例が一九一〇年の反産児制限法であり、当時の保守派政権は避妊具の広告・販売を禁止した。スウェーデン経済学界においては、ダヴィッドソン、カッセル、ヘクシャー、オリーンがこれを擁護する立場にあった(ibid. 15)。

他方、労働運動・社民党の側では新マルサス主義が信奉されていた。かつてヴィクセルが説いたその教義は、人口が減少すれば一人当たり生活水準が向上するという考えに基づいて、人口減少を歓迎していた。これを押し詰めた論者の例として、社会民主主義青年同盟のサンディカリスト的立場にあったバリエグレン(Hinke Bergegren)は「子どもなき愛は、愛なき子どもよりもよい」と説いて、世論に少なからず影響を与えていた。スウェーデンのマルサス主義者連盟は、一九三三年には約四万人の会員を有するまでに勢力を増していた(ibid. 11)。

これら双方に対し、両面批判を行うとともに、それらを乗り越える新たな方針を示したのがミュルダール夫妻であった。ただし、彼ら二人の思考は同一だったわけではない。『人口問題の危機』の諸章も基本的には手分けして書かれたものであり、夫グンナーは経済学者、妻アルヴァは教育学者・児童心理学者であった。以下ではグンナーの議論に注目しよう。彼の人口論は、(一)出生率低下の原因、(二)出生率低下の結果予測、(三)政策論、に大きく分けて捉えることができる。

第一に、出生率低下の原因について、ミュルダールはそれが保守派のいうような性モラルの問題ではなく、経済構造の問題であると論じた。スウェーデンではもともと女性の労働市場参加率が比較的高く、さらに一九三〇年代には女性が職に就くことで生活水準が向上していた。しかし、その女性が出産・育児のために休職するとなると、厳しい減給や解雇を覚悟しなければならないことが多々あった。こうした状況で、女性は出産を控えている。各家計において、いまや子どもは経済負担の増加を意味するようになっているからである。農村地域が中心のスウェーデン北部では出生率は戦前レベルに保たれていたが、南部の都市地域ではその数値が極端に低くなっていた――一九三五年のストックホルムの純人口再生産率は、約〇・三九四という低さであった(Glass 1940/1967, 315)――ことからも、そう考えられた。結婚率はさらに高める余地があったものの低下してはいなかったので、主な問題は夫婦が子どもをもうけようとしないことにあると彼は論じた。

第二に、出生率低下の帰結について、経済学者としてのミュルダールはそれが望ましくない状態をもたらすと分析・予測した。新マルサス主義者は人口減少が生活水準を上げると説いていたが、彼によればそうはならない。この点におけるミュルダールの思考は、『一般理論』刊行後のケインズが発表した「人口減退の経済的帰結」(一九三七年)と近似していた。ミュルダールによれば、人口は消費者数に直結している。近年は技術進歩が目覚ましいので、人口減少は供給減少に即座には結びつかないが、消費や投資といった需要面の減少を直接的にもたらす。つまり、人口減少下では、総供給に対して総需要が傾向的に不足するので、失業と貧困のリスクが大きくなる(藤田二〇一二)。

第三に、出生率低下に対する政策論であるが、その要点は既述の「予防的社会政策」、ならびに、Myrdal (1940) に示された「消費の社会化」という概念を通じて捉えることができる。彼のいう「予防的社会政策」は、主にアングロ・サクソン諸国における選別主義的福祉とは別個の、北欧的な普遍主義的福祉のアイデアの提示にほかならなかった。また、「消費の社会化」は、出生率低下の原因と帰結の双方への対抗策として提言されたが、その消費とは子どもや家族に関わる消費であり、それを量・質ともに国家ないし社会が管理するということであった。出産・育児に関わる消費は潜在しているのであり、たとえば、出産ケア、保育園、住宅といった分野の消費を社会化することで、それを量・質ともに向上させることができる。それは国民の福祉に寄与する社会政策であると同時に、消費増加による需要確保、ならびにその分野の雇用の拡大という経済政策である。さらには、「消費の社会化」は幼若年層の「人的資本」への社会による積極的投資を意味するので、長期的な労働生産性向上をもたらす供給サイドの経済政策にもなる。ミュルダールは、人口問題を社会問題と同一視し、経済問題とも重なることを認識したのであり、「消費の社会化」は人口政策・社会政策・経済政策の一体化案として提言された。

『人口問題の危機』はスウェーデンでベストセラーとなり、またミュルダール夫妻がラジオ出演したことなどもあって、世論を強烈に喚起した。刊行翌年には人口委員会が設置され、その主要メンバーとしてミュルダールは参画した。同委員会は一九三八年の最終報告書を含め、一七もの報告書を精力的に作成したのであり、その政策提言の多くは迅速に実行に移された。とりわけ一九三七年議会は「母と子の議会」と呼ばれるほど多くの提言が採択され、そのなかには、家族向け住宅の建築、出産手当、結婚ローン、孤児や母子・父子世帯への扶助、子どもがいる家族への減税などが含まれた。出産手当は、所得制限で給付対象外となるのが一割程度に抑えられたほぼ普遍主義であり、妊婦個人への支給であった。一九三八年には一九一〇年以来の反産児制限法が撤廃された。

ミュルダールは「望まれない子」の出生を減らすべく、避妊法をいっそう普及させる必要を一貫して力説していた[4]。子どもをもつ・もたないは、個人の自発的意志に任せるべきである。国家はあくまで子どもをもちたい人にとっての障害を減らすことに尽力すべきなのであった。したがって、スウェーデンでは結婚ローンや家具ローンは子どもの数による帳消しがなかった。女性を家庭に引きとめる、あるいは家庭に戻すのではなく、むしろ結婚した女性の雇用を守ること、妊娠・出産・育児の期間中に失職の恐れなく休暇がとれるような取り組みがなされた。保守的なフランスやベルギー、あるいは軍国主義的なイタリアやドイツの方策に比べ、それは「抑圧的」でなかった(藤田二〇一二)。

当初、ミュルダールの人口論は、新マルサス主義が浸透していた社民党では受け入れられにくかったが、一九二八年に「国民の家」構想を打ち出していた党首ハンソン(Per Alvin Hansson)がその考えを初めに認めたとされる。ハンソンは誰も差別されることのない国家建設という自身の理想とミュルダールの普遍主義的福祉の理念が合致するものであると考えたのであろう。しかし、党内でミュルダールの議論に異論がなかったわけではない。人口委員会は人口再生産率一〇〇%を目指すとしたが、それは妥協の産物であった。定常人口を目標とすることで、新マルサス主義に固執があった社民党員からも合意を取り付けることができたのである(Carlson 1990, 69)。また、ミュルダール夫妻は現物給付を強く推していた。その理由は、直接に子どもに使われることを保証でき、その内容や規模を公的に管理することができるからであったが、これを官僚主義的であるとして社会相メッレルが批判し、現実にも、現金給付が先行することになった。

とはいえ、一九三〇年代の人口論議において、ミュルダールは女性の仕事と家庭の両立という現代でもしばしば論じられる問題に先駆的な方針を示したのであり、出産手当など、スウェーデンに普遍主義的福祉の理念に沿った新制度を導入させたと評価できる。また、後年、ミュルダールの意見に沿った人口政策が奏功したとの研究もある(5)。より一般的にいえば、ミュルダールは福祉とは社会的な公正や正義だけでなく経済的効率性という面からしてもプラスに作用するという思想を提示したのであり、それは現代でもスウェーデンで保持される力強い思想である。

五．スウェーデン・モデルの起点とミュルダール

スウェーデン・モデルとは何であるかを考える際、一九三〇年代はきわめて重要な時期である。なぜなら、その時代の経済的・政治的危機のなかで新たな政策方針が示されたからであり、しかもスウェーデンでは社民党の長期政権の始まりの時期であったからである。社民党の成立を考えるときには一九世紀末も重要だが(6)、与党として新政策の数々を導入した画期となったのは一九三〇年代であった。

また、世界的にも、その時代はまちがいなく重要であった。スウェーデンのみならず、ヨーロッパやアメリカを中心とする資本主義圏の先進諸国も共通して経済的・政治的危機を経験し、そのなかで新たな方針が求められたからである。アメリカではニュー・ディール政策が実施され、イギリスではケインズ＝ベヴァリッジ体制が構想された。完全雇用や社会保障制度の整備・拡充が政府によって目指されるようになり、各国の多様性を孕みながらも福祉国家が形成され始めた。一九三〇年代はスウェーデン・モデルの起点であると同時に、世界的にも福祉国家の起点であった。

一九三〇年代前半において、ミュルダールはストックホルム学派の一員として失業委員会に関与し、蔵相ウィグフォシュの「新しい財政政策」の導入を経済理論的に援護した。既述のとおり、それは規模的に十分なものではなかったし、実際にはリクスバンクによる通貨切り下げの効果が大きかったと指摘されるが、ともかく社民党政権の下でスウェーデンは迅速に不況から脱却できた。

一九三八年からミュルダールはカーネギー財団に依頼された黒人差別問題調査のためにアメリカに渡る。途中の一時帰国を挟み、一九四二年まで現地で研究をしたが、改めてスウェーデン政府の指示を受け、戦後の経済予測のために再びアメリカに滞在した。一九四四年には『平時楽観主義に対する警告』を刊行し、戦後の不況を予測した。戦後の経済政策に関する委員会の委員長となったミュルダールは、財政拡張政策を再び提言した。しかし、彼の予測は外れ、戦後は明らかな好況になったことが、スウェーデンの経済政策のさらなる転機となった。インフレの過熱という新たな経済問題に対し、ミュルダール的な総需要喚起政策はむしろ弊害となったからである。この新たな局面において、反インフレ的なレーン＝メイドナー・モデルの政策アイデアが登場し、ミュルダール的な財政政策に取って代わった。

したがって、スウェーデン・モデルに対し、一九三〇年代のミュルダールの経済政策論が果たした役割としては、スウェーデン国民から社民党の革新的な経済運営への信用を取り付けたことが、長期的に見て重要であったといえるだろう。ミュルダールは社民党が安定的政権を得ることに貢献したのであり、スウェーデン・モデルの基盤づくりに役割を果たした。また、人的資本への投資という点において、ミュルダールの考えとレーン＝メイドナー・モデルは重なり合うので、両者に思想的な連続性を見ることは可能である（藤田二〇一四）。

他方、スウェーデンの福祉政策の起点となったのが一九三〇年代の人口論議であり、ここにもミュルダールは大きく貢献した。老齢や疾病に対する社会保障と同時期に、子ども・女性・家族向けの制度が整備されたのは、ミュルダール夫妻の『人口問題の危機』が世論を爆発的に喚起したことに基づく。[7]しかも、そこで展開された政策アイデアは、福祉を社会的公正だけでなく経済的効率性にも結びつけるところに特徴があり、それはスウェーデン国民の福祉観に持続的かつ強力な影響を与えたと考えられる。第二次世界大戦後のミュルダールは「効率と公正のトレードオフ」という経済学上の通念に否定的な姿勢を示すようになり、「平等主義的制度改革は成長をもたらす」を持論としたが、その考えもまた、自身の人口論に由来するとともに、一九三〇年代におけるスウェーデンの経験として示されたものであった。

現代において、スウェーデン・モデルないしスウェーデン政治経済の特徴は、たとえば次のように論じられている。湯本・佐藤(二〇一〇)はその特質が七つの要素からなるものとし、第一に、対外的に解放された経済と健全財政、第二に、ITインフラの充実とイノベーション追求型経済戦略、第三に、女性の高労働参加率と子育て支援の充実、第四に、先進的な環境政策、第五に、連帯賃金制度、第六に、積極的労働市場政策と実学的教育制度、第七に、労働インセンティブを引き出す税・社会保障制度であるとした。また、翁ほか(二〇一二)によれば、北欧モデルは時代の問題に率先して向き合い、政策イノベーションを継続してきたことが重要であり、それを促してきたのは、異なる制度間の「有機的リンケージ」を図る姿勢、「合理性・透明性」を重視して制度・政策を構築するスタンス、「試行錯誤」によって進歩するスタンスであるとされる。

一九三〇年代のミュルダールの経済・福祉政策論は、いまなおスウェーデンを特徴づける影響力を残している。右記のどちらの研究においても、スウェーデンが経済と福祉を両立させており、人的資本への投資がそのカギとなっていることが指摘されているが、まさにミュルダールは人口論を通じて、「人的資本への投資」概念を含む「予防的社会政策」や「消費の社会化」といった経済と福祉の統合的政策アイデアを提示し、政策イノベーションを成功させたからである。

六．現代スウェーデンとミュルダール

一九八〇年代以降、新自由主義化が世界的に進行しており、その動きにスウェーデンも無関係ではない。さらに、スウェーデンにとって一九九〇年の末に生じた経済危機は、従来のスウェーデン・モデルを様変わりさせる大きな出来事であった。しかし、だからといって、スウェーデン・モデルが失われた、あるいは、スウェーデンの特性が消滅した、というのは早計だろう。政策や制度が変化するなかでも、なお持続的な理念の存在を問うとき、スウェーデン・モデルの起点となる一九三〇年代の政策論議、とりわけミュルダールの経済・福祉思想は多くの示唆を与える。

一九三〇年代にスウェーデンの政策導入に大きな影響力をもったミュルダールであるが、一九四七年に国連欧州経済委員会の委員長に就任して以降は、スウェーデンの外部に身を置く期間が長かった。それでも一九六〇年に彼は『福祉国家を越えて』を発表し、改めて成熟した福祉国家の分析を示した。同著においては、一九三〇年代に見られたようなトップダウン的な社会工学を志向する言説は弱まり、むしろ「下から」の支えによる発展が必要であることが強調されている。彼はスウェーデンにおける「集団的組織の下部構造」の発達を好ましい趨勢と評価し、さらに「次の段階」では直接的な国家干渉が減ることを展望

して、Robson（1974）の「福祉社会」論に直接的な影響を与えた。彼はまた、福祉国家が本質的に国民主義的性質をもつものであるという点を批判的に指摘した。ミュルダールは国民的統合のための穏健な国民主義は認めたが、それ以上に国民主義が増大することの危険性を説き、福祉世界の構築の必要を主張するようになった。

現在、福祉国家は「危機」の時代を経て、「再編」の時代を迎えている。スウェーデンに関する限り、いまなおミュルダールの一九三〇年代の経済・福祉政策論の思想的遺産が認められるし、それが本章の探究課題でもあった。しかし、もちろん変化も重要である。福祉国家各国では、諸個人の職業や生活様式や価値観の多様化、世界的な経済競争などに直面するなかで、公的福祉の内容や提供のあり方、自由と平等、効率と公正、経済と福祉の関係性が再考されるようになっている。本章では一九三〇年代におけるミュルダールの思想に注目したが、第二次世界大戦後における彼の「次の段階」論や福祉世界論などに見られる思想が、スウェーデンや世界における福祉国家の動向といかなる関係性をもち、いかなる現代的示唆を与えるのかは、さらに論じなければならない課題である。

註

(1)ストックホルム学派という名称を発案したのは、オカーマン(Johan Åkerman)というルンド大学に在職した経済学者である。もともと彼はスウェーデンの共通見解ではないという批判的意味で用いたが、それを逆に積極的な意味をもたせて広めたのがオリーンであった。オリーンは、ケインズ『一般理論』と一連の書物・言論がもたらした「ケインズ革命」との比較において、ストックホルム学派の先駆性や独自性を世界に最も喧伝した。ただし、このあたりの事情はあまり知られておらず、北欧学派やスウェーデン学派と表現されたり、その際に年輩世代が含まれることも多い。

(2)新マルサス主義は一八二三年にイギリスの改革運動家プレース(Francis Place)が提唱し始めた。

(3)スウェーデンでは政策形成における参加制度として、内閣が重要な案件に関して調査委員会を設置する。所轄の大臣は諮問上によってその趣旨を明確にして人選する。

(4)これに関連して、スウェーデンの強制不妊手術問題が取り立たされることがあるが、ミュルダールの主眼は予防的社会政策に置かれていたのであり、民族や遺伝よりも幼若年層へのよりよいケアが問題とされたことは、多くの研究で指摘されている。たとえば、Sejersted (2011, 118) を参照。

(5)津谷(二〇〇三)は、家族政策には、現金、休暇、サービスという三つの手段が考えられるが、北欧ではそれぞれに対応して、児童手当、出産・育児休業制度、保育サービスが順次整えられてきたことが奏功したと分析する。ミュルダールの「消費の社会化」という現物給付案が徐々に実現してきた結果と読み替えることができる。

(6)一九世紀末の国民運動の一環として、労働運動や社民党の成立を論じた研究に、石原(一九九六)がある。

(7)一九三四年に失業保険制度、一九三五年に新国民年金制度(一九一三年制度の改正)と家族手当が整備された。

参考文献

石原俊時(一九九六)『市民社会と労働者文化――スウェーデン福祉国家の社会的起源』木鐸社。

翁百合・西沢一彦・山田久・湯本健治(二〇一二)『北欧モデル――何が政策イノベーションを生み出すのか』日本経済新聞出版社。

津谷典子(二〇〇三)「北欧諸国の出生率変化と家族政策」『人口問題研究』五九(一)、四九―八〇。

橋本比登志(二〇〇〇)「『ザ・マルスージアン』とヴィクセル」中矢俊博・柳田芳伸編『マルサス派の経済学者たち』日本経済評論社、二〇〇〇年。

藤田菜々子（二〇一〇）『ミュルダールの経済学――福祉国家から福祉世界へ』ＮＴＴ出版。
――（二〇一二）「少子化とワーク・ライフ・バランス――ミュルダールの人口論」経済学史学会・井上琢智・栗田啓子・田村信一・堂目卓生・新村聡・若田部昌澄編『古典から読み解く経済思想史』ミネルヴァ書房。
――（二〇一四）「スウェーデン・モデルとミュルダールの経済思想―福祉・経済・価値規範」『比較経済体制研究』二〇、四〇―五三
湯本健治・佐藤吉宗（二〇一〇）『スウェーデン・パラドックス――高福祉、高競争力経済の真実』日本経済新聞出版社。
渡辺博明（二〇〇二）『スウェーデンの福祉制度改革と政治戦略――付加年金論争における社民党の選択』法律文化社。
Carlson, Allan. (1990) *The Swedish Experiment in Family Politics: The Myrdals and the Interwar Population Crisis*, Transaction.
Etzemüller, Thomas. (2014) *Alva and Gunnar Myrdal: Social Engineering in the Modern World*, Lexington Books (Translated from German by Alex Skinner, Originally published in 2010).
Glass, David Victor. (1940/ 1967) *Population: Policies and Movements in Europe*, Frank Cass.
Jonung, Lars. (1979) Knut Wicksell's Norm of Price Stabilization and Swedish Monetary Policy in the 1930s, *Journal of Monetary Economics*, 5, 459-496.
Lundahl, Mats. (2005) *Knut Wicksell on Poverty*, Routledge.
Lundberg, Erik. (1996) *The Development of Swedish and Keynesian Macroeconomic Theory and Its Impact on Economic Policy*, Cambridge University Press.
Myrdal, A. and G. Myrdal (1934) *Kris i befolfkingsfrågan*, Bonnier.
Myrdal, G. (1932) Socialpolitikens dilemma 1-2, *Spektrum*, 2 (3); 1-13, (4); 13-31.
―― (1939) Fiscal Policy in the Business Cycle, *The American Economic Review*, 29 (1), 183-193. Myrdal (2015) 所収。
――(1940) *Population: A Problem for Democracy*, Harvard University Press.
――(1972) *Vetenskap och politik i nationalekonomiken,* Rabén & Sjögren; Schidt.（『増補改訂版　経済学説と政治的要素』山田雄三・佐藤隆三訳、春秋社、一九八三年）
――（2015）藤田菜々子訳『ミュルダール――福祉・発展・制度』ミネルヴァ書房。
Robson, William Alexander. (1976) *Welfare State and Welfare Society: Illusions and Reality*, Allen & Unwin.（『福祉国家と福祉社会――幻想と現実』辻清明・星野信也訳、東京大学出版会、一九八〇年）
Sejersted, Francis. (2011) *The Age of Social Democracy: Norway and Sweden in the Twentieth Century*, Princeton University Press.

Wadensjö, Eskil. (1991) The Committee on Unemployment and the Stockholm School, in Jonung, Lars. (ed.) (1991) *The Stockholm School of Economics Revisited*, Cambridge University Press.

第八章　スウェーデンの税制と企業活動

福島淑彦

一・はじめに

スウェーデンは、平等（Equality）、公正（Fairness）、正義（Justice）、社会福祉・保障（Social Welfare）、社会的統合（Social Integration）の実現を目指し、社会的厚生水準の最大化を図ってきた。雇用に関しては、「働くことを希望している人に仕事と所得の機会を平等かつ公平に提供すること」を第一の目標にスウェーデンの経済政策は行われてきた。しかし、それでも様々な理由から仕事に就くことが困難な人が多数存在し、そのような人達を救済するために、社会福祉制度の充実が図られてきた。充実した社会福祉制度の実現には、十分な財源が必要となる。しかし、特に天然資源を有していないスウェーデンの場合には、様々な形での「税金」が充実した社会福祉制度の財源である。政府の税収は、主に、個人所得に対する課税収入、企業所得に対する課税収入、消費に関する課税収入、資産・財産に関する課税収入、の四種類から構成される。この四つの課税対象の内、他の国や他の地域への移動の可能性が最も高いものが、「資産・財産」であり、次いで、「企業所得」、「個人所得」、「消費」の順である。一九八〇年代半ば頃までは、「資産・財産」以外の課税対象が、他の国や他の地域への移動するケースは多くはなかった。しかしその後、グローバリゼーションに伴う競争の激化で、生産コスト、特に労働コストの低い他の国や地域へ移動する企業が増加し続けている。企業の立地選択には労働コストのみならず、法人所得に対する課税水準も大きな影響を及ぼしている。法人所得に対する課税が重いということは、手元に残る事業拡大のための資金が少ないことを意味している。法人税があまりに高いと、法人税の低い国や地域へ移動するインセンティブが企業に発生する。企業が他の地域へ移動してしまうことは、法人所得税収の減少のみならず、雇用をも減少させる。このことは、個人所得からの税収の減少及び消費関連の税収の減少を意味する。つまり、企業の他地域への移転・移動は、法人所得税収の減少にとどまらず、個人所得税収の減少、消費関連税収の減少を引き起こすのである。

企業を国内に留めておくことには、税収や雇用以外の観点でも重要である。なぜなら優良企業を国内に留めておくことが、その国の国際競争力の維持・向上に大きく寄与するからである。スイスのローザンヌにあるビジネススクールであるＩＭＤ（International Institute of Management Development）が毎年発表している各国の国際競争力ランキングでスウェーデンは二〇〇〇年以降、常に日本を上回る順位である。直近二〇一五年のランキングでは、スウェーデンは九位、日本は二七位であった。二〇〇〇年以降で、スウェーデンが六位以内であった年は六回あり、二〇〇八年以降では常に上位一〇ヵ国にランキングされている。一方日本は二〇〇〇年以降、二回一七位にランキングされた以外は、二〇位以下の順位であった。スウェーデンの国際競争力には、優良企業がスウェーデン国内に留まっていることが大きく寄与している。

以上述べたように、高福祉を実現するための十分な税収を確保するためにも、また、国際競争力を維持・向上させるためにも、国外への移動の可能性が高い企業を国内に留めておくことはスウェーデンにとって非常に重要である。このような認識に立って、本章では、福祉の財源を確保するということとスウェーデン国内に企業を留めておくということを、スウェーデンはいかに両立させてきたのかという観点から、スウェーデンにおける企業への課税について検証する。次節では、スウェーデンの産業構造の変化とスウェーデン企業の特徴について概観する。第三節では、スウェーデンの税収構造と法人税の特徴について考察する。その際、スウェーデンの税収構造の特徴・特異性をより明確にするために、他の北欧諸国や主たるＯＥＣＤ諸国との比較を通じて検証する。最後に、第四節で結論を述べる。

二. スウェーデンの産業構造とスウェーデン企業

(一)スウェーデンの産業構造

図1-1は一九八〇年から二〇一二年までの期間で、就業者数を基準にスウェーデンの産業構造がどのように変化してきたのかをまとめたものである。図1-2は、業種別に全労働者に占める労働者割合をまとめたものである。一九八〇年以降、就業者数が増加し続けているのが「金融・保険業」である。二〇一二年に金融・保険業で働く労働者数は一九八〇年の二・七倍となっている。また、一九八〇年には労働者全体の七%の労働者が金融・保険業に従事していたが、その割合は二〇一二年には一六%へと増加した。一方、一九八〇年以降、規模が減少し続けているのが、鉱業・製造業である。一九八〇年には労働者全体の二六%の労働者が鉱業・製造業に従事していたが、その割合は二〇一二年には一三%へと大幅に減少した。二〇一二年時点で、金融・保険業に次いで多くの労働者が働いているのが医療分野である。二〇一二年には全労働者の一六%が医療分野で働いているが、その割合は一九九〇年以降減少し続けている。因みに、一九九〇年には全労働者の二〇%の労働者が医療・介護分野に従事していた。医療部門と同様一九九〇年以降減少しているのが、小売業に従事する労働者である。一九九〇年と比べて労働者数が約四割程度減少している。一方で、一九九〇年時点と比べて、規模でも及び実数ベースでも増加しているのが教育分野である。二〇一二年時点で全労働者の一一%が教育分野で働いている。一九九〇年時点と比べて、教育分野で働く労働者数は一・七倍に増加している。

図1-3は一九九九年から二〇一一年までの期間で、付加価値を基準にスウェーデンの産業構造がどの

図 1-1 スウェーデンの産業構造の変化

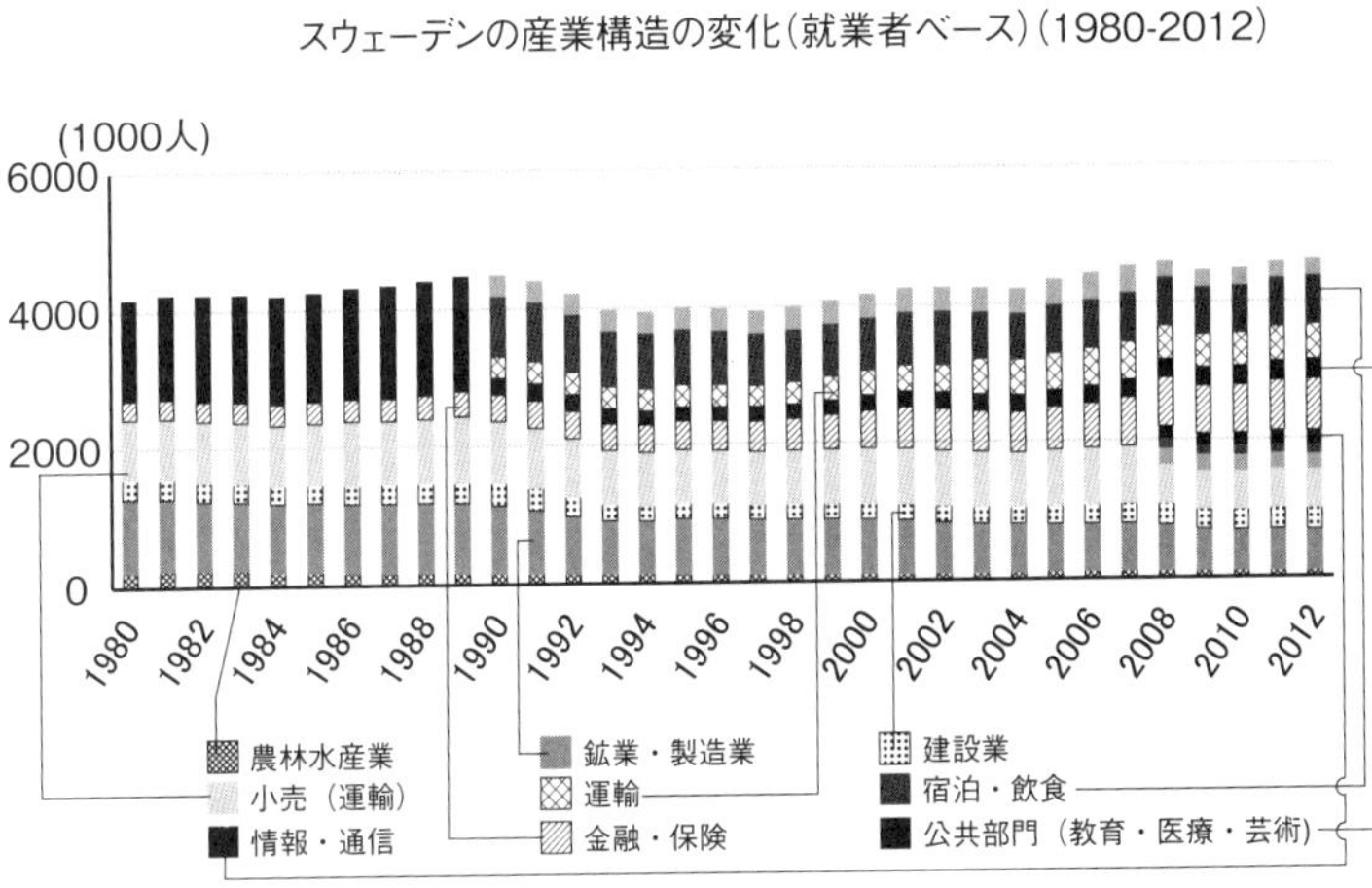

出所：SCB（1980 - 2014）を基に作成。

図 1-2 スウェーデンの産業構造の変化

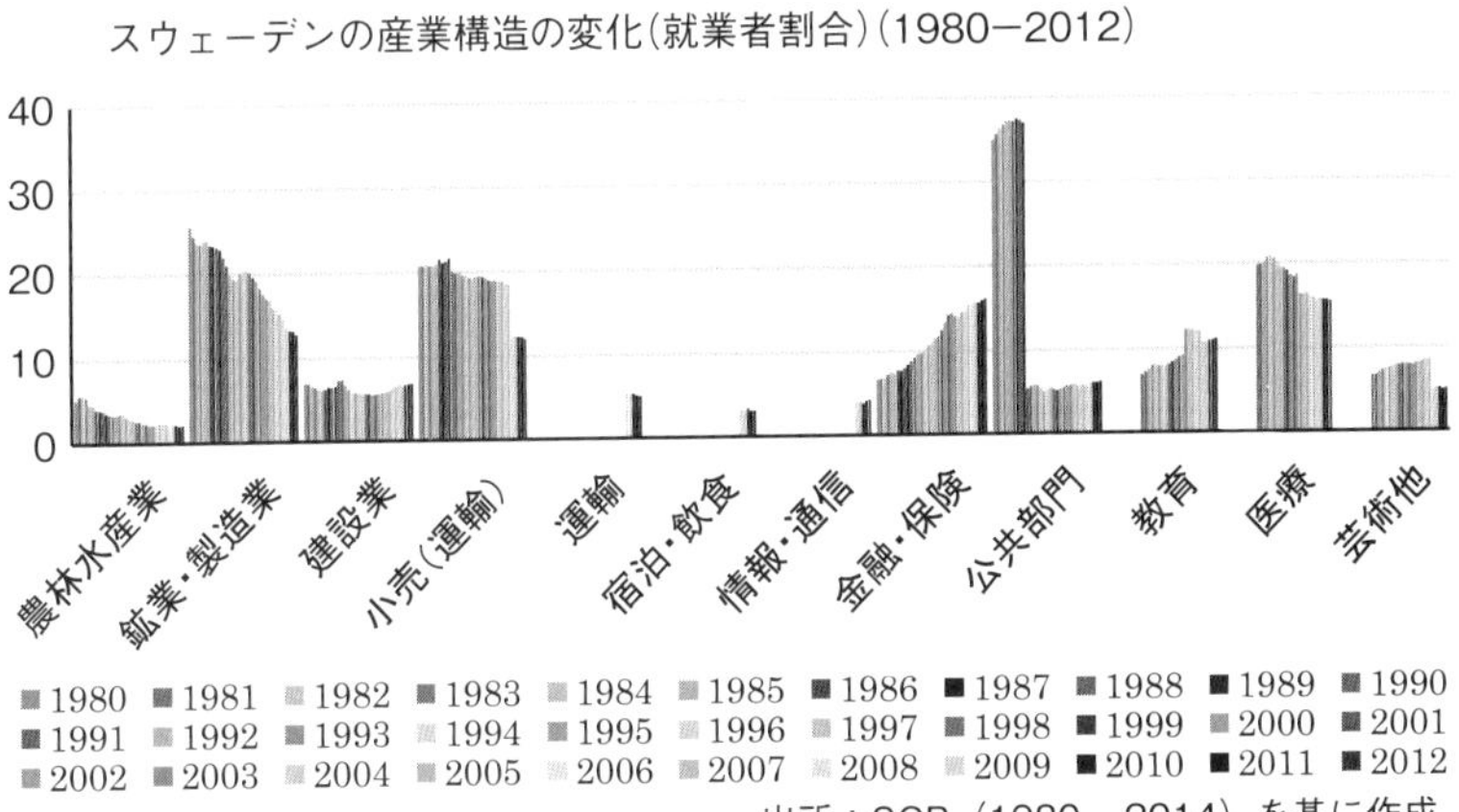

出所：SCB（1980 - 2014）を基に作成。

図 1-3　スウェーデンの産業構造の変化

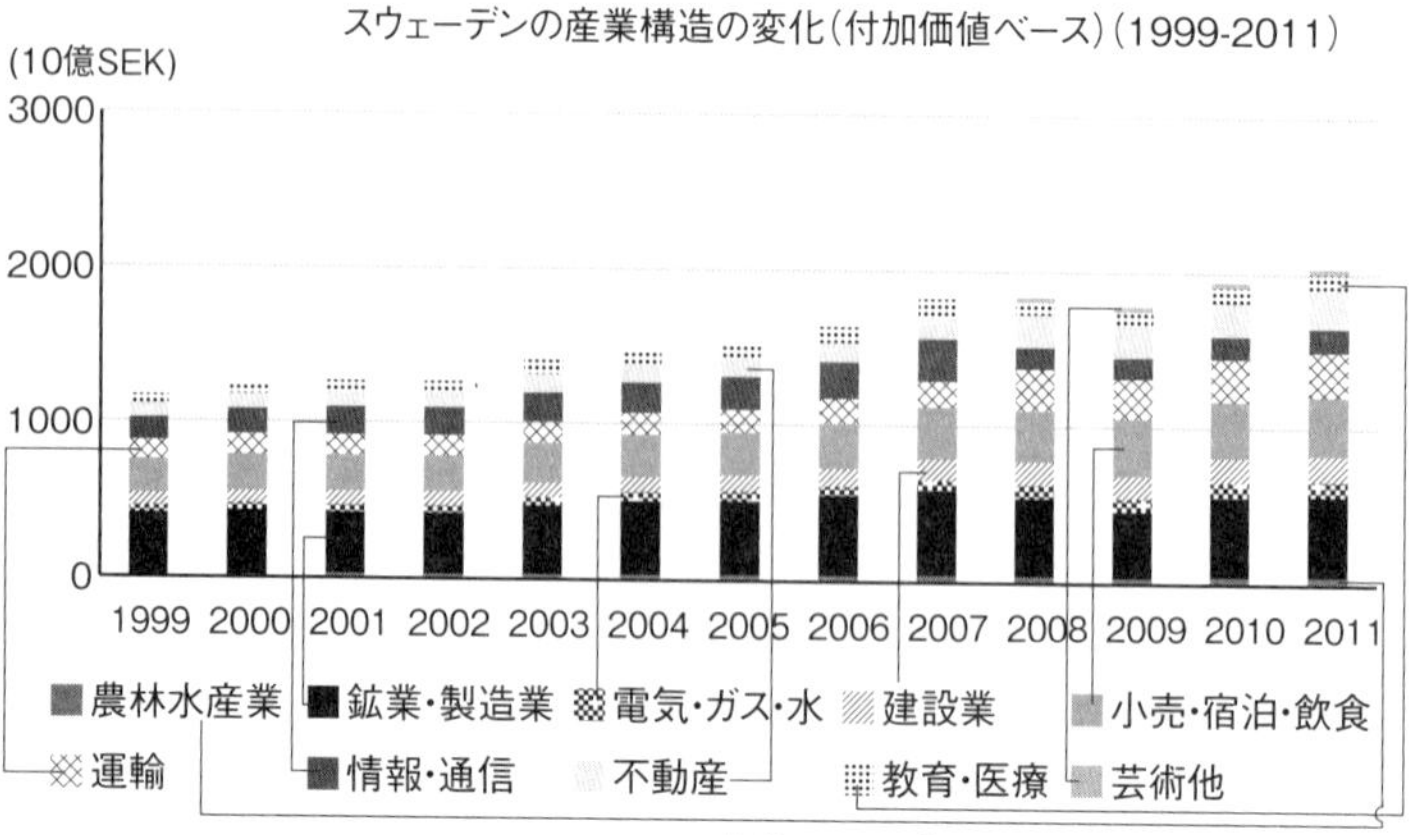

出所：SCB（2000 - 2014）を基に作成。

ように変化してきたのかをまとめたものである。図1―4は、各業種が生み出した付加価値がスウェーデン全体で生み出された付加価値にどの程度寄与しているのかを表したものである。[1] 二〇一一年の付加価値総額は一九九九年の一・七倍の二兆三七五億スウェーデンクローナであった。全体の付加価値総額の増加率よりも付加価値の増加割合が高いのが、「電気・ガス。水」の二・三倍、「建設業」の二・〇倍、「運輸」の二・三倍、「不動産」の二・六倍、「教育」の一・九倍である。付加価値総額への寄与割合が最も高い「鉱業・製造業」は一九九九年と比較して二〇一一年には一・三倍増加しているものの、全体の付加価値総額への「鉱業・製造業」の寄与割合は、減少し続けている。「鉱業・製造業」の寄与割合は、一九九九年に三四・三%であったものが、二〇一一年には二五・四%にまで減少している。但し、業種別の付加価値では、依然として「鉱業・製造業」は最も大きな付加価値を生み出している。

（二）スウェーデン企業

表1は、従業員規模別にスウェーデンの企業の全体像を

図1-4　スウェーデンの産業構造の変化

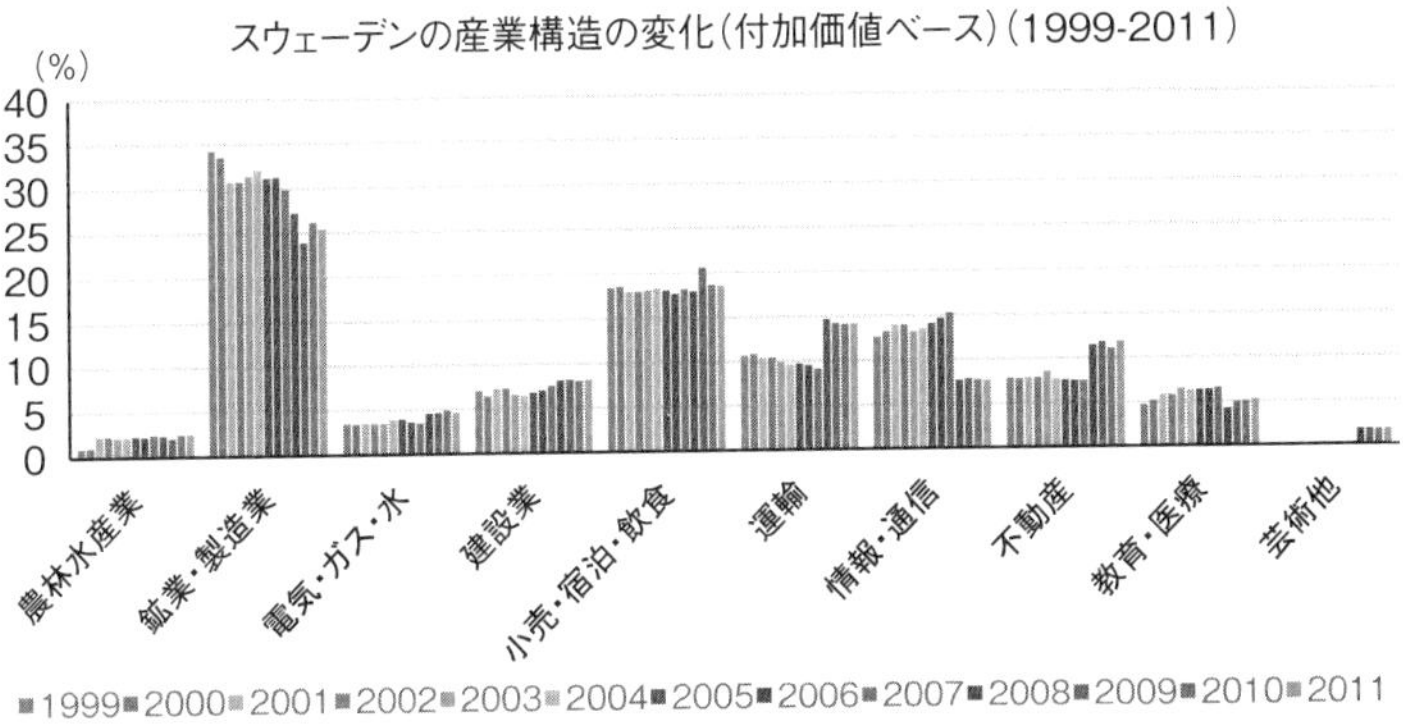

出所：SCB（2002－2014）を基に作成。

表1　スウェーデンの企業数（従業員数別）（2007年-2013年）

従業員数	2007		2008		2009		2010		2011		2012		2013	
	企業数	シェア(%)	企業数	シェア(%)	企業数	シェア(%)	企業数	シェア(%)	企業数	シェア(%)	企業数	シェア(%)	企業数	シェア(%)
0	699936	74.0	700336	73.9	720733	73.8	717697	73.1	841559	75.1	845016	74.32	828787	73.5
1-4	170665	18.0	171871	18.1	176288	18.0	183420	18.7	196493	17.5	207193	18.2	213379	18.9
5-9	37100	3.9	37168	3.9	39351	4.0	40272	4.1	41429	3.7	42256	3.72	42841	3.8
10-19	19843	2.1	19803	2.1	21085	2.2	21041	2.1	21551	1.9	22231	1.96	22309	2.0
20-49	11445	1.2	11439	1.2	12180	1.2	11895	1.2	12411	1.1	12890	1.13	12967	1.1
50-99	3464	0.4	3456	0.4	3667	0.4	3553	0.4	3699	0.3	3816	0.34	3859	0.3
100-199	1587	0.2	1585	0.2	1642	0.2	1626	0.2	1663	0.1	1746	0.15	1800	0.2
200-499	912	0.1	916	0.1	963	0.1	968	0.1	1007	0.1	984	0.09	983	0.1
500-	849	0.1	850	0.1	881	0.1	877	0.1	890	0.1	896	0.08	907	0.1
合計	945801	100.0	947424	100.0	976790	100.0	981349	100.0	1120702	100.0	1137028	100.0	1127832	100.0

出所：Skatteverket(2014)の表を加筆・修正して転記。

まとめたものである。表1から明らかなように、スウェーデン企業の約九割以上が従業員数五人未満の企業である。従業員数五〇〇人以上の企業数は二〇一三年には全体の〇・〇八%であった。しかし、SBC（2013, 2014）によれば、二〇一三年には全労働者の約五〇%が従業員数五〇〇人以上の企業で働いている。従業員数一〇〇人から四九九人規模の企業には労働者全体の一三%が、従業員数一人から九九人規模の企業には労働者全体の三八%が勤務している。従業員数五〇〇人以上の企業で働いている労働者の割合は、過去二〇年間減少し続けている。特に、一九九〇年代に従業員数五〇〇人以上の企業に勤務する労働者の割合は大幅に減少した。一九九三年には総労働者の五八％が従業員数五〇〇人以上の企業で働いていたが、その割合は一九九五年に五六％、一九九九年に五一％と減少している。一方で、表1から明らかなように、従業員のいない個人経営企業、或いは従業員五人未満の企業は増加し続けている。つまり、労働者が大企業から中小企業へと就業の場を移しているのである。

表2　スウェーデン企業ランキング(2014年)

表2-1　雇用者別ランキング

順位	雇用者数(2014)		
	企業名	業種	従業員数
1	Securitas AB	セキュリティ	277438
2	Ericsson , Telefon AB LM	通信機器	117156
3	Volvo AB	バス・トラック	94625
4	H & M (Hennes & Mauritz AB)	アパレル	93351
5	Electrolux, AB	家電	60038
6	Skanska AB	ゼネコン	57866
7	Sandvik AB	工作機械・重機	47328
8	SKF, AB	ベアリング	46509
9	Assa Abloy AB	鍵・セキュリティ	44269
10	SCA, Svenska Cellulosa AB	製紙・パルプ	44269
11	Atlas Copco AB	工作機械・重機	43645
12	PostNord AB	郵便	39305
13	Scania AB	バス・トラック	37534
14	Autoliv AB	自動車部品(シートベルト,エアバッグ)	36075
15	Nordstjernan AB	投資(ベンチャーキャピタル)	36065
16	Vattenfall AB	水道	30181
17	Nordea Bank AB	金融	29575
18	TeliaSonera AB	電信サービス	24951
19	Transcom Worldwide AB	コンサルタント	24391
20	Volvo Car Group	乗用車	24139

出所：Nordens största företag (Largest Companies) (http://www.largestcompanies.se/)を基に作成。

表2　スウェーデン企業ランキング (2014年)

表2-2　売り上げ別ランキング

順位	売　上(2014)		
	企業名	業種	売上(10億SEK)
1	Volvo AB	バス・トラック	282.948
2	Ericsson , Telefon AB LM	通信機器	227.983
3	Vattenfall AB	水道	165.945
4	H & M (Hennes & Mauritz AB)	アパレル	151.419
5	Skanska AB	ゼネコン	143.325
6	Volvo Car Group	乗用車	129.959
7	Electrolux, AB	家電	112.143
8	SCA, Svenska Cellulosa AB	製紙・パルプ	104.054
9	TeliaSonera AB	電信サービス	101.06
10	Nordea Bank AB	金融	97.282
11	Atlas Copco AB	工作機械・重機	93.721
12	Scania AB	バス・トラック	92.051
13	Sandvik AB	工作機械・重機	88.821
14	ICA Gruppen AB	小売・流通	87.174
15	Preem AB	石油精製	84.438
16	Sony Mobile Communications AB	通信機器	77.332
17	SKF, AB	ベアリング	70.975
18	Securitas AB	セキュリティ	70.217
19	Nordstjernan AB	投資(ベンチャーキャピタル)	67.521
20	Axel Johnson Holding AB	財閥	66.528

出所：Nordens största företag (Largest Companies) (http://www.largestcompanies.se/)を基に作成。

しかしながら、依然として従業員数五〇〇人以上の大企業で働いている労働者が全労働者の半数を占めているのが現状である。表2は直近二〇一四年のスウェーデンの大企業の上位二〇社を「雇用者数別」、「売上別」、「経常利益別」でまとめたものである。表2-1の雇用者数別ランキングは、スウェーデン国内での雇用者数(従業員数)のランキングである。上位一〇社の内、七社が製造業の企業である。上位二〇社の中には、製造業が一二社、サービス業が五社、金融業は二社のみである。表2-2の売上数別ランキングの上位一〇社の内、六社が製造業の企業である。上位二〇社の中には、製造業が一一社、サービス業が三社、金融業は二社のみである。雇用者別ランキングと売上別ランキングではランキングの順位は異なるものの、一六社が雇用者別ランキング及び売上別ランキングの上位二〇社に名を連ねている。表2-3は経常利益を基準に順位付けを行ったものである。表2-3が示すように、上位一〇社の内、九社が金融関連の会社で、唯一金融関連以外の業種で上位一〇社に入っているのが、アパレルのH&M(Hennes & Mauritz AB)である。上位二〇社の内訳は、金融関連業種が一三社、製造業が四社、サービス業が二社、である。さらに、経常利

表2-3　経常利益別ランキング

順位	経常利益(2014)		
	企業名	業種	経常利益(10億SEK)
1	Alecta pensionsförsäkring	年金信託	87.6
2	Investor AB	投資(ベンチャーキャピタル) Wallenberg	50.3
3	AMF Pension	年金運用	50.2
4	Nordea Bank AB	金融	41.1
5	Livförsäkringsbolaget Skandia	年金信託	28.9
6	Gamla Livförsäkrings AB SEB Trygg Liv	生命保険	26.3
7	H & M (Hennes & Mauritz AB)	アパレル	25.9
8	SE Banken AB	金融	23.3
9	Swedbank AB	金融	21.0
10	Investment AB Kinnevik	投資(ベンチャーキャピタル)	20.9
11	TeliaSonera AB	電信サービス	20.1
12	Handelsbanken	金融	19.2
13	Atlas Copco AB	工作機械・重機	16.1
14	Ericsson , Telefon AB LM	通信機器	15.8
15	Folksam Ömsesidig Livförsäkring	生命保険	14.8
16	KPA Pensionsförsäkring AB	年金運用	14.0
17	AstraZeneca AB	医薬品	13.2
18	SCA, Svenska Cellulosa AB	製紙・パルプ	9.5
19	Assa Abloy AB	鍵・セキュリティ	8.7
20	Melker Schörling AB	投資(ベンチャーキャピタル)	8.7

出所：Nordens största företag(Largest Companies)(http://www.largestcompanies.se/)を基に作成。

表3　スウェーデン企業の組織形態（2002年 - 2012年）

企業の組織形態	2002		2003		2004		2005		2006		2007		2008		2009		2010		2011		2012	
	企業数	シェア(%)	企業数	シェア(%)	企業数	シェア(%)	企業数	シェア(%)	企業数	シェア(%)	企業数	シェア(%)	企業数	シェア(%)	企業数	シェア(%)	企業数	シェア(%)	企業数	シェア(%)	企業数	シェア(%)
個人経営企業	469568	55.74	478265	55.84	486866	55.95	509215	56.57	519963	56.67	538101	56.89	548922	56.85	552504	56.56	557347	57.06	635084	56.67	631898	55.57
株式会社	237859	28.24	242485	28.31	247272	28.42	253557	28.17	259998	28.34	270086	28.56	281417	29.14	289385	29.63	295311	30.23	335863	29.97	356331	31.34
無制限責任会社	74522	8.85	74216	8.66	73681	8.47	73703	8.19	72550	3.06	71627	7.57	68456	7.09	67078	6.87	60095	6.15	64808	5.78	62055	5.46
協同組合	18326	2.18	18859	2.20	19401	2.23	19962	2.22	20567	2.24	21106	2.23	6631	0.69	6864	0.70	24596	2.52	24193	2.16	21823	1.92
任意団体	26616	3.16	26891	3.14	27194	3.13	27484	3.05	28047	3.06	28152	2.98	28342	2.94	28600	2.93	24600	2.52	39748	3.55	39927	3.51
その他	15467	1.84	15801	1.84	15775	1.81	16230	1.80	16443	1.79	16729	1.77	31821	3.30	32359	3.31	14841	1.52	21006	1.87	24994	2.20
合計	842358	100.00	856517	100.00	870189	100.00	900151	100.00	917568	100.00	945801	100.00	965589	100.00	976790	100.00	976790	100.00	1120702	100.00	1137028	100.0

出所：SCB（1980 - 2014）を基に作成。

表4　スウェーデンの新規企業数（2012年）

産業	2006		2007		2008		2009		2010		2011		2012	
	企業数	シェア(%)	企業数	シェア(%)	企業数	シェア(%)	企業数	シェア(%)	企業数	シェア(%)	企業数	シェア(%)	企業数	シェア(%)
非サービス産業	7578	17.1	11269	19.3	11261	19.5	10568	17.7	12618	18.1	13101	17.8	11547	16.7
農業・漁業・林業		0.0	1995	3.4	1733	3.0	1313	2.2	1582	2.3	1778	2.4	1635	2.4
製造業	2511	5.7	3012	5.1	3253	5.6	2514	4.2	2948	4.2	3233	4.4	2949	4.3
建設	5067	11.4	6262	10.7	6275	10.9	6741	11.3	8088	11.6	8090	11.0	6963	10.1
サービス貿易産業	36808	82.9	47258	80.7	46540	80.5	49029	82.3	57237	81.9	60608	82.2	57669	83.3
小売・ホテル・レストラン	9098	20.5	10625	18.2	10880	18.8	11487	19.3	12769	18.3	13990	19.0	13084	18.9
運輸・通信	1518	3.4	1999	3.4	1818	3.1	2688	4.5	3369	4.8	3805	5.2	3385	4.9
金融・コンサルタント	15391	34.7	21065	36.0	20769	35.9	21326	35.8	25418	36.4	26355	35.8	24920	36.0
教育・医療・介護	10801	24.3	13569	23.2	13073	22.6	13528	22.7	15681	22.4	16458	22.3	16280	23.5
合計	44386	100.0	58527	100.0	57801	100.0	59597	100.0	69855	100.0	73709	100.0	69216	100.0

出所：Skatteverket（2014）より転記。

益上位二〇社の内、雇用者数別ランキング或いは売上別ランキングの上位二〇社に入っている企業は、六社のみである。つまり、金融関連の企業がいかに高い利益を挙げているのかを表2-3は示している。

次に、スウェーデン企業の組織形態について概観する。表3は二〇〇二年度から二〇一二年度で、スウェーデンの企業がどのような組織形態をとっていたのかをまとめたものである。表3から明らかなように、個人経営企業が全企業の約五五%、株式会社が全体の約三〇%を占めている。つまり、スウェーデンの全企業の八五%は個人経営企業と株式会社で占められている。また、個人経営企業も株式会社も、二〇〇二年以降、増加し続けていることを表3は示している。

表4は二〇〇六年度から二〇一二年度までに新規に起業・創業したスウェーデン企業を業種別に分類したものである。表4から明らかなように、二〇〇六年以降、サービス産業に関する起業・創業が新規企業の八割以上を占めている。その中でも特に多いのが、金

融・コンサルタントに関する起業と、教育・医療・介護に関する起業で、両者で全体の約六割を占めている。また、実数ベースでは金融・コンサルタントや教育・医療・介護分野と比べて多くないものの、二〇〇六年からの増加率でみたときに運輸・通信分野が二〇〇六年の一五一八社から二〇一二年の三三八五社へと約二・二倍増加している。二〇一二年に関しては、新規企業の三五％が株式会社、六％が無限責任会社、五九％が個人経営企業であった。二〇一〇年以降、新規の株式会社が増加し続けている背景として、二〇一〇年四月に株式会社設立に必要な最低資本金額が一〇万ＳＥＫから五万ＳＥＫに引き下げられたことが大きく影響している（Tillväxtanalys, 2014）。

三．スウェーデンの法人税と税収構造

第二節ではスウェーデンの産業構造及びスウェーデン企業の特徴を概観した。本節では、スウェーデンの税収構造とスウェーデン企業の納税状況について検証する。特に、企業所得に対する課税である法人税に焦点を絞り考察を行う。

(一)スウェーデンの税収構造

国家の税収の大きな柱は、個人所得に対する課税、企業所得に対する課税、消費に関する課税、資産・財産に関する課税、からの税収の四つである。図2-1と図2-2はＯＥＣＤ諸国の総税収に占める個人所得税と法人所得税の割合の推移を示している。図2-1と図2-2から明らかなように、スウェーデンでは個人所得税の総税収に占める割合は、一九六五年以降二〇一三年までＯＥＣＤ諸国の平均を大幅に上回る水準で推移していた。特に一九六〇年代は総税収の約五〇％が個人所得からの税収であった。しかしその

図2-1　総税収に占める個人所得税収の推移

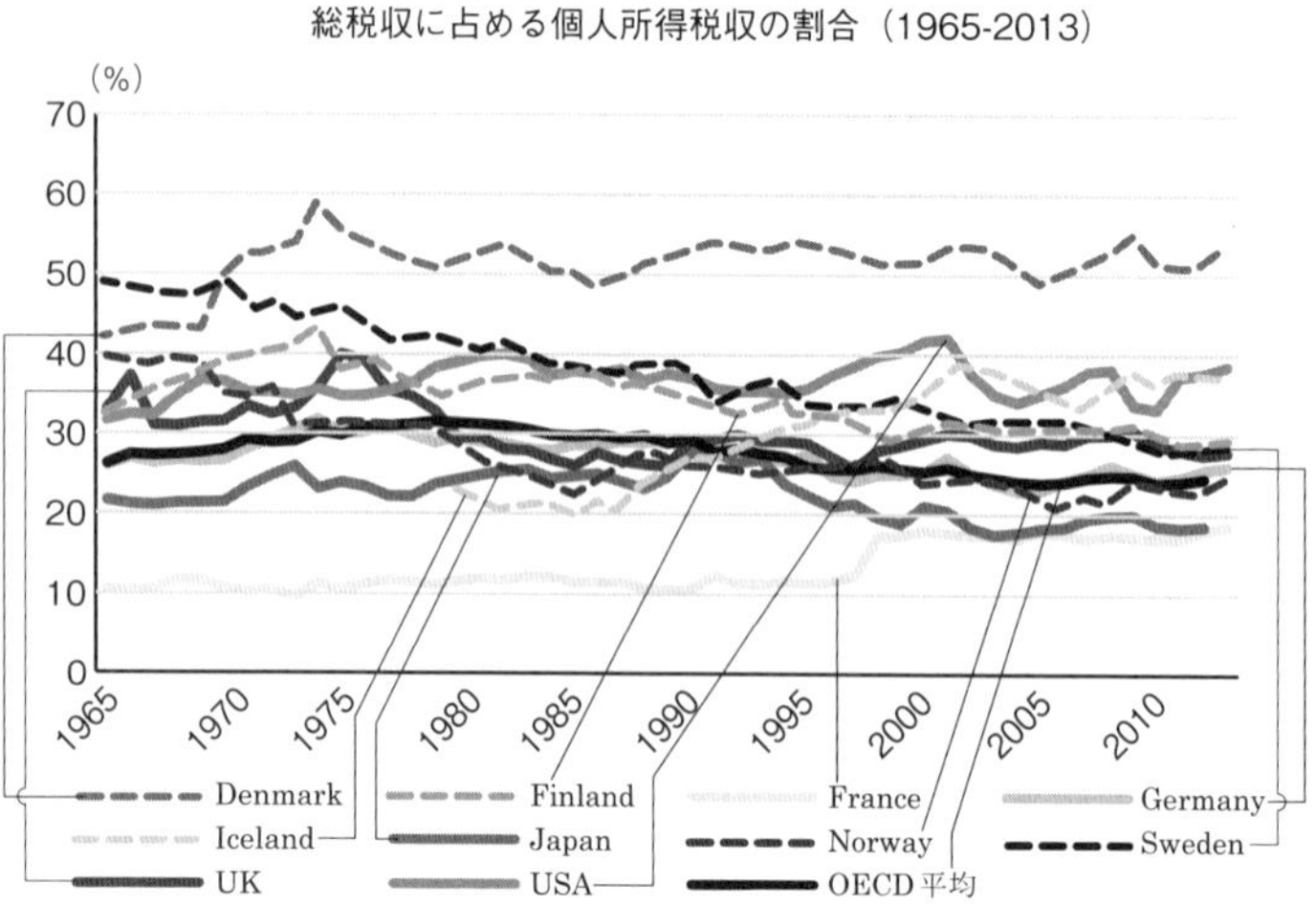

出所：OECD. Statのデータをもとに作成。

図2-2　総税収に占める法人所得税収の推移

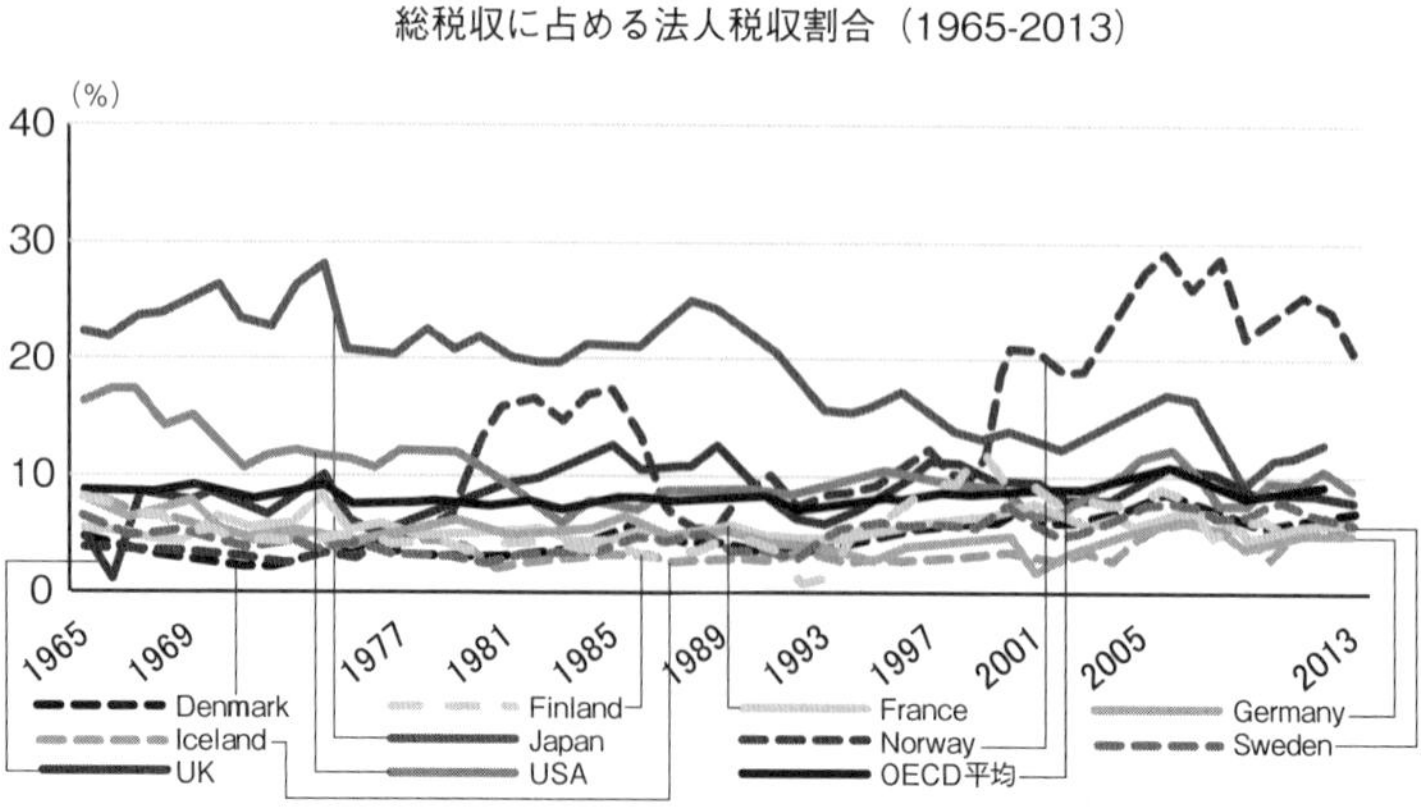

出所：OECD. Statのデータをもとに作成。

図3-1　個人所得税収の税収規模

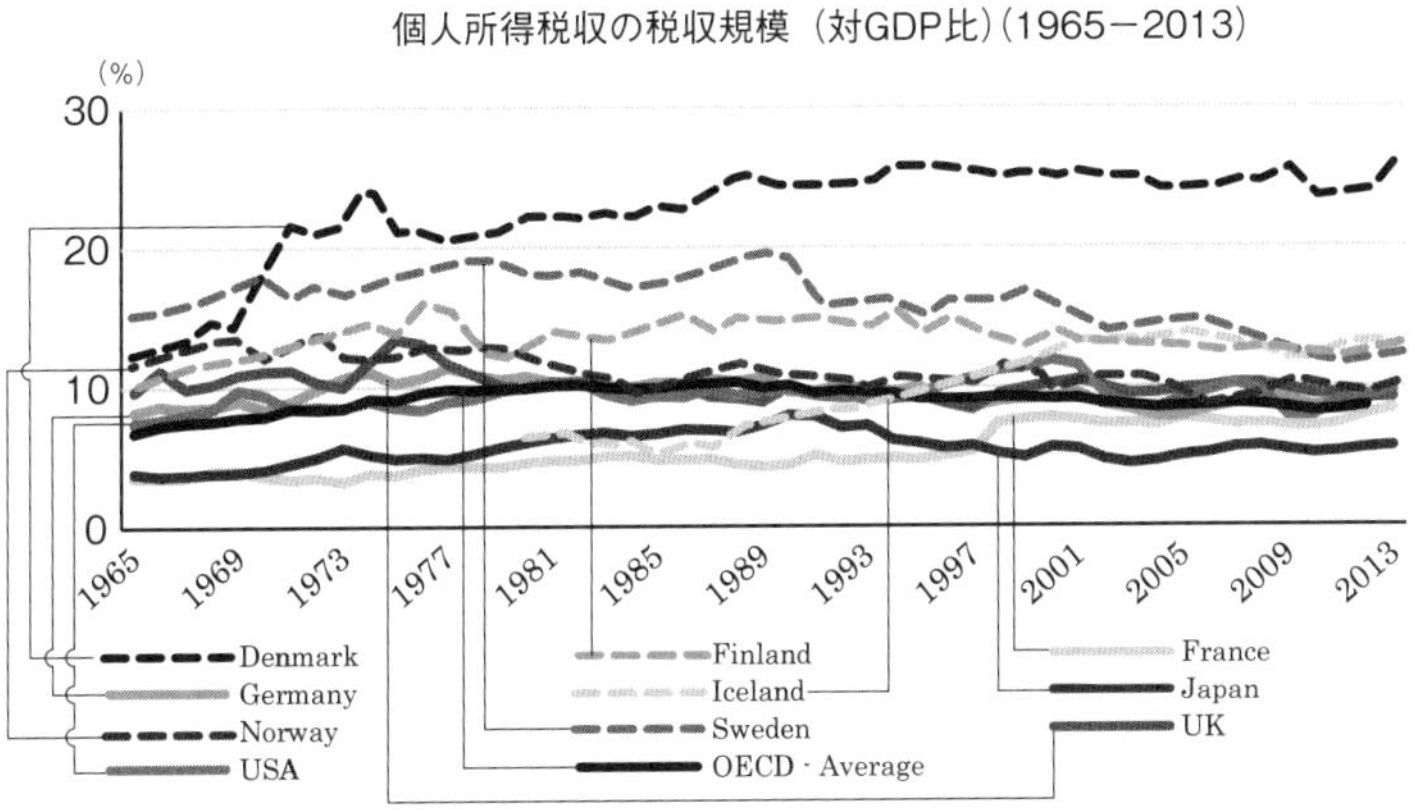

出所：OECD. Statのデータをもとに作成。

図3-2　法人所得税収の税収規模

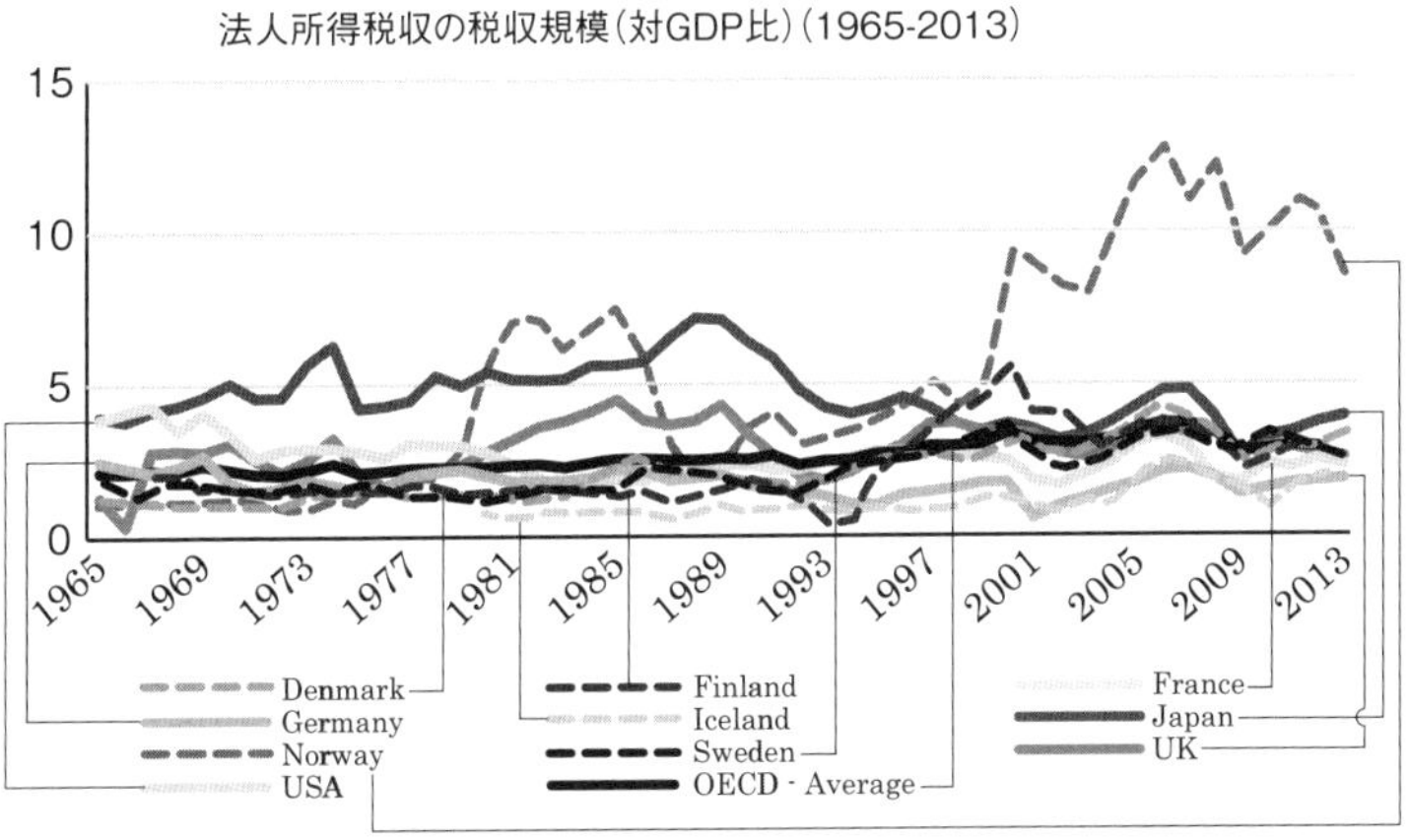

出所：OECD. Statのデータをもとに作成。

割合は一貫して低下し続けている。一方、法人税収については、総税収に占める法人税収の割合は一九六五年以降、五％未満の水準で安定的に推移している。図2-1と図2-2から明らかなことは、スウェーデンでは一九六五年から二〇一三年の期間で法人所得よりも個人所得からの税収割合が高いということ、しかし個人所得課税からの税収割合は一貫して低下傾向にあるということ、である。日本については、一九六五年から二〇一三年の期間で他のOECD諸国と比較して総税収に占める法人所得課税からの税収割合が高いが、その割合は減少傾向にある。一九九〇年代半ば以降、日本の総税収に占める法人所得課税収入は個人所得課税収入よりも小さいものとなっている。

図3-1と図3-2は一九六五年から二〇一三年までのOECD諸国の個人所得税収及び法人所得税収の規模（対GDP比）の推移を表したものである。スウェーデンの法人所得税収の規模は一九六五年以降、緩やかな増加傾向にあるものの、概ねOECD諸国の平均を下回る水準で推移している。一方、日本の法人所得税収の規模はバブル経済が崩壊する一九九〇年代半ばごろまではOECD諸国の平均の約二倍の規模で推移していた。その後、バブル経済後の景気低迷に伴い法人所得税収の規模は減少し続けている。しかしそれでもOECD諸国の平均を上回る規模である。二〇〇〇年以降では、スウェーデンと日本の法人所得課税の規模（対GDP比）は三％から四％の水準で推移し、両国間で大きな差は存在しない。一方、個人所得からの税収規模に関しては、スウェーデンはOECD諸国の平均を大幅に上回る水準で推移してきた。一九九〇年代初頭には、スウェーデンの個人所得税収はOECD諸国平均の二倍以上の税収規模の水準であった。それに対して日本の個人所得税収の規模は、一九六五年以降、OECD諸国平均の約六割の水準で推移してきた。図3-1と図3-2から明らかなことは、一九九〇年代初頭までスウェーデンでは法人所

図4 法人税率の推移

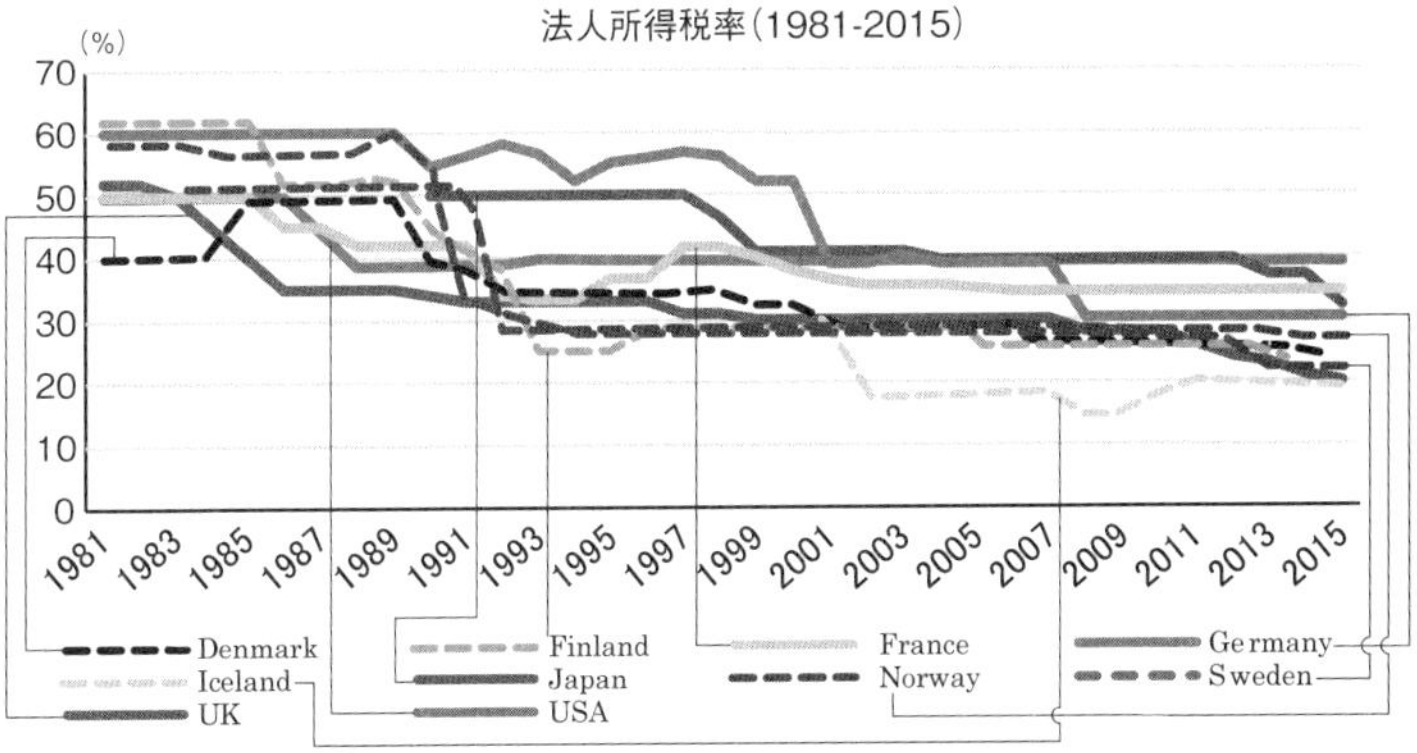

出所：OECD. Statのデータをもとに作成。

得からの税収規模は個人所得からの税収規模の一割未満の水準であったが、その後、個人所得税の軽減によりその比率は上昇している。それでも二〇一三年時点で、法人所得からの税収規模は個人所得からの税収規模の二割程度である。一方、日本はバブル経済が崩壊する一九九〇年代初頭までは法人所得からの税収規模と個人所得からの税収規模はほぼ同じ水準で推移してきた。その後、法人所得の減少によりその比率は減少しているものの法人所得税収の規模は二〇一三年で個人所得税収の七割程度であった。つまり、スウェーデンでは個人所得に対する課税と比較して法人所得に対する課税は低いということがいえる。

これまで総税収という観点から、スウェーデンの法人税収の規模について概観してきたが、次に法人所得に関する課税の重さ、つまり、法人税率そのものについて考察を加える。図4はOECD諸国の中央政府及び地方政府に支払う法人税を合わせた法人税率の推移を表している。一九八〇年代末まではスウェーデンに限らず北欧諸国は五〇％を越える法人税率を設定していた。しかしスウェーデンでは一九九〇年から一九九一年にかけて「世紀の税制改革」が断行され、法人税の大幅な引き下げが行われた。この税制改革では、法人所得及び個人所得に関する大幅な減税と税体系の簡素化が行われた。その後もスウェーデンの法人税率は引き下げられ続けている。スウェーデンの法人税率は一九八九年に六〇・一％であったが、一九九〇年には五三％、一九九二年には三〇％、一九九四年には二八％、二〇〇九年には二六％、二〇一三年には二二％へと引き下げられ、二〇一五年現在も二二％の水準である。一方、日本の法人税率は一九九〇年に約五〇％であったが、二〇〇〇年に約四〇％へと引き下げられ、二〇一五年には三二％にまで引き下げられている。二〇一五年時点で日本の法人税率は他のＯＥＣＤ諸国と比較して決して高い水準ではないが、日本国内では依然として法人税率が高く、企業の国際競争力を削いでいるという議論がある。

以上みてきたように、スウェーデンは高負担国家ではあるが、一九九〇年以降は法人税率が低く、法人所得に関する課税に関しては、他のＯＥＣＤ諸国と比較して低い水準である。一方、個人所得に対する課税については、ＯＥＣＤ平均を大きく上回る水準である。つまり、スウェーデンは個人の税負担は他のＯＥＣＤ諸国と比べて重いものの、企業の税負担はＯＥＣＤ諸国の中でも最も軽い国のひとつである。

法人税収額は、法人所得と法人税率によって決まる。つまり、法人税率が低い水準であったとしても、利益を上げている企業が多数存在する場合には法人税収は大きなものとなる。必ずしも高い法人税率が大きな法人税収をもたらすわけではない。特に、企業が国家間を移動可能である場合には、高い法人税は企業の国外への移転を促すものとなってしまう。高い法人税率がかえって法人税収の減少をもたらすかもしれない。一九九〇年半以降、ヨーロッパ諸国では法人税の引き下げと課税ベースを拡大する方向で税体系の改革が行われてきた。図3-2と図4から明らかなように、スウェーデンでは一九九〇年以降法人税率を引き下げ続けているにも関わらず、スウェーデンの法人税収の対GDP比の規模は増加し続けている。つまり、法人税の引き下げと課税ベースを拡大によって、法人所得からの税収の増大を達成してきたのである。

(二)スウェーデンの法人税の特徴

スウェーデンでは一九九〇年から一九九一年にかけて、税制の大改革が断行された。基本原則は、「公平」「統一性」「簡素」「中立」であった。税制改革の結果、法人税については、大幅な引き下げと税制優遇制度などの様々な特別措置の廃止による課税ベースの拡大が図られた。税制改革の結果、法人税は五七%から三〇%まで引き下げられた。その後も、法人税率は段階的に引き下げられ、二〇一五年時点では二二%であることは先に記した通りである。

日本の法人税との対比で、スウェーデンの法人税の特徴的な点として、(i)法人税が国税のみで地方税(地方自治体に支払う法人税)や事業免許税は存在しない点、(ii)企業の損失は無期限に繰り越すことができる点、(iii)中小企業に対して、法人税率の軽減といった特別な優遇措置が存在しない点、を挙げることができる。但し、(i)については、株式会社である場合に限る。従業員がいない個人経営企業については、国税に加えて地方税を支払う義務がある。

表5は、二〇〇六年から二〇一二年にかけてスウェーデン企業が収めた税金の内訳をまとめたものである。表5から明らかなように、二〇一二年度の法人所得税収は八九五億SEK(約一兆三〇〇〇億円)[2]であった。また、スウェーデン企業が納める税金の六割から七割が法人所得に対する税金である。

表５　スウェーデンの企業からの税収構造

従業員数	2006 金額（10億SEK）	2006 シェア（%）	2007 金額（10億SEK）	2007 シェア（%）	2008 金額（10億SEK）	2008 シェア（%）	2009 金額（10億SEK）	2009 シェア（%）	2010 金額（10億SEK）	2010 シェア（%）	2011 金額（10億SEK）	2011 シェア（%）	2012 金額（10億SEK）	2012 シェア（%）
中央政府法人所得税	99.2	68.4	104.6	67.2	83	59.6	86.5	61.9	106.6	66.2	102.8	63.5	89.5	60.4
投資収益への課税	10.7	7.4	12.3	7.9	14.6	10.5	11.8	8.4	11.3	7.0	11.2	6.9	9.7	6.5
年金に関する課税	21.6	14.9	24.1	15.5	26.2	18.8	26.3	18.8	26.8	16.6	30.5	18.9	31.5	21.2
不動産関連の課税	11.8	8.1	12.6	8.1	13.5	9.7	13.4	9.6	14.4	8.9	15.3	9.5	15.6	10.5
付加価値税(消費税)	1.7	1.2	1.9	1.2	1.9	1.4	1.8	1.3	1.9	1.2	2	1.2	2	1.3
その他	0.1	0.1	0.2	0.1	0	0.0	0	0.0	0	0.0	0	0.0	0	0.0
合計	145.1	100.0	155.7	100.0	139.2	100.0	139.8	100.0	161	100.0	161.8	100.0	148.3	100.0

出所：Skatteverket(2014)の表を加筆・修正して転記。

表6　スウェーデンの株式会社の黒字・赤字企業の状況（黒字額・累積損失規模別）(2012年)

黒字企業 黒字額（SEK）	企業数	シェア（%）	合計課税所得額（100万SEK）	シェア（%）	赤字企業 累積損失額（SEK）	企業数	シェア（%）	合計累積損失額（100万SEK）	シェア（%）
1- 10000	27593	12.1	91	0.0	1- 1000	27712	16.1	101	0.0
10000-100000	63944	28.1	3005	0.8	1000-100000	52350	30.4	2257	0.4
100000-100万	103864	45.7	37203	9.5	100000-100万	64268	37.3	23213	4.4
100万- 500万	25452	11.2	52574	13.4	100万- 500万	19357	11.2	41704	8.0
500万 - 1000万	3498	1.5	24266	6.2	500万 - 1000万	3526	2.0	24699	4.7
1000万-5000万	2480	1.1	48328	12.3	1000万-5000万	3652	2.1	76890	14.7
5000万-1億	240	0.1	16482	4.2	5000万-1億	608	0.4	42907	8.2
1億-10億	260	0.1	65788	16.8	1億-10億	615	0.4	155541	29.7
10億-	35	0.0	144474	36.8	10億-	41	0.0	155679	29.8
合計	227366	100.0	392211	100.0	合計	172129	100.0	522991	100.0

出所：Skatteverket（2014）の表を加筆・修正して転記。

次に、スウェーデンのおける黒字企業及び赤字企業の状況について概観する。表6は二〇一二年度のスウェーデンの株式会社計四一万三〇六七社の内、法人所得ゼロの企業一万六七六八社を除いた三九万六二九九社を、所得、損失の大きさ別にまとめたものである。法人所得税を納めている黒字企業は株式会社全体の五五%、法人所得税を納めていない赤字企業が株式会社全体の四一%であった。また、黒字額が五〇〇〇万SEK（約七二五〇万円）以上の企業数は黒字株式会社全体の約二・八%であるが、この約二・八%の企業が課税法人所得の七六%以上を稼ぎ出していることを表6は示している。つまり、一部の大企業が法人所得税収の多くの部分を担っているということで

表7　スウェーデンの株式会社の黒字・赤字企業の状況（産業別）（2012年）

産業	黒字企業				赤字企業			
	企業数	企業数シェア（%）	黒字総額（100万SEK）	黒字額シェア（%）	企業数	企業数シェア（%）	累積損失総額（100万SEK）	累積損失額シェア（%）
農業・漁業・林業	4612	1.66	6110	1.56	2923	1.70	3686	0.70
鉱業	273	0.10	12763	3.25	199	0.12	3229	0.62
製造業	15083	5.44	64257	16.38	9370	5.44	55880	10.68
電気・水道・ガス	801	0.29	8861	2.26	643	0.37	5102	0.98
建設業	26005	9.38	18643	4.75	10915	6.34	8044	1.54
小売業	33892	12.22	61650	15.72	26243	15.25	48404	9.26
運輸	9522	3.43	5989	1.53	5305	3.08	14871	2.84
ホテル・レストラン	6439	2.32	3565	0.91	6064	3.52	5634	1.08
IT	13157	4.74	19776	5.04	899	0.52	27320	5.22
金融・保険	7464	2.69	89749	22.88	8283	4.81	57256	10.95
不動産	18088	6.52	17616	4.49	14301	8.31	42050	8.04
法律　コンサルタント	48027	17.32	53231	13.57	28417	16.51	166515	31.84
その他	94003	33.89	30002	7.65	58567	34.03	84999	16.25
合計	277366	100.00	392212	100.00	172129	100.00	522990	100.00

出所:Skatteverket（2014）の表を加筆・修正して転記。

ある。従って、これらの大企業がスウェーデン国内から他国へ移動（移転）してしまう場合には、法人所得税収が大きく落ち込んでしまう。特に近隣であるヨーロッパ諸国と比較して、スウェーデンの法人所得税率があまりに高水準であると、スウェーデンの大企業は他のヨーロッパ諸国へと移転してしまう可能性が高まる。そのこともあって一九九〇年以降スウェーデンの法人税率は他のヨーロッパ諸国よりも常に低い水準に維持されてきたことは図４で概観通りである。

表７は業種別に表６を整理し直したものである。表７から明らかなように、黒字総額が最も多いのが金融・保険の業種企業で、株式会社全体の黒字額の二割強を実現している。その上、その企業数は黒字を実現している全体の二・六九％に過ぎない。つまり、金融・保険業の一社あたりの黒字額が他の業種と比較して非常に大きいということである。二番目に黒字総額が多いのは製造業である。製造業の企業数は金融・保険の約二倍で、黒字額は金融・保険の約七割である。つまり、製造業の一社あたり平均黒字額は金融・保険の平均黒字額の約三五％に過ぎない。三番目に黒字総額が多いのは小売業である。小売業の企業数は金融・保険の約四・五倍、黒字額は金融・保険の約七割、つまり小売業一社あたり平均黒字額は金融・保険の平均黒字額の約一五％である。一社あたりの

表8　スウェーデンの個人経営企業の黒字・赤字企業の状況（黒字額・累積損失規模別）（2012年）

黒字個人経営企業					赤字個人経営企業				
黒字額（SEK）	企業数	シェア（%）	合計課税所得額（100万SEK）	シェア（%）	累積損失額（SEK）	企業数	シェア（%）	合計累積損失額（100万SEK）	シェア（%）
1－1万	82218	22.7	258	0.6	1－1万	70585	23.7	279	0.4
1万－5万	85956	23.7	2289	5.4	1万－5万	91553	30.7	2387	3.4
5万－10万	52724	14.6	3863	9.1	5万－10万	44861	15.1	3225	4.6
10万－15万	36347	10.0	4477	10.6	10万－15万	24225	8.1	2982	4.2
15万－20万	27397	7.6	4769	11.3	15万－20万	15548	5.2	2695	3.8
20万－25万	22267	6.1	4982	11.8	20万－25万	10675	3.6	2388	3.4
25万－30万	16732	4.6	4579	10.8	25万－30万	7584	2.5	2074	2.9
30万－	38515	10.6	17097	40.4	30万－	32879	11.0	54308	77.2
合計	362156	100.0	42314	100.0	合計	297910	100.0	70338	100.0

出所：Skatteverket(2014)の表を加筆・修正して転記。

平均黒字額が最も大きいのは鉱業であり、金融・保険の平均黒字額の四倍である。しかし鉱業の黒字総額は株式会社全体の黒字額の約三%に過ぎない。

累積赤字額については、法律・コンサルタント業が最も多く、全累積赤字総額の約三割を占めている。また黒字総額が大きかった金融・保険、製造業、小売業は、同時に損失計上している企業も多数存在していることを表7は示している。金融・保険、製造業、小売業の累積赤字総額は全体の約一割である。

以上をまとめると、一社平均の黒字額が最も大きいのが鉱業、次いで、金融・保険、三番目に電気・水道・ガス、である。また、黒字額総額については、金融・保険、製造業、小売量の順番となっている。これらの業種の内で、スウェーデン国外への移転が比較的容易なのが、金融・保険業、ついで製造業であろう。つまり、法人所得課税については、法人所得税収の確保という観点からは、これらの業種へのインパクトを最も考慮する必要があるだろう。

表8は二〇一二年度のスウェーデンの個人経営企業を、所得、損失の大きさ別にまとめたものである。法人所得税を納めている黒字個人経営企業は個人経営企業全体の五五%、法人所得税を納めていない赤字個人

経営企業は個人経営企業全体の四五％であった。株式会社の黒字・赤字についてまとめた表6と比較すると、個人経営企業は株式会社に比べて、赤字に陥っている企業の割合が高いことがわかる。また、個人経営企業については黒字に関しても赤字に関しても、ある程度均一に黒字額及び累積損失額が分布していることを表8は示している。個人経営企業及び株式会社に共通する点として、黒字総額よりも累積赤字総額の方が大きいことがある。但し、個人経営企業の方が株式会社よりも黒字額に比した累積赤字額の割合が高い。

四．おわりに

スウェーデンでは一九九〇年から一九九一年にかけて、「世紀の税制改革」が断行された。基本原則は、「公平」「統一性」「簡素」「中立」であった。税制改革の結果、法人税については、大幅な引き下げと税制優遇制度などの様々な特別措置の廃止による課税ベースの拡大が図られた。一九八〇年代末まではスウェーデンの法人税率は五〇％を越える水準であったが、一九九一年の税制改革以降、法人税率を引き下げ続けている。一九八九年に六〇・一％であった法人税率は、一九九〇年に五三％、一九九一年に三〇％、一九九四年に二八％、二〇〇九年に二六％、二〇一三年に二二％へと引き下げられ、二〇一五年に至っている。スウェーデンは高負担国家であるにもかかわらず、法人税に関しては、一九九〇年以降、他のOECD諸国、特にヨーロッパ諸国の中でも低い水準に法人税率が設定されてきた。しかし、法人税率を低く設定した結果、法人税収入が減少したわけではない。一九九〇年以降、法人税率を引き下げ続けているにも関わらず、スウェーデンの法人税収の対GDP比の規模は増加し続けている。つまり、法人税の引き下げと課税ベースの拡大によって、法人所得からの税収の増大が達成されたのである。

法人税収の内訳をみると、約三%の企業が課税法人所得の八割弱を稼ぎ出している。つまり、一部の大企業が法人所得に関する納税額の多くの部分を担っているということである。これらの黒字大企業がスウェーデン国外へ移転してしまわないように、一九九〇年以降スウェーデンでは法人税率を他の国、特に近隣のヨーロッパ諸国よりも低い水準に維持してきた。それが成功していることは、法人税収の対GDP比の規模が増加し続けていることからも明らかである。

最後に本章では詳細な考察を加えなかったが、労働コストに含まれる企業負担の社会保険料も企業の立地選択に大きな影響を及ぼす。スウェーデンにおいては特に、企業が労働者に支払った給与総額に対して課せられる給与税(Payroll Tax)の負担が企業にとっては非常に大きい。OECDによれば、二〇一二年にスウェーデン企業が納めた給与税(Payroll Tax)の規模は、GDP比で四・四%、総税収額の一〇・三%であった。二〇一二年の納税された法人所得税の規模が、GDP比で二・六%、総税収の六・一%であったことと比較すると、いかに給与税(Payroll Tax)の負担が企業にとって大きい負担であるのかは明らかである。ここで注意しなくてはならないのは、法人税が企業の利益に対して課されるのに対して、給与税(Payroll Tax)は従業員に支払った給与総額に対して課されるという点である。言い換えると、法人税は赤字企業には納税義務がないのに対して、給与税(Payroll Tax)はすべての企業に納税義務がある。給与税(Payroll Tax)が高い一つの理由として、約九割以上のスウェーデン企業が従業員数五人未満の小企業であるため、課税所得の過少申告等のモラル・ハザードが起こりやすく、その結果、課税所得の捕捉率が本来あるべきものより少なくなってしまうことがある。法人税のみに注目すると、スウェーデンの企業負担は他の諸国に比べて小さいような印象を受けるが、給与税（Payroll Tax）を加味すると企業の負担は決して小さいものではない。実際、スウェーデン国内では企業の競争力を高めるために給与税（Payroll Tax）を引き下げるべきであるという議論がある。

以上見てきたように、スウェーデンは一九九〇年以降、法人税率を他のヨーロッパ諸国よりも低い水準に維持し、スウェーデン企業がスウェーデン国内に留まるインセンティブを高めてきた。また、課税ベースを拡大することによって、法人税率引き下げ後も法人所得税収の増加を実現してきた。しかし、一方で、スウェーデンにおける個人所得に対する課税水準、消費に関する課税水準はヨーロッパ諸国の中でも最も高い国の一つである。今後スウェーデンにおいて少子高齢化がさらに進展することが予想されるなかで、現状の社会福祉サービスの水準を維持するためには更なる財源の確保が必要となる。既に課税水準が非常に高い個人所得及び消費に対してさらに課税することは困難である。そうなると、スウェーデン企業を国内に留まらせ、且つ税収増を達成させるような法人税体系の変更・修正が「スウェーデン・モデル」の持続可能性のカギとなる。今後、スウェーデンがどのように法人税体系を変更・修正していくのかに注目したい。

註

（1）「金融・保険」の業種が生み出す付加価値に関するデータが「Statistisk årsbok för Sverige」（SCB）には存在しなかったため、図1-3及び図1-4は「金融・保険」を除いた付加価値ベースの産業構造である。

（2）以下すべて、1スウェーデンクローナを一四・五円で換算（1SEK＝/14.5）して表記してある。

参考文献

IMD (International Institute of Management Development), World Competitive Center (WCC), (http://www.imd.org/wcc/news-wcy-ranking/).

OECD, OECD.Stat (http://stats.oecd.org/index.aspx?r=389699).

SCB (Statistiska Centralbyrån), 1980-2014, *Statistisk årsbok för Sverige*.

Skatteverket, 2014, Skatter i Sverige – *Skattestatistisk årsbok 2014* (http://www.skatteverket.se/download/18.3f4496fd14864cc5ac9cf58/1418913620973/skatter-i-sverige-skattestatistisk-arsbok-skv152-utgava17.pdf).

Tillväxtanalys, 2014, *Nyföretagandet i Sverige 2012*, Statistik 2014:01 (http://www.tillvaxtanalys.se/download/18.789713ef143fc8101b2385/1392036851936/Statistik_2014_01.pdf).

第九章　スウェーデンの安全保障政策の展開
――単独主義、国際主義、地域主義の相克――

吉武信彦

一・「平和国家」スウェーデン

(一)「戦後二〇〇年」の国

スウェーデンは一九世紀初めのナポレオン戦争終結以来、自ら戦争を起こさず、また国外の戦争に直接参加することもなかった。とくに、二〇世紀には第一次世界大戦、第二次世界大戦という大戦争がヨーロッパを起点として勃発したにもかかわらず、スウェーデンはこれらの戦争に直接巻き込まれるのを免れ、「戦時中立」を維持した。また、第二次世界大戦後の冷戦期には、スウェーデン政府は「非同盟中立政策」(本章では「中立政策」のかわりにこの用語で統一する)を展開し、東西両陣営の軍事同盟に加わることもなかった。その結果、スウェーデンは現在まで二〇〇年間にわたり戦争をしていない。まさに「戦後二〇〇年」の国と呼ぶこともできよう。今日まで、世界中で戦争が絶えることがなかった国際政治の現実を考えるならば、これは歴史上、稀有な経験とみることができる。日本では、とくに第二次世界大戦後、スウェーデンは「平和国家」としてたびたび注目を浴び、「平和国家」のイメージが定着している(吉武、2003a、第二章、第三章)。

以上のスウェーデン理解は間違っていないが、それが様々な歴史的文脈の中でなされた決断が積み重なった結果でしかないことも事実である。すなわち、一七、一八世紀にヨーロッパの強国としてヨーロッパ大陸やバルト海で覇権を競い、戦争に明け暮れたスウェーデンが、一九世紀以降、列強との歴然とした国力の差に直面し、戦争のたびに参加、不参加の損得勘定をした上で、不参加を決定したのであった。また、デンマーク、フィンランド、ノルウェーに囲まれ、列強との間に緩衝地帯をもつ有利な地理的位置も「非同盟中立政策」を選択することを可能にした。こうして次第に戦争への不参加に伴う政治的、経済的利益が政府のみならず、広く国民にも共有され、「非同盟中立政策」の伝統ができあがったのである。無論、以上の伝統は単なる偶然の産物ではない。多数のスウェーデン人が長い歴史の中で主体的に活動し、獲得してきたものである点も忘れてはならないであろう。

本章では、「平和国家」を生み出したスウェーデンの安全保障政策に焦点を当て、それが第二次世界大戦後の冷戦期にいかなる展開をしてきたのか、またグローバリゼーションの時代ともいわれる二一世紀の今日、いかに変化しているのかを紹介する。その変化の状況を踏まえた上で、スウェーデンの安全保障政策の理念の変化を明らかにし、今後の課題を考察したい。

(二) 安全保障政策の目的と手段

スウェーデンにとって安全保障政策の目的は、国家の自由と独立を保全することであり、独立国として社会を発展させる行動の自由を守ることである。その際、安全保障政策では二つの次元が想定される。第一の次元は国家的次元であり、スウェーデンに直接影響する軍事的脅威(たとえば、領土に対する軍事攻撃)に対抗することである。第二の次元は国際的な次元であり、他国と協力して国際的な平和促進・人道活動へ積極的に参加することである。この二つの次元を適度にバランスさせることで一国の安全は保障される。その点で、安全保障を達成するためには、主として国家的次元を満たす国防政策と国際的次元を満たす外交政策との相互作用が重要となる。

無論、国防政策と外交政策はきわめて密接な関係をもつものであり、明確に区分けすることが困難な場合も多い。たとえば、冷戦期にスウェーデン軍は国連平和維持活動(PKO)へ参加し、国際的活動も積極的に展開していた。また、冷戦終結後にはNATO(北太西洋条約機構)のような多国間軍事組織との協力にも参加している。このように、国家的次元を主とする国防政策においても、国際的次元を有する活動もある。そのため、国防政策と外交政策という二つの面を完全に分けて考えることは困難であり、本章ではこの両面の重なる部分を含めて安全保障政策を幅広くとらえる。

また、国防政策と外交政策は、そのアクターも扱う争点も活動の場も極めて多様であるため、本章ですべてを紹介することはできない。安全保障政策の基本的枠組みの変化、その理念の変化に焦点を絞り考察する。

二．冷戦期の安全保障政策の展開

(一) 冷戦期の国防政策

非同盟中立政策とは

第二次世界大戦後、冷戦と呼ばれる国際環境下で、スウェーデンは「非同盟中立政策」を安全保障政策の柱にした。その政策は「戦時の中立を目的とした、平時の非同盟」と定義されるものであった。すなわち、米ソをはじめとする大国間の戦争が起こった際にそれに巻き込まれないように、平時から軍事同盟に加わらないというものであった。実際に、ＮＡＴＯなどの軍事組織には一貫して加盟しなかった。この政策の前提になった基本認識は、スウェーデンが戦争に巻き込まれるとしても、それは東西両陣営の対峙するヨーロッパ大陸における大戦争の一環として巻き込まれるというものであった。そのため、できる限りヨーロッパ大陸の軍事組織から距離をおき、同時にスウェーデンを巻き込む恐れのある戦争に備える必要性があった。

全体防衛とは

以上の認識の下に、スウェーデンの国防政策は形成された。それは「全体防衛（totalförsvar）」と呼ばれるものであった。その特徴は、国防政策を総合的なものとして捉え、主に軍事防衛、民間防衛、経済防衛、心理防衛により国防力を強化しようと意図したことである。

軍事防衛は、陸海空の三軍による敵からの領土防衛である。三軍は徴兵制により支えられ、動員後の兵力は一九八〇年代には郷土防衛隊を含め約八五万人の体制を維持した。また、敵の侵略を事前に抑止し、実際に侵略が行なわれた場合にはそれを撃退するため、装備の近代化が図られた。三軍の装備は、「非同盟中立政策」の信頼性を高めるため、基本的に国産をめざした。空軍では国産戦闘機が次々と開発、配備された。一九五〇年代には核兵器を独自に開発、保有するか否かが国内で活発に議論されたが、国内で反対運動が高まり、一九六〇年に政府は公式的にはこれを断念した。一九六八年にはスウェーデンは核拡散防止条約（NPT）に署名している。しかし、政府は秘密裏に核兵器開発の研究を一九七二年まで継続していたことが後に明らかになっている[1]。

民間防衛は、戦時に国民の生命財産を守ることを目的とした。平時からシェルターが建設され、防火、医療などの訓練も行なわれた。経済防衛は、戦時の経済活動を維持するため、平時から戦略物資の備蓄を進め、戦時には統制経済を実施することを目的とした。実際に、石油その他の原材料、食糧の備蓄が行なわれ、主要農産物については自給が図られた。最後に、心理防衛は、平時から領土防衛に対する国民の意識を高め、戦時には抵抗の意志を維持させ、敵の情報操作を無効にすることを目的とした。

国防費の推移

この「全体防衛」を維持するため、国防費は高いレベルで推移した。一九六〇年代初めまで対ＧＮＰ比四%〜五%であった。この背景には、冷戦下において軍事力を増強する必要性があり、国防費は主に軍事的な研究開発と兵器購入に向けられた。一九六〇年代中葉以降、国防費は徐々に下がり、一九七〇年代には国防費凍結の影響もあり、対ＧＮＰ比三%にまで下がった。一九八〇年代には対ＧＮＰ比二%台後半で推移したが、それ以上の低下はみられなかった（表参照）。その理由としては、一九八〇年代前半に新冷戦により再び国際緊張が高まったことに加えて、政府が新型戦闘機ＪＡＳ三九グリーペンの開発を決定し、さらに一九八一年にソ連潜水艦がスウェーデン領海で座礁事件を起こして以来、対潜水艦戦を想定した兵

表　スウェーデン国防費の対GNP比

年	対ＧＮＰ比％
1975/76	3.1
1976/77	3.0
1977/78	3.1
1978/79	3.1
1979/80	3.1
1980/81	3.0
1981/82	3.0
1982/83	2.8
1983/84	2.7
1984/85	2.7
1985/86	2.6
1986/87	2.6
1987/88	2.5
1988/89	2.5
1989/90	2.5
1990/91	2.6
1991/92	2.3
1992	2.4
1993	2.5
1994	2.4
1995	2.3
1996	2.2
1997	2.1
1998	2.0
1999	2.0
2000	2.0
2001	1.8
2002	1.7
2003	1.7
2004	1.5
2005	1.5
2006	1.5
2007	1.4
2008	1.4
2009	1.2
2010	1.2
2011	1.3
2012	1.2
2013	1.2
2014	1.2

出所：スウェーデン軍ホームページ
<http://www.forsvarsmakten.se/>。
2013年以降は、ストックホルム国際平和研究所の軍事支出データベースを利用。
<http://www.sipri.org/research/armaments/milex/milex_database/>

器購入を強化したことがある。

(二)冷戦期の外交政策

次に、冷戦期のスウェーデンの外交政策の枠組みはいかなるものであろうか。これを考える場合にも、「非同盟中立政策」が重要な原則となった。とくに、「非同盟」という観点から、政治的、軍事的意味合いの強い組織に対して、スウェーデンは一貫して距離をおく政策をとった。すなわち、すでに触れたように、西側の軍事同盟、NATOに対して加盟することはありえなかった(なお、冷戦期にスウェーデン政府とNATO諸国との間で軍事情報の共有などの協力が行なわれていたことが現在では明らかになっている)。また、東側の軍事同盟、ワルシャワ条約機構に対しても、警戒感をもち、距離をおいたのである。

ヨーロッパ統合との関係

この「非同盟」は、冷戦期には西欧で始まったヨーロッパ統合の動きに対しても適用された。一九五二年に発足した欧州石炭鉄鋼共同体(ECSC)、さらに一九五八年に発足した欧州経済共同体(EEC)に対しても、スウェーデンは加盟の動きを示さなかった。国家のもつ主権を委譲する超国家的統合をめざす組織に対しては、経済的にも政治的に強い制約を受けることになりかねないとして警戒したのであった。さらに、ソ連がヨーロッパ統合をNATOの経済版として敵視していた状況では、スウェーデンとしてはかかわりを深めることは困難であった。かわりに、スウェーデンはオーストリア、スイスのような中立国とともに、一九六〇年に発足した欧州自由貿易連合(EFTA)に加盟した。EFTAは、ECSC、EECに入らなかったイギリスが主導した経済協力組織であり、工業製品の自由貿易をめざすという、緩やかな目的をもった組織であった。

しかし、その後、一九六一年、一九六七年にイギリスがＥＥＣに加盟申請を行なうという政策転換をしたために、他のＥＦＴＡ諸国は翻弄される。スウェーデンも一九六一年にはＥＥＣとの間で連合関係を模索し、一九六七年には「非同盟中立政策」と両立する参加を求めたが、イギリス自体の加盟申請がＥＣ（欧州共同体）側から拒否された結果、スウェーデンの動きも止まった。一九七〇年にＥＣの新規加盟問題が再開すると、一九七一年三月、スウェーデン政府（パルメ政権）はＥＣ加盟と「非同盟中立政策」が両立しないとの理由でＥＣ加盟の選択肢を完全に放棄している。一九七三年にはイギリス、デンマークなどのＥＣ加盟が実現した。スウェーデン政府は、ＥＣに加盟しない他のＥＦＴＡ諸国と同様に、ＥＣとの間に自由貿易協定を結び、最低限の経済関係を構築したのであった（五月女、第二章、第三章。吉武二〇〇八、一一三～一一八）。(2)

パルメ外交の展開

以上のように、スウェーデン政府は冷戦期に「非同盟中立政策」の旗印の下、自国の安全保障に直結し、制約をもたらしかねない両陣営の軍事同盟、組織に対して距離をおいてきた。しかし、スウェーデンは単に外国とかかわりをもたないという受動的な政策のみをとったのではなく、その「非同盟中立政策」の信頼性を高めるためにグローバルな次元で積極的な外交政策も展開したのであった。

この面では、第二次世界大戦後の歴代首相の中でもとくにパルメ首相（一九二七年～一九八六年。任期一九六九年～七六年、八二年～八六年）の果たした役割は大きい。首相就任前から、パルメは閣僚にもかかわらずベトナム戦争へのアメリカの関与を批判し、反戦デモにも参加していた。首相就任後も、その姿勢は変わらず、アメリカ人脱走兵や徴兵忌避者を人道的な理由から受け入れた。

さらに、パルメは第三世界との連帯にも積極的であり、途上国へのODA（政府開発援助）も増額した。一九七四年には、スウェーデンは国連の目標であるGNP比〇・七％のODA額をOECD（経済協力開発機構）加盟国で最初に達成している。その他、南アフリカにおけるアパルトヘイト（人種隔離政策）反対でもイニシアティブをとった。野党時代の一九八〇～八二年には、国連「軍縮と安全保障問題に関する独立委員会」（通称、パルメ委員会）の委員長に就任し、報告書『共通の安全保障』のとりまとめで力を発揮したのである。パルメは、世界の平和と発展のために貢献するスウェーデンというイメージを世界に印象づけることに成功した。

国連PKOへの協力

国連とのかかわりでは、スウェーデンはパルメ以前から積極的であった。とくに、国連PKOに対して、スウェーデンは多大な貢献をしている。スウェーデンは国連最初のPKOに位置づけられる一九四八年のパレスチナ休戦監視機構（UNTSO）以来、国連PKOに積極的にかかわってきた。一九五六年にはスエズ動乱が勃発したが、これに対してスウェーデン出身のハマーショルド第二代国連事務総長[3]は第一次国連緊急軍（UNEF Ⅰ）を組織させ、平和維持軍という形を国連PKOに定着させた。このPKO以来、スウェーデンは部隊を世界各地に派遣し、紛争地域の兵力引き離し、停戦監視などの活動を行なった。一九六四年には、スウェーデンは他の北欧諸国とともにPKO要員を常時待機させる北欧国連待機軍を発足させている。なお、国外のPKOに派遣される兵士は、志願兵制により選抜されたものであり、徴兵制に基づく兵士とは区別された。スウェーデン政府は、国連を中心に国外のPKOにこれまで一〇万人を超すスウェーデン人を派遣してきた。

三　冷戦終結後の安全保障政策の展開

(一)冷戦終結後の国防政策

国防政策の見直し

一九九〇年代以降、国際環境は大きく変化した。ヨーロッパにおいて冷戦は終結し、東西分断は終わった。そのため、大国間で大戦争の起こる可能性は低下した。しかし、その一方で旧ユーゴスラヴィア内戦にみられるように局地的な民族紛争が多発した。また、ロシアは軍事力を依然として残したまま多くの政治的、経済的問題を抱えており、不安定な状況にあったが、ヨーロッパと激しく敵対する存在ではなくなっていた。その結果、スウェーデンにとって周辺地域に不確実性はあるものの、自国に対する軍事攻撃の脅威は差し迫ったものではなくなった。

冷戦終結後の国際環境の変化が明確になったことを受けて、スウェーデン政府は一九九六年一二月に五年ぶりに「国防決定」を改定し、国防政策の見直しを行なった。この「一九九六年国防決定」(一九九七〜二〇〇一年対象)では、スウェーデンは「全体防衛」(軍事防衛と民間防衛の二部門に大きく分けられる)の方針を基本的に維持し、大戦争の一部としての軍事攻撃を抑止し、撃退するだけの能力を保持するが、同時に広義の安全保障概念に基づいてスウェーデンに対するあらゆる脅威(環境事故、テロリズム、難民などの非軍事的な脅威を含む)に常時対処できるように軍を再編し始めた。また、国際的な平和促進・人道活動への貢献も強化された。国防費については削減が決定され、一九九〇年代後半には対GNP比二%にまで低下した。二〇〇一年には初めて対GNP比一%台を記録し、その後も縮小傾向にある。これに伴い部隊、将校数の大幅な削減が開始された。しかし、新型戦闘機JAS三九グリーペンの配備など、装備の近代化は継続された。

国防政策の見直しは、その後の「国防決定」においても進行している。軍は、領土への軍事侵略の脅威よりも、民族紛争、テロリズムをはじめとする様々な脅威に対して国内的にも国際的にも迅速かつ柔軟に作戦を遂行できることが求められている。そのために、政策決定、情報システム、兵器システムなどの様々な軍事機能を単一のネットワークの下でリンクさせる「ネットワークに基づく国防」が模索された。この新しい国防概念にあうよう、軍はより小規模で柔軟な組織に再編されつつあり、装備の近代化も継続されている。

徴兵制の廃止

その一環で、一九〇一年以来、国防政策の根幹をなしてきた徴兵制が二〇一〇年七月に廃止され、志願兵制に移行した。正確には徴兵制を完全に廃止するものではなく、志願兵制は平時に適用されるものである。安全保障状況が悪化し、高度な準備態勢が必要とされる場合には、徴兵制が再導入される。また、志願兵制により兵員を十分に確保できない時も、徴兵制を再導入できる。しかし、冷戦期に強大なスウェーデン軍を支えた徴兵制が廃止されたことは、冷戦終結後の軍の位置づけがいかに変化したかを象徴的に示す事例であろう。

徴兵制廃止の背景として、三点を指摘できる。第一に冷戦終結後、軍が縮小された結果、新兵訓練のため実際に徴兵される採用者数自体が年々減少し、事実上すでに徴兵制が廃止されたともいわれる状況になっていたこと、第二に二〇〇八年のグルジア(ジョージア)・ロシア戦争において大勢が数日で決まったことに示されたように、少数ながらも効率的な部隊を迅速に展開することが重要となり、職業軍人による常設部隊からなる軍が求められたこと、第三に徴兵制による部隊は領土防衛に限定して使われ、国外での国際貢献活動には利用できなかったため、領土防衛にも国際貢献活動にも利用できる志願兵による部隊が望まれたことがある。

兵器生産の国際化

国防政策との関連では、兵器生産にも変化が生じている。冷戦期以来、スウェーデン軍は基本的に国産兵器に依存することにより、その「非同盟中立政策」の信頼性を高めてきた。外国兵器に依存すれば、戦時に中立を貫くことが困難になるからである。その結果、多額の予算が国産兵器の研究開発、配備に割かれてきた。これは、スウェーデンの工業力と先端技術力があって初めて可能であった。

しかし、冷戦終結後、スウェーデンの軍需産業は難しい立場におかれている。国防費が抑制され、軍も縮小される中で、兵器市場は縮小するばかりである。他方、現代の兵器はますます高度な技術力を必要とし、莫大な研究開発費を要する。その結果、冷戦期のようにスウェーデン軍の兵器を基本的に国産で賄うとの原則は変更を余儀なくされつつあり、スウェーデンの軍需産業は、外国企業との合併、提携なども視野にいれて、経営を進めざるを得ない状況におかれている。たとえば、サーブ社[4]は冷戦終結後に生産を本格化したJAS三九グリーペンを他国に積極的に売り込んでいるが、その際、イギリスのBAEシステムズ社と組んで国際的な営業活動を行なっている。現在のところ、JAS三九グリーペンはスウェーデン以外では南アフリカ、ハンガリー、チェコ、タイの各空軍に納入されている。

図　スウェーデンのNATO加盟支持率

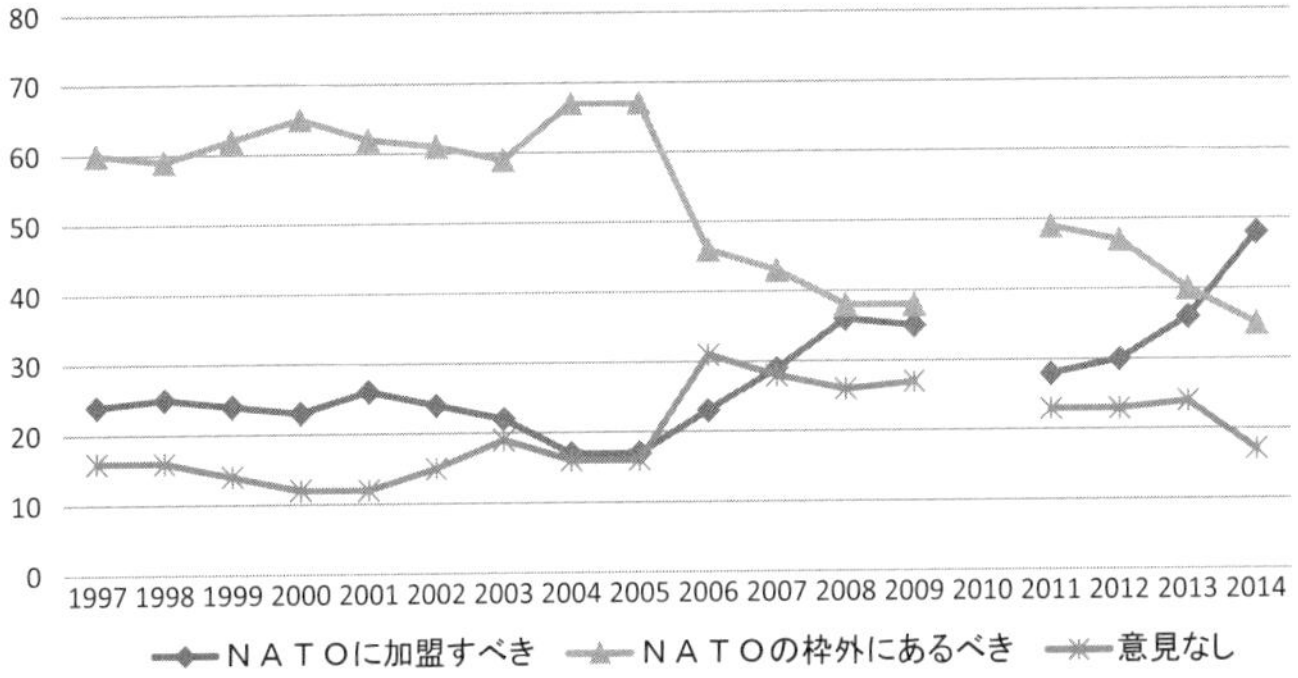

縦軸は%。2005年までは「NATOの枠外にあるべき」のかわりに「軍事的非同盟を維持」が使われた。2010年については、調査結果なし。
出所:Thomas Gell & Ingela Stenbäck (red.), *Opinioner 2014: Allmänhetens syn på samhällsskydd, beredskap, säkerhetspolitik och försvar* (Stockholm: Myndigheten för samhällsskydd och beredskap, 2015), s. 90に基づいて筆者作成。

（二）冷戦終結後の外交政策

主要国際組織への接近

冷戦終結後、スウェーデンはヨーロッパの国際組織に接近し始め、ヨーロッパの安全保障をめぐる秩序づくりに積極的に参画しようとした。一九九〇年代以降の国防政策の見直しで、軍の国際的活動が重視され、他の国際組織との関係強化が推進されたこととも関連する動きであった。

一九九五年一月、スウェーデンはEUに加盟した。加盟に際して、スウェーデン政府はその「非同盟中立政策」を「軍事的非同盟」と定義し直し、これを堅持すると確認したが、他方EUで進む共通外交安全保障政策の強化に参加し、さらに共通防衛政策の形成も妨げないとした。その後、EUは危機管理活動にも乗り出すようになったが、スウェーデンはこれに積極的に協力している。また、スウェーデンは冷戦期に西側の軍事組織であったNATO、WEU（西欧同盟）にも接近し、一九九四年五月にNATOとの間にPfP（平和のためのパートナーシップ）枠組み文書に署名し、一九九五年一月にはWEUのオブザーバーになった。こうした動きと「軍事的非同盟」との両立性に関して、スウェーデン政府はNATOとのPfPがあくまでも平和維持に限定したものであり、WEUオブザーバーについても軍事的な情報収集のためと説明し、「軍事的非同盟」を損なうものではないとした。

スウェーデン国内には、NATOへの加盟を求める声もある。穏健連合党、国民党などの右派中道政党にその傾向が強い。世論調査では、二〇〇五年頃まではNATO加盟賛成二〇%台、反対六〇%台であったが、その後、徐々に賛成が増え、二〇一四年には賛成四八%、反対三五%、意見なし一七%と、初めて賛成が反対を上回った（図参照）。

国際的活動の多様化

以上のように、スウェーデンは軍事同盟に正式に加盟する以外のあらゆる手段を通じて、ヨーロッパの主要国際組織との協調体制を築いた。この枠組みに基づいて、スウェーデン政府は国連PKO以外にも多数の軍事要員を国外に派遣するようになった。たとえば、スウェーデンは一九九一年の湾岸戦争の際に多国籍軍の一環でサウジアラビアに五〇〇名の医療部隊を派遣した実績をもつが、その後も、NATO主導のボスニア・ヘルツェゴヴィナ（IFOR／SFOR、一九九五年〜二〇〇四年）とコソヴォ（KFOR、一九九九年〜現在）の平和維持活動に多くの軍事要員を送り続けている。さらに二〇〇二年以降、アフガニスタンにおけるISAF（国際治安支援部隊、二〇一四年末終了）、RSM（確固たる支援任務、二〇一五年〜現在）にも部隊を派遣している。二〇一一年には、NATO主導のリビア作戦（OUP）にJAS三九グリーペンなどの空軍部隊を派遣した。

また、EUが二〇〇三年以降にESDP（欧州安全保障防衛政策）の一環として始めた軍事的危機管理活動にもスウェーデンは積極的に部隊を派遣している。たとえば、旧ユーゴスラヴィア・マケドニアにおけるコンコルディア作戦(二〇〇三年)、ボスニア・ヘルツェゴヴィナにおけるEUFORアルテア作戦(二〇〇四年〜二〇〇八年)、コンゴ民主共和国におけるアルテミス作戦(二〇〇三年)、EUFOR・RDコンゴ作戦(二〇〇六年)、チャドにおけるEUFORチャド作戦(二〇〇八年)、ソマリア沖のアデン湾における海賊対策であるEUNAVFOR(二〇〇九年、二〇一〇年、二〇一三年、二〇一五年)にスウェーデンは参加した。さらに、二〇〇四年以降、EUが承認した軍事的危機管理作戦のための即応部隊である北欧戦闘グループ(Nordic Battlegroup)という待機軍づくりにスウェーデンも参加した。二〇〇八年前半、二〇一一年前半、二〇一五年前半にスウェーデンは北欧戦闘グループで主導的役割を担い、エストニア、フィンランド、アイルランド、ラトヴィア、リトアニア、ノルウェーとともに部隊を待機させたのである。

その結果、冷戦終結後、スウェーデンは国連PKOへの要員派遣を継続しているが、NATO、EU絡みの平和維持活動、軍事的危機管理活動にも部隊を派遣するようになり、国連への派遣が減る傾向にある。二〇一五年一〇月末現在、スウェーデンは三三二名の要員を国外での軍事貢献活動に派遣しているが、国連への派遣は約八割である。アフリカのマリにおける国連PKO、MINUSMA(国連マリ多面的統合安定化ミッション)がその大半を占めている。

四．　安全保障政策をめぐる理念の変化

(一)冷戦期の理念

冷戦期のスウェーデンの安全保障政策は、国家的次元と国際的次元が「非同盟中立政策」の名の下にバ

ランスよく展開されていたといえよう。

国防政策における単独主義

まず国防政策においては、「全体防衛」の原則の下、軍事、民間、経済、心理の四部門において防衛態勢を整え、たとえ東西間の大戦争が生じ、スウェーデンにも影響を及ぼす事態になっても、単独で一定期間、持ちこたえる態勢を構築していた。また、強い経済力に裏打ちされ、多額の予算が国防に投入され、近代兵器の国産化も可能にしていたのである。ここにはスウェーデンの徹底した軍事的現実主義を見出すことができる。

これは、戦時の中立をめざし、平時においても同盟から距離をおく政策をとっていたことにも見出せる。NATO、ワルシャワ条約機構という軍事同盟だけでなく、EEC／ECという経済同盟に対しても完全に距離をおいたのである。スウェーデンは、冷戦という東西対立の国際環境の下で、その局外に立つために、まさに徹底した単独主義(一国主義)の政策を展開していたことになる。スウェーデンの強いナショナリズムを示していたともいえよう。以上のスウェーデンの安全保障政策をさして、日本では「ハリネズミ」の国防として紹介されたこともある。

外交政策における国際主義

しかし、同時にスウェーデンが積極的な外交政策も展開していたことにも注意を払う必要がある。冷戦期に軍事的な国防政策のみを展開していたわけではなかった。それは、第二節で論じたように、ODAを通じた途上国支援、アパルトヘイト反対、北ベトナム支持にみられる民族解放闘争への支援といった第三世界との連帯の模索、東西間の軍縮交渉での活動など、多岐にわたる。国連のPKOへの積極的参加もこれに含まれる。パルメ首相の時代にこうした動きが活発化したことは指摘した通りであるが、パルメ以外の時代にもグローバルな次元で活動は着実に行なわれていた。スウェーデンの外交政策に、まさに積極的な国際主義の理念を見出すことが可能である。

こうした積極的な外交政策は、東西のどちらの陣営にも加わらなかったために、各陣営の政策、立場に縛られないことがプラスに働いた結果でもある。スウェーデンは自国への東西対立の影響を最小化し、東西どちらの陣営を批判することができた。また、ときには東西間の仲介役としての役割を担うこともできた。その意味では、冷戦下の「非同盟中立政策」は国際政治におけるスウェーデンの行動の自由を最大化する手段であったと評することもできよう。

以上の紹介から明らかなように、スウェーデンの安全保障政策は単独主義と国際主義が両輪となって、そのバランス上に推進された独自性の強いものであった。国際的な緊張が続いた冷戦期には、軍事的な国防政策がとくに注目される傾向にあったが、スウェーデンの安全保障政策を理解するためには、積極的な外交政策も含めた形で総合的にみることが重要であろう。

(二)冷戦終結後の理念

冷戦終結後、スウェーデンの安全保障政策の理念は、いかに変化したのであろうか。冷戦の終結により、ヨーロッパの国際環境は根本的に変化した。東西分断が終わり、東側陣営が自壊した結果、大国間の大戦争の危険性は劇的に低下した。それに合わせて、スウェーデンの安全保障政策も根本的な変化を求められた。

国防政策における単独主義の低下

まず国防政策であるが、緊張の緩和とともに、領土防衛のために巨大な軍を維持する必要性がなくなった。そのため、一九九〇年代中葉以降、国防費の削減、軍の規模縮小が急激に進んだ。その一環で、徴兵制自体も廃止された。しかし、全く軍の必要性がなくなったわけではない。冷戦終結後、ヨーロッパを含む世界各地で地域紛争は頻発し、テロリズム、難民・移民問題、災害などの様々な危機が生まれている。その結果、軍の役割として、国際的な平和促進・人道活動がますます強調されるようになった。国際的な平和維持、危機管理が冷戦終結後の軍の活動の中心を占めたとさえ指摘できる。そのためには、徴兵制による大量の兵士に基づく軍よりも、志願兵制による職業軍人に基づく少数精鋭の軍が望まれた。なぜならば、そのほうがより迅速に、また効率的に運用することが可能であり、国外にも派遣できるからである。冷戦期のように巨大な軍を維持する時代は過ぎ去ったのである。また、巨大な軍需産業を単独で維持できる時代でもなくなった。

これは、冷戦期にみられた国防政策における単独主義とは全く逆方向の動きといってもよい。無論、領土防衛の重要性は維持されているが、国防政策の比重は国際的活動に移りつつある。その国際的活動がいかなるものかは、次の外交政策の変化と合わせて考える必要がある。

外交政策における国際主義の変化

外交政策においても、根本的な変化が起こり、冷戦期とは異なる状況が生じた。すなわち、スウェーデン政府は、「非同盟中立政策」を「軍事的非同盟」と言い換えることにより、EU加盟を実現し、さらに平和維持、軍事的危機管理という限定をつけ、NATO、EUの軍事的活動に積極的に参加した。二〇〇二年二月には、スウェーデン政府は近隣地域の紛争に際して中立をとらない可能性もあり得ることを発表したが、これもEU、NATOとの協力を重視した結果であろう。この背景には、ヨーロッパにおけるスウェーデンの孤立があった。すなわち、冷戦期、スウェーデンは「非同盟中立政策」の「同盟」を極めて広義に解釈し、一方の陣営に属する組織には加盟しなかった。しかし、冷戦の終結により、ヨーロッパの新秩序がEU、NATOといった組織を中心に形成されることになり、スウェーデンはその枠外におかれた。どの組織にも属していないことがヨーロッパにおける深刻な孤立をもたらしたのである。スウェーデンにとって「アイデンティティの危機」ともいえるものであった(Ingebritsen, p. 57.)。

冷戦終結後、ヨーロッパにおいてNATO、EUの存在感は増すばかりである。両組織を無視して、ヨーロッパの政治も経済も軍事も語れない時代が到来した。そのため、スウェーデンは、EUに加盟を果たし、経済面の関係を強めるとともに、現在では政治、軍事の面でも関係を深めている。EUの一加盟国という立場がスウェーデンの外交政策においても顕著になっている。同時に、NATOとの関係においても、現在のところ、加盟はしていないが、平和維持という分野で可能な限りの協力を行なっている。旧ユーゴスラヴィアへの部隊の派遣に始まり、NATOとの連携が急激に強まっている。それに対して、国連PKOへの協力は低下傾向にある。

これにみられるように、スウェーデンの外交政策にとってヨーロッパの次元における協力の比重が強まっていることが指摘できる。外交政策における国際主義といっても、国際主義の重点がグローバルな次元からヨーロッパの次元に変化している。これは、国防政策における単独主義の低下の方向性とも一致する。国際貢献を重視する軍は、EU、NATOとの協力の中で活動している。国防政策においても今やヨーロッパの次元に重点をおいた国際主義が強まっているのである。こうした状況は、単独主義、国際主義からヨーロッパという地域主義への理念の移行とみることができよう。

五．スウェーデンの安全保障政策の今後

以上、冷戦期、冷戦終結後の二つの時期におけるスウェーデンの安全保障政策の状況とその変化を紹介した。その変化は、単に具体的な個々の活動の変化に止まらず、第四節で検討したように、安全保障政策の理念自体の変化を示している。

安全保障政策自体は、第一節で指摘したように、国家の自由と独立を保全し、独立国として社会を発展させる行動の自由を守ることを目的としている。この目的は、冷戦期も冷戦終結後の時期も基本的に変らないであろう。しかし、目的を実現する手段は時代とともに変化している。また、手段を行使する国際環境自体が大きく変化した。そのため、スウェーデンがいかに安全保障を確保するか、難しい状況におかれている。冷戦期のように、単独主義に基づく国防政策とグローバルな次元の国際主義に基づく外交政策を調和させることで安全保障を求めた時代から、現在はヨーロッパの次元の国際主義、すなわち地域主義に重点をおく国防政策、外交政策に基づく安全保障政策に移行してきている。

しかし、EU、NATOにおいてスウェーデンは多数の加盟国、関係国の中の一国にすぎない。本章で論じてきたように、そうした組織に参画することで、国防政策、外交政策の幅を広げることができる半面、組織の中に埋没し、独自性を失うことにもなりかねない。単独主義と国際主義とのバランスにより、世界から注目を浴びたスウェーデンの冷戦期の安全保障政策の独自性は、今後、いかなる形で発展を遂げるのであろうか。

これは、スウェーデンのみの判断で決まるものではないだろう。ヨーロッパにおけるEU、NATOの

将来像、安全保障政策をめぐるロシアの動向、テロリズム、環境問題、難民問題などの様々なグローバル・イシューのように、スウェーデンを取り巻く国際環境にも強く影響されるものであろう。

註

(1)スウェーデンが核兵器の開発、保有を断念した理由としては、その財政的負担が大きいこと、少数の核兵器保有に軍事的効果が薄かったこと、一九六六年にはNATOによる核の傘がスウェーデンにも適用されるとの確証を得たことがあるとされる("Neutral Sweden Quietly Keeps Nuclear Option Open," *The Washington Post*, 25 November 1994.「保有めざした過去スウェーデン」『朝日新聞』二〇〇五年五月一一日朝刊)。

(2)他のヨーロッパの国際組織に関していえば、北欧諸国の地域協力を促進する北欧会議(一九五二年発足)、西欧諸国の教育、文化、人権面の協力を目的にする欧州審議会(一九四九年発足)、ヨーロッパの安全保障にかかわりをもつ国々が一堂に会した欧州安全保障協力会議(CSCE、一九七五年の首脳会議後も定期的に再検討会議を開催)にスウェーデンは原加盟国として参加した。

(3)ハマーショルド(一九〇五年~六一年)は、スウェーデンの国際的活動を象徴する人物である。彼は歴代国連事務総長の中でも国連の発展に大きな足跡を残した人物である。第一次世界大戦時の首相を父にもつ彼は、大学卒業後、財務省、中央銀行などで活躍し、国連事務総長になる直前には無任所相を務めていた。国際的には無名であり、活動的な事務総長を嫌う大国の意向から選出されたといわれる。しかし、事務総長になった彼は、次第に国際問題で大きな仲介力をみせ、国連を後ろ盾に紛争の予防あるいは早期終結に尽力する。こうして「予防外交」を展開する事務総長の役割を世界に示したのである。それは、一九五六年のスエズ動乱における早期停戦の実現、一九六〇年以降のコンゴ動乱での調停活動に見出せる。しかし、一九六一年九月、停戦交渉のために現地を移動中、北ローデシア(現ザンビア)で乗っていた航空機が墜落し、殉職した。ハマーショルドは悲劇の事務総長として国連の歴史に名を残すことになった。一九九七年に国連はPKOで殉職した国連関係者を対象に「ダグ・ハマーショルド賞」を創設している。ハマーショルドの生涯、活動については、アスク、マルク＝ユングクヴィスト編を参照。

（4）ストックホルム国際平和研究所の兵器生産企業ランキング上位一〇〇社（二〇一三年、中国を除く）において、同社はスウェーデン企業として三一位に唯一入っている。

主要参考文献

ステン・アスク、アンナ・マルク＝ユングクヴィスト編（二〇一三）『世界平和への冒険旅行――ダグ・ハマーショルドと国連の未来』光橋翠訳、新評論。

五月女律子（二〇一三）『欧州統合とスウェーデン政治』日本経済評論社。

五月女津子（二〇一五）「EUの共通外交・安全保障政策の発展と北欧協力――国際的危機管理活動を中心に」『北九州市立大学法政論集』第43巻第1・2合併号。

清水謙（二〇〇七）「冷戦期のスウェーデンの外交および安全保障政策――これからの研究の礎」『北欧史研究』（バルト・スカンディナヴィア研究会）第24号。

清水謙（二〇〇九a）「第二次世界大戦後のスウェーデンの移民政策の原点と変遷――『人種生物学』への反省と『積極的外交政策』の形成過程から」『北欧史研究』第26号。

清水謙（二〇〇九b）「〈資料紹介〉スウェーデンの二〇〇九年外交方針宣言について――解説と考察」『北欧史研究』第26号。

清水謙（二〇一〇）「〈資料紹介〉スウェーデンの『二〇一〇年外交方針宣言』と外交討論について――解説と考察」『北欧史研究』第27号。

清水謙（二〇一一）「〈資料紹介〉スウェーデンの『二〇一一年外交方針宣言』と外交討論について――解説と考察」『北欧史研究』第28号。

清水謙（二〇一二）「〈資料紹介〉スウェーデンの『二〇一二年外交方針宣言』と外交討論について――解説と考察」『北欧史研究』第29号。

清水謙（二〇一三）「〈資料紹介〉スウェーデンの『二〇一三年外交方針宣言』と外交討論について――解説と考察」『北欧史研究』第30号。

清水謙（二〇一四a）「〈資料紹介〉スウェーデンの『二〇一四年外交方針宣言』と外交討論について――解説と考察」『北欧史研究』第31号。

清水謙（二〇一四b）「スウェーデンにおける国籍不明の潜水艦による領海侵犯事件についての分析――『中立』と西側軍事協力と武力行使基準に着目して」『IDUN』（大阪大学）第21号。

吉武信彦(二〇〇三a)『日本人は北欧から何を学んだか——日本・北欧政治関係史入門』新評論。

吉武信彦(二〇〇三b)「中立・非同盟諸国とヨーロッパの再編成——スウェーデンを中心として」植田隆子編『現代ヨーロッパ国際政治』岩波書店。

吉武信彦(二〇〇七)「欧州統合の中の北欧諸国」田中俊郎、小久保康之、鶴岡路人編『EUの国際政治——域内政治秩序と対外関係の動態』慶應義塾大学出版会。

吉武信彦(二〇〇八)「フロンティアから見た北欧・EU関係——その歴史的展開と可能性」山内進編『フロンティアのヨーロッパ』国際書院。

Nils Andrén (1996), *Maktbalans och alliansfrihet: Svensk utrikespolitik under 1900-talet* (Stockholm: Norstedts Juridik).
Thomas Gell och Ingela Stenbäck (red.) (2015), *Opinioner 2014: Allmänhetens syn på samhällsskydd, beredskap, säkerhetspolitik och försvar* (Stockholm: Myndigheten för samhällsskydd och beredskap).
Christine Ingebritsen (2006), *Scandinavia in World Politics* (Lanham, Maryland: Rowman & Littlefield Publishers).
Pertti Joenniemi ed. (2006), *The Changing Face of European Conscription* (Aldershot, England: Ashgate).
The Swedish Armed Forces (2006), *Swedish International Forces in the Service of Peace: International Missions Undertaken by the Swedish Armed Forces* (Malmö: Bokförlaget Arena).

スウェーデン外務省　http://www.ud.se/
スウェーデン軍　http://www.forsvarsmakten.se/
スウェーデン国会　http://www.riksdagen.se/
スウェーデン政府　http://www.regeringen.se/
ストックホルム国際平和研究所　http://www.sipri.org/

第一〇章　開花期のスウェーデン・モデル

清水由賀

一・街角のスウェーデン・モデル

街を歩いていると、いろいろな所にスウェーデン・モデルの一端が垣間見える。スウェーデン・モデルを理解する手がかりとなる、街角の現象をいくつか挙げてみよう。

まずは、市民と政治との距離を示す現象をいくつか挙げたい。中央政府と国民との距離を示す事象としては、国会議事堂には塀がなく、ガードマンもいないのが最良の例だろう。現在使用中の王宮の中にも、観光で入れる。国会周辺は警備が厳しくものものしい雰囲気であるもの、という先入観を持っていると、そこが国会であることさえ忘れてしまう。より市民に近い地方自治体はどうか。ウプサラ市役所を訪れた。四〇から五〇種類ほどのパンフレットが、ツーリスト・インフォメーションセンターかのように並べられている。子ども、学童、女性、教育、高齢者、産業、環境、文化などの各種政策分野のパンフレットや報告書などである。テーブルと椅子が置かれ、長時間座っていくつものパンフレットを眺めていても視線を感じることがないし、質問をすれば明るい雰囲気で気さくに答えてくれた。

ウプサラ中央広場に並べられた選挙小屋（筆者撮影）。

二〇一四年は、選挙の年だった。ウプサラ中央広場には、カラフルで、おもちゃの家のようにかわいらしい選挙小屋が並んでいた。右ブロックの政党は、ブルーを基調に、左ブロックは赤を基調としたものと、環境党のグリーンに、各政党のロゴがついたそれぞれの小屋をかまえる。選挙演説はいたってラフで、演説に立つ候補者は、普段着を着ている。中高生ほどの少年少女が、政党ロゴの入った風船を手に、街を練り歩く姿も目にした。道の向こう側から、他党を応援する集団が来ると、手にした風船を揺らし、声を大きくして歌を唄い、対抗していた。参加者の年齢層の低さ、そして学園祭のような楽しそうな雰囲気が印象的だ。

スウェーデンは「組織の国」といわれるほどアソシエーション活動が活発であると言われる[1]。市民社会の発達が、政治との距離を近くしている一因にも思える。二〇一四年夏は、ガザ空爆に抗議するパレスチナ人の署名活動が活発に行われており、近くの橋には、空爆被害にあった子どもたちを哀悼するために、たくさんの石や旗、人形が飾られていた。八月六日、メンバーに日本人がいるわけでもない女性団体が、ヒロシマ記念の灯籠流しのチラシを配り活動していた。

次に、公共サービスの例もいくつか挙げてみよう。たとえば、首都ストックホルムの市立図書館と、歴史の古い大学街ウプサラの市立図書館は、建築も館内デザインも全く異なるが、いくつか共通点がある。まず、入り口を入るとすぐに、オーディオブック・コーナーがあること。日本では見慣れない光景で、CD・DVDショップのようでもある。また、広い空間使い、様々なデザインの椅子や、子ども・青少年図書コーナーが別階に広く設けられている点も共通する。以下はウプサラ市立図書館で確認したサービスであるが、無料のWi-Fi、移動図書バス、お届け図書サービス、障がい者サービスなどもある。外国語・少数言語図書の言語数は五〇以上に及ぶ(第四章参照)。ストックホルム市立図書館のインフォメーションデスクで少し驚いたのは、テーブルの高さがボタン一つで変えられていたこと。自分の身長に合わせた高さに調整し、図書館業務に従事しているようだ。また、入館のためのゲートはなく、メンバー登録を済ませたカードをかざす必要がないという点も共通していた。

スコーネ地方病院のお祈り部屋（筆者撮影）。

つぎに、病院の例。旅行者でも病院の雰囲気を味わうことはできる。出産を終えた人や入院者の親族などが宿泊するための病院併設の「患者ホテル」に宿泊ができるし、院内のレストランも利用可能だ。ルンドにあるスコーネ地方病院のなかにも、印象的なサービスがある。まず、病院のなかに図書室があること。そして、多宗教に対応したお祈り部屋（Rum för stillhet）があること。明かりを落とした空間の中に、ひざをつくための小さな絨毯、十字架を立てた台があり、椅子が数脚並べられている。小さな本棚もあり、いくつかの宗教の聖典が置かれていた。このようにしてそれぞれの祈りの形を、一つの空間に共存させることも出来ることを知る。

最後に、スウェーデン経済を支える企業活動に関する例も挙げたい。スウェーデンで発明されたものと知らずとも、私たちの生活に入り込んでいるものは多い。毎日ジュースや牛乳を飲む時に使っているテトラパックやシートベルト、モンキースパナやペースメーカー、インターネット上で無料で国際電話が出来るスカイプ（Skype）が挙げられる。エリクソン（ERICSSON）は通信機器世界シェアトップであり、ファストファッション代表格のH&M、世界最大の家具店であるイケア（IKEA）はフォーブスの「世界で最も価値あるブランド」（二〇一五年）の三三位、四五位にランクインするほど世界的に定着している。北の果てにある人口一〇〇〇万に満たない小国であるが、グローバル・マーケットにおけるスウェーデン企業の存在感は、小さくない。

スウェーデンは、政策参照国と言われる。さまざまな政策分野で、先進的な取り組みを行っているし、しばしば上位にランクインする国際ランキングに、スウェーデン人は見慣れている。(2)男女機会均等、政治の透明性(汚職の少なさ)、環境保護・持続可能性、対外支援、国際競争力、間接税や国民負担率の高さ、クリエイティビティ、イノベーションなど。高度な福祉国家としての名声はすでに定着して久しい。それらの一つ一つをスウェーデン・モデルと呼ぶことも出来るし、それら個別の政策を可能にしている社会の機能・構造的特徴を、スウェーデン・モデルと呼ぶことも出来る。本章では、主に後者をスウェーデン・モデルとし、貧しい農業国家からの転換を果たし、独特な社会運営技法で世界に注目された開花期を中心に、その特徴を整理・考察したい。

二．「モデル」とは

さて、「スウェーデン・モデル」を検討する前に、そもそも「モデル」とは何だろうか。類義語には、型、やり方、方法、技法、方式、流儀、〜流、模範、模式などが挙げられるだろう。この中には、大きく三つの意味が含まれている。(一)一定のルールで説明できる現象であり、(二)その現象を構成する要素または特徴がその他集団と比較して独特であり、(三)模範とすべきものという意味合いが含まれることも多い、ということである。また、同じような一連の構成要素をもつ複数の現象集団のなかでもさらに典型例と言えるものを指して「モデル」という場合もある。

スウェーデンを代表する安全保障政策の研究者、シェル・ゴルドマン(Kjell Goldmann)(一九九一)が、「モデル」についての説明を、辞典における定義を引用しながら、分かりやすくまとめている。「モデルとは、一つには、複雑な現象を記述するために単純化された体系のことであり、『何かを説明または分析する際に使われる一般化された仮説的記述』である。またもう一つの意味では、モデルとは基準であり、『その卓抜さ、価値の高さなどのために、他のものがあとに続いたり模倣することになる人またはもの』である」[3]。そこから、安全保障政策のスウェーデン・モデルについて、以下のように説明をする。「(安全保障政策の)スウェーデン・モデルという表現は(一)(安全保障)政策を実施する方法が、分析的仮説を用いた一般化されたルールの形で説明されること、(二)この一連の原則がスウェーデン独特であること、(三)それを検証する一つの方法として他に勧められるべきかどうかを見ること、を意味する」[4](カッコ内筆者)。この定義は、安全保障政策に限らないスウェーデン・モデルにもあてはまるだろう。(一)〜(三)の意味の中でどこに重心を置いて使われるかは、国や状況、使う人によっても異なるだろう。たとえば一つめの意味に重心を置けば、「スマートフォンの新しいモデル」などという言い方が出来るだろうし、中国語で「モデル(模式)」という時には、より三つめの「模範」としての意味が強くなる。ここでは、スウェーデン流の政治・社会運営技法もしくはシステムを「スウェーデン・モデル」とするが、その中には右記三つの意味が含まれていると考えて良いだろう。

三.「スウェーデン・モデル」とは:評価と内容

スウェーデン・モデルに関する代表的な研究者による論稿を集めた、ペール・トゥルベリ、シェル・エストベリ(Per Thullberg & Kjell Östberg)(一九九四)『スウェーデン・モデル *Den Svenska Modellen*』では、スウェーデン・モデルをつぎのように説明している。

「スウェーデン・モデル」とは、二〇世紀におけるスウェーデンの社会発展を論じる際にスウェーデン国内外で使われる概念である。国内の社会科学者同様、国外の社会科学者もこの概念を用いる。スウェーデンは、貧しい農業社会から世界で最も高い生活水準の先進工業国家へと、平和的に発展した点で、ユニークであると理解されている。発展は急速でしかも静かであった。つまり、革命が起きなかった。そして、多くの場合外国人の視点からは、政治的合意は印象的であった。すでに一九三〇年代にアメリカのジャーナリスト、マーカス・チャイルズ（Marquis Childs）が『中間の道 スウェーデン *Sweden - the middle way*』と表現した。スウェーデンは共産主義と資本主義の間の独自の道を選んだ国であり、チャイルズによればその道とは、さまざまな社会集団が福祉社会を築くという目標をもって合意したことに特徴づけられる道である。(5)

つまり、国内外で使われる概念であり、スウェーデン独特の社会運営システムを指すものとして使われる。そしてそのユニークな社会運営システムは、最も早くにはチャイルズによる『中間の道 スウェーデン』によって、広く海外に知られることになった。

しかしその内容と評価については、非常に多様である。まず、評価はどうか。一言で言えば、「評価の極端な食い違い」(6)がその全体像と言えるだろう。福祉の理想郷のように称賛されたり、あるいは逆に資本主義の活力を殺す逸脱だとして非難されたりもしてきた。(7)

評価は割れようとも、「スウェーデン・モデル」という表現が多用されることは事実である。「スウェーデン流の福祉体制を批判するものも、擁護するものも、スウェーデン・モデルという概念を使って論理を展開しているので、政党も労働組合も、ジャーナリストも研究者も、それに消費生活協同組合も経営者団体も、自分たちの国の社会建設スタイルが国名を冠するにふさわしい程度にはユニークなものであるとは認識しているようである」。(8)

「スウェーデン・モデル」を構成する要素は、非常に多様に表現される。個別の政策分野に着目すれば、福祉・社会政策研究者は包括的福祉システムを、労働運動研究者は労使協調のあり方を、政治学者は合意形成型政治を、ジェンダー研究者は男女共同参画のあり方を、外交研究者は中立政策や積極的外交政策を、移民政策研究者は寛大な難民受け入れや統合政策をそれぞれスウェーデン・モデルと呼び、環境保護や持続可能社会の構築に関してスウェーデン・モデルという研究者もいるだろう。

しかし、それら個別の政策を可能にしている社会の機能・構造的特徴をここでスウェーデン・モデルと呼ぶとすれば、以下三点に関しては、モデルの構成要素もしくは特徴として、比較的定着している。つまり、包括的福祉システム、労使協調、合意形成型政治の三つである。以下、ターグ・エランデル元首相の最も近くにいてスウェーデン・モデルの最盛期を観察したO・ルイン(1986:12-14)と、先のトゥルベリ&エストベリ(1994: 5-6)を中心に、まとめたい。

包括的福祉システム

第一に、最も多くスウェーデン・モデルの特徴として説明され、スウェーデンの代名詞ともなっているのは、「高負担・高福祉」型の包括的福祉システムである。福祉レジーム論を定着させたことで著名なG・エスピン-アンデルセンは、これを普遍主義型福祉レジームと表現した。その代表例であるスウェーデン福祉国家が、スウェーデン・モデルと同一のものとして認識されることも多い。

包括的福祉システムは戦間期に始まり戦後に本格的に構築された。社会改革は一九四〇、五〇、六〇年代につぎつぎと実施された。国民年金支給額が何度も引き上げられ、全ての子どもが対象の子ども手当が導入され、その額も複数回引き上げられた。強制加入の健康保険が創設され、付加年金（ATP）も導入が決定された。無料の学校・大学制度が構築され、学生には奨学金が提供された。住宅が建設され、中間層には補助金が給付された、などなど。(9) これによりスウェーデンは六〇年代、世界で最も発達した福祉国家となった。

この包括的福祉システムは三つの原則で成り立っていた。一つめに、普遍的でかつ資力調査（ミーンズ・テスト）に拠らないということ。二つめにすべての市民が基本的安心を保障されるということ。三つめに、その安心は大部分において租税によって提供されるということである。(10)「市民を職域、収入、居住地等によらず、単一の制度で包摂する。このシステムにより、租税を主財源とし、あらゆる市民に基本的な安心を保障する」(11) ことが可能となっている。ただし、このような特徴をもつ福祉国家は、「包括的」のほかに「普遍的」、「制度的」、「北欧型」、「社会民主主義型」などとさまざまに表現される。さらに、このような福祉国家でも完全に普遍的ということはない。たとえば住宅補助や生活保護手当は年金や学生補助よりも選別的であり、国家から支援を得るには、一定の条件を満たしていなければならない。(12) スウェーデンの特徴は、多くの手当が、低所得者や高所得者は排除される一方、広い中間層を包括するように設計されていることであろう、と現代スウェーデン福祉国家について精力的に著書を発表しているアンダシュ・ベリ（Andres Bergh）（2013）は説明する。

もう一つ、高度に発展したスウェーデン福祉国家の分析において注意が必要な点として、G・エスピン＝アンデルセンは以下の点を取り上げる。「モデル」としてのスウェーデン福祉国家には、しばしば混同される二つの顔がある、という点である。一つは、世界的にみて高度に発達した社会政策のモデルとしての顔であり、もう一つは、一〇〇年間にわたって社会民主主義が政治的誘因となり出来上がった福祉国家としての顔である。[13] もちろん、社民党のリーダーシップによって有名な「中間の道」が具体化され、また福祉国家の制度化は五〇年間にわたる社民党の政権掌握と同時期であるし、ある時には争いながら、ある時には広範な政治的合意の下で、社民党がイニシアチブとリーダーシップをとり発展してきた。しかし、最終結果がすべて社民党の政治戦略によるものではなく、福祉国家も社会民主主義も社会的文脈の中で発展してきたのであり、それが他国と比較すると独特である、という点を強調している。[14] そして、何よりも、以下の根本的かつ構造的特徴がスウェーデン福祉国家を国際比較においてユニークなものにしていると説明する。「全面的な普遍主義、平等、社会権の強さが、効率と並存していること」である。[15] つまり、生産性の向上と予防的社会政策に焦点を当てている点がスウェーデン・モデルにユニークであり、「社会的困難の最小化と雇用の最大化のために設計され、かつ、それによって成り立つ福祉国家」なのである。[16]

労使協調

スウェーデン・モデルの第二の特徴は、「サルチオバーデンの精神」という表現に要約される労使協調のあり方である。労働者側と経営者側はそれぞれの強力な組織を持ち、賃金交渉はこれらの中央レベルで行われる。労働市場での紛争は少なく、平和的・協調的労働市場、と表現される。いわゆる「連帯賃金政策」によって同一労働・同一賃金の原則が定着している。これらの特徴を、コーポラティズムとレーン＝

メイドネル・モデルとに分けて、スウェーデン・モデルを構成する要素にそれぞれ数えている研究者もいる。[17] コーポラティズムとは、利益団体間の交渉に政策決定が任されていること、もしくは利益団体と政治が緊密に協力していることを簡単に表した概念である。[18] スウェーデンで最初の労働者保険法が一九〇一年に成立した時は、労働者と経営者の双方が労働者保険法検討委員会に代表者として参加し決定をし、一九三〇年代には労働組合全国組織（Landsorganisationen: LO）と経営者連盟（Svenska Arbetsgivareföreningen: SAF）が多くの委員会で代表委員を務めた。[19] レーン＝メイドネル・モデルは、イェスタ・レーン（Gösta Rehn）とルドルフ・メイドネル（Rudolf Meidner）の二人の経済学者によって築き上げられ、一九五〇年代発展したものである。中央レベルの賃金交渉によって、仕事が行われた場所・会社の支払い能力からは独立して賃金が設定される。同一労働・同一賃金の原則によって賃金格差が縮小する一方、収益率の低い企業は競争力を失う。その結果従業員の解雇は進むが、所得保障・教育・職業訓練などの積極的労働市場政策により、収益率の高い企業への再就職を促す。それにより労働市場の流動性が高まり、企業をより現代的な事業に転換するよう促すことができる。[20] このようなシステムの特質を、二〇〇〇年から二〇〇六年、ヨーラン・パーション政権で財務大臣を務めたペール・ヌーデルは、「われわれは仕事ではなく人を守る」、と説明した。[21]

合意形成型政治

第三のスウェーデン・モデルの構成要素は、合意形成を優先させる政治運営技法である。社民党が支配政党でありながら、合意と妥協を目指した形をとった。通常、政治的決定の前には、さまざまな社会的利益がさまざまな政府委員会で代表された。「ハープスンド・デモクラシー」という表現が、政策形成の際、重要な利益集団に意見表明をさせて妥協に到達し政治的対立を避けようとする努力を表すものとして使われてきた[22]。妥協は、勇ましさとは対極にあり、英雄的イメージとはかけ離れている。しかし、この妥協の技術こそが、スウェーデン政治の本質的に重要な点であり、政治的成功の秘訣であったという。妥協の幅を広げていったことで政党間距離が縮小し、コンセンサス範域が拡大した[23]。

さて、岡沢(二〇〇九)を用いて、さらに詳細に説明したい。合意形成型政治、もしくはコンセンサス・ポリティクスとは、「政治過程で、つまり、社会のための価値の権威的配分の過程で、対決基調を希薄化し、物理的力や暴力の有効性を減じながら、時間をかけた調査と審議を通じて妥協点を模索し、政策同意を調達して、着実に合意範域を拡大し積み上げることを優先する政治スタイル」である[24]。したがって連合の形成とその運営がその実像となる。実際、スウェーデン・モデルが花開いた時代に政権を担当し続けた社民党は、総選挙で絶対多数議席、つまり単独過半数議席を獲得したことは一度しかなく、常に他党との連合によって政権を運営してきた[25]。政権の運命を野党に委ねたままの長期政権は、政党政治の基本的常識からは逸脱しているが、その構造的脆弱性を克服しようとして積み重ねてきた「妥協点の模索↓合意の調達↓コンセンサス範域の拡大」の技術が[26]、「先進的な社会福祉、労働市場の平和的協調、産業構造と柔軟な再編を発生する一方で、自由主義的民主政治を守り、一九六〇年代には福祉・工業国家として高く評価されるようになりえた」[27]。

このような政治スタイルが成立するためには五つの条件がある[28]。(一)政治的対決軸が《状況問題》《微調整問題》であること。つまり、多くの政策領域においてすでに重厚な合意が形成されている。(二)問題解決のために《参加》と《公開》枠の積極的拡大という技法がとられており、それによって納得が調達されること。(三)政党リーダーのプラグマティズムと連合形成力。思想・イデオロギーの純潔性よりも、政権に肉迫して現実的なアウトプットを指向する。(四)調査・研究に基づく慎重な熟議。《包摂の論理》で、多くの工業国家で伝統的に排除されていた女性・在住外国人・高齢者を政治過程に誘い込み、徹底的な調査・研究に基づいて、野党代表も交えて熟議を重ねる。O・ルイン(一九八六)は、莫大な研究を通じて変革指向と長期的展望に基づき政治を運営する能力が決定的に重要だった、と説明し、スウェーデン政治の特徴を「合理性と社会工学を基礎にした変革政治」と表現する。[29] (五)政治や行政に対する究極の信頼感。ナポレオン戦争以来の戦争への不参加・平和の維持。重い負担で未来に投資したものが、戦争によって無駄になることはない、という究極的な信頼感である。

以上、スウェーデン・モデルの三つの特徴である包括的福祉システム、労使協調、合意形成型政治をそれぞれ説明した。これら三つを総合してスウェーデン・モデルを再度、元財務大臣ペール・ヌーデルの言葉を借りるとつぎのようにまとめられる。「国、産業界、労働組合の三者間の契約が、スウェーデン・モデルというものを可能ならしめた。資本主義と高税率。高収益産業と強力な労働組合。また、民間部門が繁栄し、質の高い公共部門があること」。[30] つまり、労使協調とコーポラティズムが、資本主義経済による利益追求の一方、その分配を平等に行うことを可能にした。同時に高い税率で国民が広く負担を分かち合い、質の高い公共サービスの提供を可能にした。この軸にあるのは安定的な合意形成型政治であり、さらにこれら全体の枠組みを可能にしているのは、外交における中立政策である。[31] 約二〇〇年にわたって平和を維持したことは、政治への信頼・公的機関への信頼を醸成した最も大きな要因の一つと考えられる。それぞれを外交政策のスウェーデン・モデル、政党政治のスウェーデン・モデル、福祉政策のスウェーデン・モデルなどと細分して説明することも可能ではあるが、これら全体を総合すると、スウェーデン・モデルの本当の強さが見えてくるかもしれない。

四　スウェーデン・モデルの生成・成熟・揺らぎ・その後

スウェーデン・モデルの構成要素・特徴は以上の通りであるが、それではこれらはいつ生まれてきて、いつまで存在したものなのか。

個別の政策分野に着目すれば、「モデル」の起源がいつかということについても意見が分かれる。社会政策の始まりは一八〇〇年代後期にみることが出来るし、家族政策の分野での普遍主義的福祉政策を特に重視すればそれはミュルダール夫妻による問題提起がなされた一九三四年以降であろう。労使協調をスウェーデン・モデルの中心と見れば、一九三八年の「サルチオバーデンの協約」が決定的に重要なターニング・ポイントである。社民党の役割を特に重視するならば、社民党長期政権開始時の一九三二年にその起点を置くことが妥当である。特に、長期政権発足時から終戦直後まで、「国民の家」概念を用いて国民を率いたペール・アルビン・ハンソン首相の功績が大きい。これに対して宮本（一九九二）は、三〇～四〇年代はまだ、労働市場のコントロールに力点を置いた経済政策と普遍主義的な福祉政策がどう連動しうるか具体的な構想はなく、システムとしての整合性、相乗性にはまだ多くの制約があったと指摘する。そして、ペール・アルビン・ハンソンの主張した「国民の家」シンボルと、ミュルダール夫妻の福祉国家戦略を媒介、調整し、普遍主義的福祉国家の形成に向けた幅広い合意を現実につくりあげていったのは、社会相メッレルの功績であると論じて(32)、労使協調や完全雇用政策、普遍主義型福祉政策、合意形成型政治などを一つのシステムとしてスウェーデン・モデルを捉える考え方を紹介している。[33]

このように、モデルの起源については多様に設定することが可能であるが、そのピークについてはほとんど意見が一致している。一九五〇～六〇年代がモデルの開花期である。大体一八七〇年から一九七〇年の間に、ヨーロッパで最も貧しい国の一つから、アメリカ、スイス、ルクセンブルクに続く世界で四番目に豊かな国になった。そしてほぼ同時期に、世界で最も、所得が国民の間で平等に分配される国の一つになった。[34] 戦後の経済成長が包括的な社会改革プログラムを実行するためのユニークな状況を生みだした。社会民主党による長い政権支配が独特の安定的議会の印象を与えた。利益集団の意思決定過程への積極的参加は重要な社会的議題に関する理解と合意を強めた。労働党はストライキやロックアウトを当てにする必要なく、合意に達することが出来た。このような平和的賃金交渉は強力に中央集権された意思決定構造によって可能になった。[35] 海外でスウェーデン神話は広がり、世界中から研究者やジャーナリストが訪問したという。[36]

一九六七年、スウェーデン・モデルがまさに花開いている時、ユートピア論とともに撒き散らされたディストピア論によるさまざまな誤解を解くため、スウェーデン文化交流協会（Svenska Institutet）はスウェーデンに関する情報発信をしようと、行政や歴史、福祉、文化、デザインなど社会各分野に関する論稿を集めた書籍を出版した。その名も『一九六〇年代のスウェーデン *Sweden in the Sixties*』。その第一章で、セッテルベリ（Hans L. Zetterberg）は「スウェーデン：未来の国？ Sweden: A Land of Tomorrow?」と題して、スウェーデンが達成したことを誇らしげに謳っている。[37] 西欧の文明化における二つの大きなテーマである合理主義と人道主義、その二つともが北欧では広く定着した。しかしこの人道主義は、宗教や信仰に基づくものではない。貧困の撲滅、低額医療、無料の教育、家庭生活の支援、余暇の確保や失業時の保障などは、「裕福な慈善家の気まぐれに依るのではなく、受給者の謙虚で信心深い態度に依るものでもない。また、支援を求める嘆願の説得力に依るのでもない」。これらは「選挙権や財産権と同じように『権利』として与えられて」おり、「人びとは一律に、善い人にも悪い人にも、感じの良い人にも感じの悪い人にも、あらかじめ決められた方法と決められた量を、提供される」。「北欧は世界の他のどの国よりも、隅々に至るまで人道主義を体系化してきた」のだと主張する。そして、ヘーゲルがかつて、初期のアメリカを「未来の国」と呼んだことに基づき、つぎのように自国の成し遂げたことを表現した。

かつて未来社会であった頃の初期アメリカは、人びとから奪うことの出来ない幸福追求の権利を主張した。これは、人間は与えられた場所に留まるべきであると信じられていた世界において、まさに革命的原理であった。北欧諸国は、幸福追求の権利の上にさらに革命的な概念を付け加えた。その追求が成功か失敗かに関わらない、最低限の幸福の保障である。(38)

ところが一九六〇年代末からは、変化を示すいくつもの現象が起き始めた。モデルが揺らぎ始めたのである。トゥルベリ&エストベリ(1994)は、つぎの例を挙げる。

一九六九年ノルボッテンの鉱山で起きた非公式のストライキは、組合内部の合意が、人びとが思っているほど強固でないことを示した。労働運動は急進的になり、経営者が激しく反対する労働立法改革を求めるようになった。彼らは共同決定法や雇用保障法、そして何より被用者基金などの一連の立法を求めた。一九七〇年代のインフレと経済停滞が同時に起きる、いわゆるスタグフレーションをともなう経済の低成長により、人びとは福祉国家の限界について議論を始めるようになった。全体的に、政治的雰囲気の二極化が起こった。一九七六年の政権交代は、スウェーデン社会構造の重要な何かが変化して来たことを表すものであった。[39]

そして、「黄金の六〇年代」から「苦悩の七〇年代」へ。外的環境変化の主な要因は、他国の戦後復興の終了と新興国の追い上げであった。さらに一九八九年のベルリンの壁崩壊とともに急速に進むグローバリゼーション、一九九四年のEU加盟。スウェーデン・モデルが花開いた一九五〇〜六〇年代とは、もはや状況は大きく異なる。一九九〇年代は、戦後最悪の不況に陥った。揺らぎとその後の対応、スウェーデン・モデルの現在については、次章を参考されたい。

しかし、一九三〇〜四〇年代に生成され、五〇〜六〇年代に花開いたモデルの形が、時代と状況に合わせて変化しようとも、次の基本理念は、大きくは変化していないのではないだろうか。自由(frihet)、平等(jämlikhet)、機会均等(jämställdhet)、平和(fred)、安全(säkerhet)、安心(trygghet)、連帯(solidaritet)・協同(samverkan)、公正(rättvis)である。[40] なかでも、第一節で紹介した街角のスウェーデン・モデルの例からは、「機会均等」と「平等」、つまり、「機会の平等」と「結果の平等」が重視されていることを示しているように思える。スウェーデン国内に住むすべての人が、安心して自分の人生を選択できるよう、平等にチャンスを与えられる。そのための環境整備を、広く国民が連帯して負担する。その負担と分配を決定する政治と市民との距離は、限りなく小さい。そして、それらを可能にしている大きな前提は、二〇〇年にわたる平和の維持である。平和を維持するための努力とコストは払い続けている。ODAは基本的には七〇年代から二〇一五年現在に至るまで、GNIの約一%を拠出し続けている。（国連目標は〇・七%、OECD平均は〇・三%）。[41] 戦後最悪の不況に陥った一九九五〜二〇〇五年でも、〇・七〜〇・八%を維持した。そして難民受け入れ数はOECD諸国の中で圧倒的に多い（第四章参照）。

「特権階級と恵まれない者、支配者と従属者、豊かな者と貧しい者、過剰に持ち過ぎている者と極貧の者、略奪する者と略奪される者に分けているすべての社会的・経済的壁を取り壊す」[42] ことで「良い家または家族としての社会」を構築しようとしたペール・アルビン・ハンソンの「国民の家」思想は、その後政権を引き継いだターグ・エランデルの時代に大きく花開き、さらにその後はウーロフ・パルメによって、「国境なき連帯」（solidaritet utan gränser）として地球規模にその範囲を拡大した。環境の変化に応じてさまざまな制度的変更はある。しかし、「スウェーデン・モデル」の基本理念は大きくは変わっておらず、それが、街角のあちらこちらに表れているのではないだろうか。

註

（1）秋朝礼恵（二〇一五）、岡沢憲芙編著『北欧学のフロンティア』ミネルヴァ書房、三八二頁

（2）リッカード・ラーゲルベリ＆エンマ・ランデッケル、スウェーデン文化交流協会（SI）、津金レイニウス豊子訳（二〇一〇）『スウェーデン 北の果て、今を生きる挑戦者たち』欧印社、p.65（二〇一五年五月一九日、在日スウェーデン商

工会議所等主催「スウェーデンビジネススクール（東京）」於在日スウェーデン大使館、における配布資料）
（3）辞典からの引用は *Webster's New World Dictionary*, 2nd ed. 1982
（4） Kjell Goldmann (1991) "The Swedish Model of Security Policy", Jan- Erik Lane (ed.) *Understanding The Swedish Model*, FRANK KASS, p.122
（5）Per Thullberg & Kjell Östberg (red.) (1994) *Den Svenska Modellen*, Studentlitteratur. s.5
（6）戸原四郎（一九八四）「福祉国家スウェーデンの生成と展開」、東京大学社会科学研究所編『福祉国家1福祉国家の形成』東京大学出版会、二七九頁
（7）戸原四郎（一九八四）二七九頁
（8）岡沢憲芙（一九九九）「福祉国家の成立と展開」『岩波講座 世界歴史二六巻』八頁
（9）Olof Ruin (1986) *I Välfärdsstatens Tjänst*, Tiden, s. 12
（10）Olof Ruin (1986), s. 13
（11）秋朝礼恵（二〇一四）「スウェーデン・モデルに関する一考察」『地域政策研究』（高崎経済大学地域政策学会）第一七巻第二号二〇一四年一一月、八九頁
（12）Andres Bergh (2013) *Den Kapitalistiska Välfärdsstaten*, studentlitteratur AB Lund.
（13）Gösta Esping-Andersen (1994) "Jämlikhet, effektivitet och makt", i Per Thullberg & Kjell Östberg (reg.) , Studentlitteratur, *Den Svenska Modellen*, ss. 75-106
（14）Gösta Esping-Andersen (1994), i Per Thullberg & Kjell Östberg (reg.) , ss. 75-106
（15）Gösta Esping-Andersen (1994) s. 75
（16）Gösta Esping-Andersen (1994) s. 75
（17）Andres Bergh (2013) はスウェーデン・モデルの特徴を①資本主義経済と計画経済のスウェーデン独特の混合である混合経済、②最低賃金や労働環境に関する立法を労使合意で達成したコーポラティズム、③広く中間層をもとりこむ大きな福祉プログラムとしての普遍的福祉政策、④連帯賃金政策や積極的労働市場政策によって効率的な企業活動のための構造転換を後押しするレーン＝メイドナー・モデル、の四点にまとめている。 Andres Bergh (2013) *Den Kapitalistiska Välfärdsstaten*, studentlitteratur AB Lund. ss. 13-14.
（18）Andres Bergh (2013) *Den Kapitalistiska Välfärdsstaten*, studentlitteratur AB Lund. ss. 13-14.
（19）Andres Bergh (2013) ss. 13-14.

（20）Jan Edling (2015) "The Swedish Model in Transition", 東京大学・中央大学・法政大学における講演での配布資料（二〇一五年二月三日）

（21）Pär Nuder (2014.10.28) "The Nordic model and Sweden's successful handling of the financial crisis" 東京大学 global leadership program 講演会、於東大福武ホール 2014.10.28

（22）Thullberg & Östberg (red.) (1994), s. 5

（23）岡沢憲芙（二〇〇九）『スウェーデンの政治：実験国家の合意形成型政治』東大出版会、二三頁

（24）岡沢憲芙（二〇〇九）二四頁

（25）岡沢憲芙（二〇〇九）七～二一頁

（26）岡沢憲芙（二〇〇九）一〇頁

（27）Stewart Oakley (1966), *A Short History of Sweden*, Frederick A. Praeger, p.243、岡沢憲芙（二〇〇九）二三頁より

（28）岡沢憲芙（二〇〇九）二四～四八頁

（29）Olof Ruin (1986) *I Välfärdsstatens Tjänst*, Tiden, s. 14

（30）ペール・ヌーデル（二〇〇八）「スウェーデン前財務大臣が語る福祉・成長両立モデル」東京大学公共政策大学院、第四二回公共政策セミナー、二〇〇八年一一月一七日 <http://www.pp.u-tokyo.ac.jp/seminar/2008-11-17/documents/seminar20081117.pdf>。訳を若干変えて用いた。

（31）Jan- Erik Lane (1991) "Interpretations of the Swedish Model", Jan- Erik Lane (ed.) *Understanding The Swedish Model*, FRANK KASS, p.1

（32）宮本太郎（一九九一）『福祉国家という戦略：スウェーデンモデルの政治経済学』法律文化社、七〇頁

（33）宮本太郎（一九九一）三七～三八頁

（34）Andres Bergh (2013) s. 13

（35）Thullberg & Kjell Östberg (red.) 1994

（36）岡沢憲芙（二〇〇九）iii頁

（37）Hans L. Zetterberg (1967) "Sweden: A Land of Tomorrow?", in Ingemar Wizelius (ed.), *Sweden in the Sixties*, Almqvist & Wiksell, pp.13-21

（38）Hans L. Zetterberg (1967) in Ingemar Wizelius (ed.) p.21

（39）Thullberg & Östberg (red.) 1994, ss. 6-7

（40）岡沢憲芙（一九九三）『スウェーデンを検証する』早稲田大学出版部、六～七頁
（41）OECD (2012) "compare your country" <https://www.compareyourcountry.org/oda#>（2015/05/01 閲覧）。
（42）Tim Tilton (1990), *The Political Theory of Swedish Social Democracy*, Oxford University Press, pp.125-145,（原典は Hansson in Berkling, 1982: 233）

参考文献

秋朝礼恵（二〇一四）「スウェーデン・モデルに関する一考察」『地域政策研究』（高崎経済大学地域政策学会）第一七巻第二号 二〇一四年二月、八七～一〇三頁
秋朝礼恵（二〇一五）「財政再建の政治経済学」、岡沢憲芙編著『北欧学のフロンティア』ミネルヴァ書房、三七三～三八七頁
岡沢憲芙（一九九三）『スウェーデンを検証する』早稲田大学出版部
岡沢憲芙（一九九九）「福祉国家の成立と展開」『岩波講座 世界歴史 26巻』一～二八頁
岡沢憲芙（二〇〇九）『スウェーデンの政治：実験国家の合意形成型政治』東大出版会
戸原四郎（一九八四）「福祉国家スウェーデンの生成と展開」、東京大学社会科学研究所編『福祉国家1福祉国家の形成』東京大学出版会、二七九～三三〇頁
ペール・ヌーデル（二〇〇八）「スウェーデン前財務大臣が語る福祉・成長両立モデル」東京大学公共政策大学院、第四二回公共政策セミナー、二〇〇八年一一月一七日 <http://www.pp.u-tokyo.ac.jp/seminar/2008-11-17/documents/seminar20081117.pdf>。
宮本太郎（一九九一）『福祉国家という戦略：スウェーデンモデルの政治経済学』法律文化社
リッカード・ラーゲルベリ&エンマ・ランデッケル、スウェーデン文化交流協会（SI）、津金レイニウス豊子訳（二〇一〇）『スウェーデン 北の果て、今を生きる挑戦者たち』欧印社、p.65（二〇一五年五月一九日、在日スウェーデン商工会議所等主催「スウェーデンビジネススクール（東京）」於在日スウェーデン大使館、における配布資料）
Andres Bergh (2013) *Den Kapitalistiska Välfärdsstaten*, studentlitteratur AB Lund, ss. 11-22
Gösta Esping-Andersen (1994) "Jämlikhet, effektivitet och makt", i Per Thullberg & Kjell Östberg (reg.), *Den Svenska Modellen*, Studentlitteratur,ss. 75-106
Hans L. Zetterberg (1967) "Sweden: A Land of Tomorrow?", in Ingemar Wizelius (ed.), *Sweden in the Sixties*, Almqvist & Wiksell, pp.13-21
Jan Edling (2015) "The Swedish Model in Transition", 東京大学・中央大学・法政大学における講演での配布資料（二〇一五年二

月二日）
Kjell Goldmann (1991) "The Swedish Model of Security Policy", Jan- Erik Lane (ed.) *Understanding The Swedish Model*, FRANK KASS, pp.122-143
Olof Ruin (1986) *I Välfärdsstatens Tjänst*, Tiden
Per Thullberg & Kjell Östberg (red.) (1994) *Den Svenska Modellen*, Studentlitteratur, ss. 5-9
Pär Nuder（2014.10.28）"The Nordic model and Sweden's successful handling of the financial crisis" 東京大学 global leadership program 講演会、於東大福武ホール　二〇一四年一〇月二八日
Tim Tilton (1990), *The Political Theory of Swedish Social Democracy*, Oxford University Press, pp.125-145

第十一章　スウェーデン・モデル
――グローバリゼーションのなかの揺らぎと挑戦――

秋朝礼恵

一．はじめに

福祉国家建設によりスウェーデン社会民主党（以下、単に「社民党」）が目指したのは、平等な社会の構築であった。それは、しばしば引用されるペール・アルビン・ハンソン（Per Albin Hansson）社民党党首（当時）の議会演説に示されている。当時は、普通平等選挙が導入され、政治的平等への期待が高まっていた。ハンソンは一九二八年議会において、社会的経済的な格差が歴然と存在することを強い表現で指摘し、スウェーデン社会が目指すべき将来像―誰もが虐げられることなく平等に扱われる、国民にとっての「良い家」―を示したのだった。これが、スウェーデン型福祉国家の理念であり青写真となった「国民の家（Folkhemmet）」というアイデアである。

そして終戦後、さらには一九六〇年代の未曾有の経済成長期を経て、スウェーデンは高福祉高負担と称される福祉国家となった。その過程で、「国民の家」の「子どもたち」は多様化した。労働者は、産業構造の変容によりホワイトカラー化した。男女機会均等政策は女性の労働力化を後押しし、満たされない労働力需要や寛大な移民政策そして不安定な国際情勢が外国からスウェーデンに向かう人の流れを加速させた。

「国民の家」を取り巻く経済環境も変容した。貿易依存度の高いスウェーデン経済は国際経済情勢の影響を受けやすい。技術革新の進展や新興国の台頭など変化する国際情勢の下で競争力を維持・向上させることがスウェーデン経済の生命線となった。そのため、原材料輸出から工業製品輸出、さらにはより労働集約的・知識集約的なモノやサービスの輸出へと産業構造の転換が促された。政府は、教育政策や積極的労働市場政策を通じて人的資源の育成を図り、為替政策や補助金政策で産業保護・育成にも乗り出した。

一九九〇年代初めには、経済のグローバリゼーションの波に洗われ過去に類をみない金融危機・財政危機を経験したが、いわゆる聖域なき歳出削減を中心とする再建策を断行し、九八年には財政黒字を達成した。厳しい経済状況は行政改革や規制緩和の追い風となり、福祉サービス(1)の供給は行政の独占領域ではなくなった。株式会社を含めた供給主体の多様化が進展している。そして、資本は国境を越えて移動するため、今や外国資本がスウェーデン国内の福祉サービス供給の一翼を担っている状況だ。

このような社会経済の変化を経て、スウェーデンは今なお世界的にみて経済的格差の少ない国として知られる。しかし、近年、他の多くのOECD加盟国と同様、ジニ係数や相対的貧困率が上昇しており、格差の拡大が指摘されている(OECD 2008)。今後もスウェーデンは、ハンソンの描いた「国民の家」であり続けることができるだろうか。あるいは、新たな展開を見せるのだろうか。

さて、本章の目的は、グローバリゼーションの進展に代表される経済的社会的条件の変化の下でのスウェーデン・モデルのありようを検討することにある。その際、「スウェーデン・モデル」を、ハンソンの「国民の家」―より平等で格差の少ない社会―を実現するための方法や手続きの総体と定義する。多様な市民を包摂し、GDPの二八・一%(二〇一四年)に相当する公的社会支出で経済的格差を縮小させる―そのアイデアも、これを実現する方法や手続きも、他の福祉レジームとの対比でいえばスウェーデン型福祉国家の特徴といえるだろう。また、グローバリゼーションとは、カネ、モノ、ヒト、情報(さらにはこれらに付随して伝播する技術、知恵・知識)が地球規模で移動することをいう。これは、地球を観察単位とした場合であり、眼差しを国内に転じれば、生産ネットワークの広域化、生産拠点の移動、ダイバーシティマネジメントの必要性の高まりといった内なるグローバリゼーションの進展を、一国のここそこで見出すだろう。

スウェーデン福祉国家の歴史を振り返ると、「国民の家」はいくつかの転機を経験している。自由、平等、公平、機会均等といった価値理念の比重や優先順位を操りながら、国内・国外条件の変化に対応してきた。そもそも「家」は、そこに住む人にとって安心で安全な場でなければならない。だからこそ、内的・外的環境条件が変化すればそれに合わせて家を点検し、修繕し、改装し、増改築して住み心地の良さを保とうとする。耐震補強する、アスベストを撤去する、バリアフリー化するのはそのためだ。では、グローバリゼーションの荒波に、スウェーデン・モデルはどのように対応してきたのだろうか。

なお、「北欧モデル」や「社会民主主義モデル」を含めると、スウェーデン・モデルに関する先行研究は枚挙に暇がなく、また、焦点の当て方によりモデルの描き方も異なっている。そこで、本章は、最も包括的に同モデルの特徴を示しているルイン(Ruin 1986)を出発点として議論を進める。まず、ルインにならいスウェーデン・モデルの特徴を概観し、次に経済的格差関連指標により平等の観点からスウェーデン社会の変化を確認する。最後に、格差拡大の背後にある諸要素の変化と同モデルのありようを考察する。

二、スウェーデン・モデルと平等な社会

(一)スウェーデン・モデルの特徴

前章でも述べられているとおり、政治学者オロフ・ルイン(Olof Ruin)はスウェーデン・モデルの主要な特徴として、平和的・協調的な労使関係、包括的な福祉システムおよび合意形成を優先させる政治課題解決手法の三点を挙げている(Ruin 1986)。これら三点はそれぞれ、分配領域、再分配領域そして両領域におけるシステム構築の手法とみることが出来る。

通常、市場競争に任せていれば格差が発生する。そこで、国家が再分配政策によりこの格差を縮小させ、経済的に困窮した者を支援する。ところが、スウェーデンの場合、協調的な労使関係により同一労働・同一賃金の連帯賃金制によって分配時点で発生する格差が縮小された。ただし、傷病、退職、失業、労働災害、多子などにより経済的に困窮するリスクに各個人で備えるには限界があるので、誰もが遭遇しうるリスクには国家が再分配政策により対応する。これが税や社会保険料といった共通の財源で運営されるセーフティネットである。このセーフティネットはスウェーデン型福祉国家の建設・成熟過程で大きくなり、かつその網の目が小さくなって(＝包括的な福祉システム)、分配段階での比較的小さい格差がさらに縮小された。そして、これらの分配・再分配のシステムは、労使間、政党間、政府・利益団体間など多様な関係性において展開される合意形成型課題解決手法によりデザインされ構築された。

(二)格差は拡大しているのか

さて、既述のとおり、経済的格差の少ない国として知られているスウェーデンで、近年、他の多くのOECD加盟国と同様、格差が拡大しているという(OECD 2008)。格差を示す代表的な指標であるジニ係数や相対的貧困率は、OECD、EU、世界銀行、Luxembourg Income Studyなどの機関や各国統計局から発表されているが、算出根拠によりその値は相違する。ここではOECD統計を軸に、スウェーデン統計局発表のデータで補いながら格差の状況をみてみよう。

【図版1】

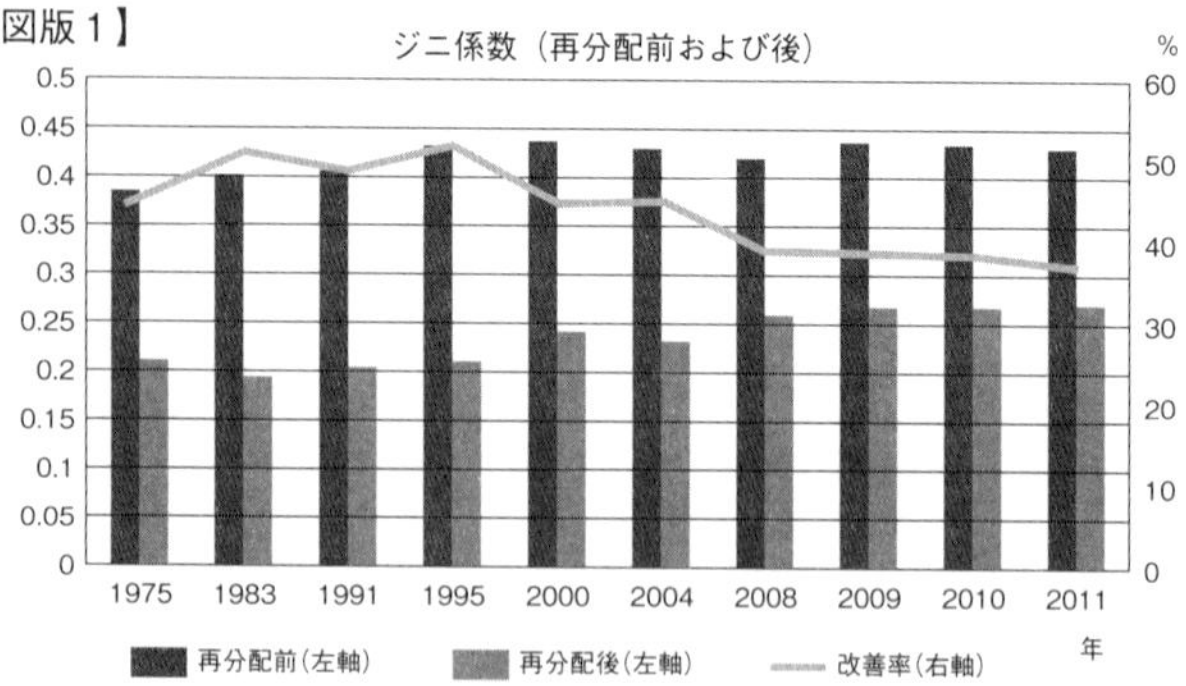

出所：OECD 統計より作成

【図版2】

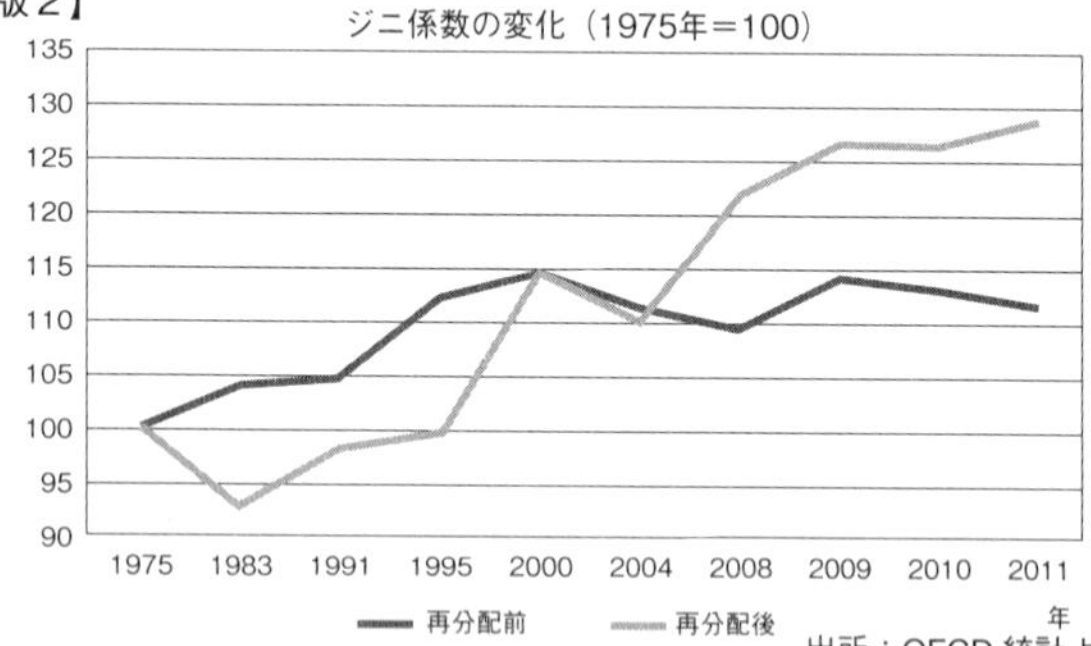

出所：OECD 統計より作成

【図版3】

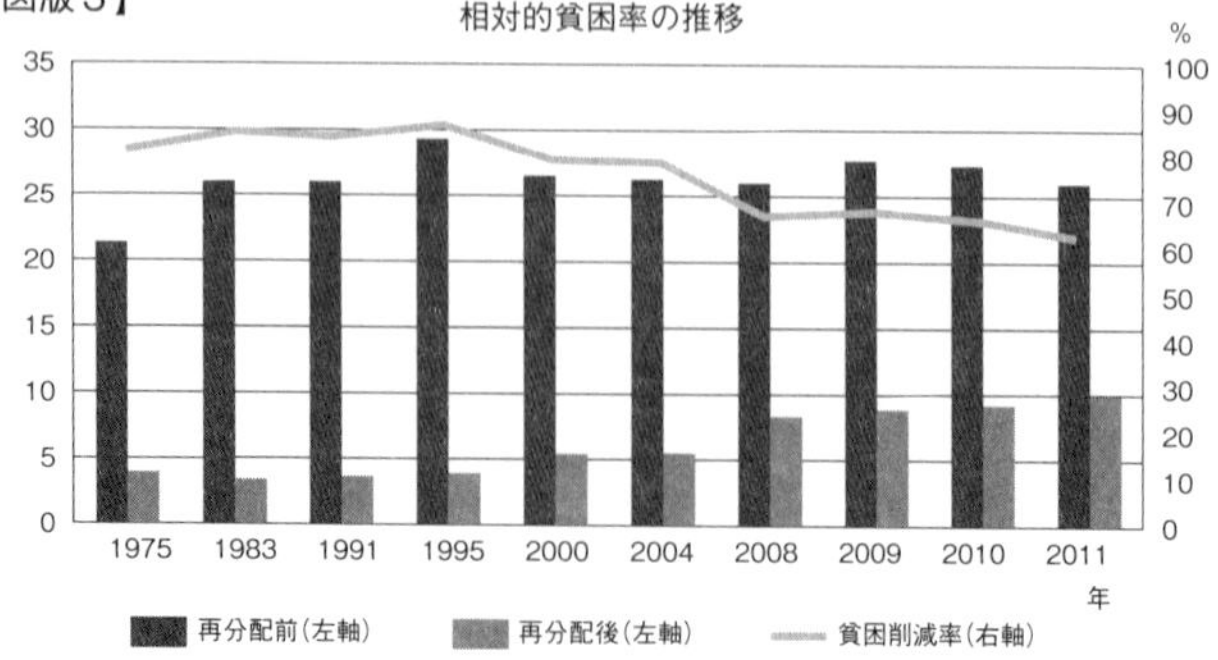

出所：OECD 統計より作成

【図版4】

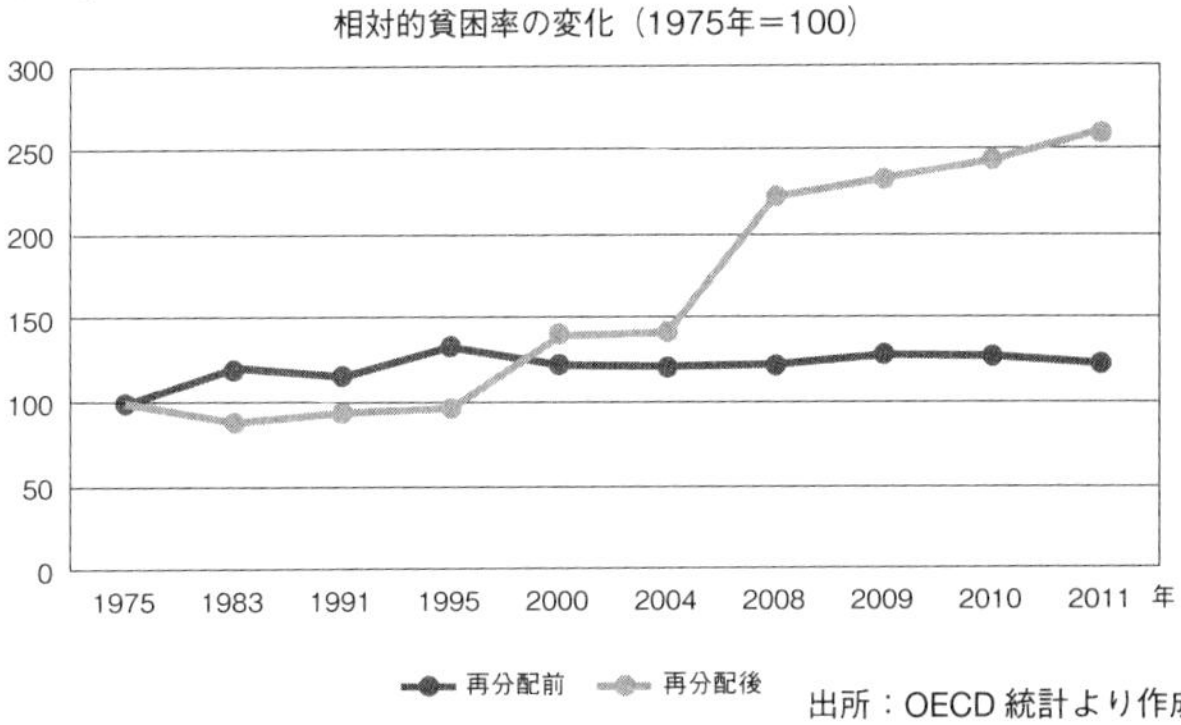

出所：OECD統計より作成

① ジニ係数の変化

【図版1】は、入手可能なOECDデータをもとに、再分配前後のジニ係数の経年変化を示したものである。一九九〇年代半ば以降、再分配後のジニ係数が上昇していること、再分配による改善率[2]が低下していることがわかる。なお、再分配後のジニ係数は、一九七五年時点を一〇〇とすると、二〇一一年は一二八・七になる（【図版2】）。

② 相対的貧困率の変化

相対的貧困率についても再分配の前後で比較してみよう。【図版3】によれば、再分配前後の相対的貧困率の動きはジニ係数とよく似ており、再分配後の貧困率が上昇していること、貧困削減率[3]が低下していることが分かる。二〇一一年の貧困率は、一九七五年の約二・六倍に相当する（【図版4】）。

③ 賃金格差の変化

さらに、可処分所得（資本所得を含む）のパーセンタイル値の変化をみたものが【図版5】である。一九九〇年代以降すべての階層で可処分所得が増加しているが、その傾向は高い階層ほど顕著であり、結果として低所得層と高所得層のギャップが拡大している。

【図版5】　等価世帯所得（可処分所得）のパーセンタイル値の変化

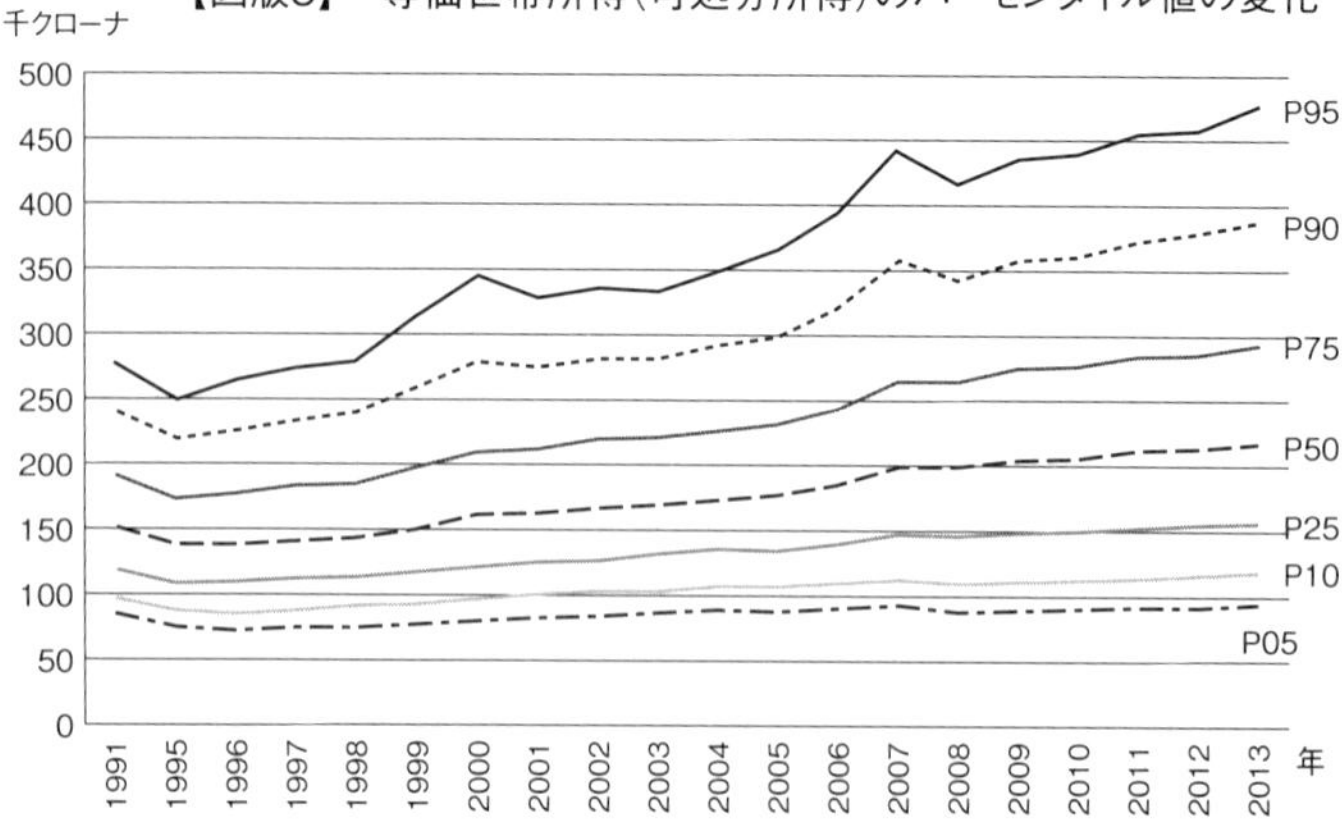

出所：SCB統計より作成

二〇一三年には五パーセンタイル値と九五パーセンタイル値の比は四・七五に達している。

以上の三つの指標の動向を総合すると、格差の拡大は、グローバリゼーションの進展がみられる一九九〇年代以降、とりわけ二〇〇〇年代半ば以降で顕著である。OECD統計から入手できない時点の動向をスウェーデン統計局の統計で確認してみると、例えばジニ係数は一九九一年の〇・二四九から、増減を繰り返しながら二〇〇〇年にピークを迎え（〇・三二三）、二〇〇三年まで低下した後再び上昇している。ジニ係数、相対的貧困率、そして所得上位層と下位層の比がいずれも上昇しており、上位層のいっそうの高所得化と、下位層の所得水準の固定化という構図が見られる。

この変化は何を意味するのだろうか。低所得者に対する就労支援や社会保障給付などの生活支援が不足しているのだろうか。低所得や貧困に陥るとその状態に長くとどめ置かれてしまうのだろうか。限られた財源が中間層や高所得層に相対的に有利に配分されたのだろうか。指標の計算の根拠となる給付の範囲には制約があり、例えば、現金給付を抑制する代わりに現物給付を充実させるような政策変化があった場合、その効果は指数に反映されない。あるいは、マクロなデータに表れない分配段階での格差の質の変容があったのだろうか。その場合には従来型の再分配政策では対応しきれず、新たな福祉システムのデザインが求められるだろう。そこで、次に、二〇〇〇年代半ば以降に、労働市場政策と福祉政策にどのような変化があったのかを探ってみよう。

三．スウェーデン・モデルの揺らぎ

(一)労働市場の検討

平和的・協調的な労使関係は、国家権力の介入を排した労使間の自律的な交渉によって実現され維持されてきた。

労働争議により失われた労働日数をみると、労使関係は依然、平和的といえる。過去には、LO(労働組合全国組織)とSAF(スウェーデン使用者連盟)の間で発生したストライキを伴う大規模争議(一九八〇年、約四四四八万日相当)や地方公務員連合を中心とするストライキ(二〇〇三年、約六三三万日相当)があったが、このような大規模ストライキはまれである。二〇一四年の喪失日数は三、四五〇日相当であり、この水準が近年の傾向である。

また、労使協調のシンボルである連帯賃金制は、高い組織率と中央集権的な賃金交渉によって維持されてきた。しかし、一九九〇年代に賃金交渉の場は加盟組合単位に移行し、いまやLO、TCO(ホワイトカラー中央組織)及びSACO(スウェーデン大卒者中央組織)といった労働組合中央組織が交渉に直接関与するのは、せいぜい組織全般的な課題についてである。組織率の低下や賃金交渉の分権化が進展することで、連帯賃金制が以前ほどには機能しにくくなっていることが想像できる。

ＯＥＣＤ統計により一九六〇年以降の組合組織率をみると、一九八四年から一九九九年まで八〇％台を維持（このうち、九三、九四及び九五年が八三％台でピーク）したのち低下し、二〇一三年には六七・七％となっている。シェルベリィによれば、組織率の動向にはホワイトカラーとブルーカラーの間で相違がある。すなわち、二〇〇七年と二〇〇八年にはホワイトカラーにもブルーカラーにも組合離れがみられたが、その後ホワイトカラーで組合員数が回復し、ブルーカラーでは組合員の減少が続いた（Kjellberg 2013）。この対照的な状況は、組合単位で運営される失業保険の保険料水準の変化によるもので、かつては好況期に組合員離れが進んでも不況になると戻ってくる傾向がみられたが、ブルーカラー層の組合の失業保険料が高く、組合離れに歯止めをかけあるいは呼び戻すことができない状況にあるという（Kjellberg 2013）。他方、全ての企業が雇用者団体に加盟しているわけでもない。二〇一三年時点で、団体協約でカバーされない雇用者がおよそ四八万三千人（労働力人口の一七・一％）いると推計されている。業種間でも状況が異なっている。雇用者数が五〇人までの規模の企業についてみると、団体協約を有する企業割合には産業分野により開きがあり、最も高い鉱工業で六七％、最も低い教育・ケアサービス業で四一％との報道がある。(4)

また、国家権力の介入は法規制や行政指導などの形式をとるが、たとえば、スウェーデンには最低賃金を定める法令がない。(5) 最低賃金は労使間の交渉事項であり、団体協約中に明記される。したがって、協約に書かれた最低賃金が適用されるのは団体協約が及ぶ範囲に限定される。団体協約でカバーされない四八万人余のなかには不当に低い賃金で長時間労働に従事する人もいるだろう。

他方、スウェーデンには、雇用の保護や安定のため、雇用保護法や共同決定法による規制がある。これらの法律により、解雇の濫用や使用者による一方的な労働条件の変更などを防止している。このうち、近年変化がみられるのは雇用保護についてである。そもそも、連帯賃金制は企業に競争力の強化を求める。競争力の弱い企業の淘汰を促すため、雇用者にとっては企業の倒産や雇用調整により失業するリスクとなる。そこで、失業者に対する職業訓練や職業紹介等のサービスを充実させることはもちろんのこと、規制により雇用を保護することも重要になる。行き過ぎた規制は産業の競争力を制約するが、人びとが安心して働きかつ労働市場の秩序を維持するためにはある程度の雇用保護法制が労使関係の安定に寄与するだろう。この雇用の安心の度合いはＯＥＣＤの雇用保護指数（Employment Protection Indicators, EPI）[6]で測ることができる。ＥＰＩ[7]は、解雇手続きが煩雑で、予告期間が長期であり、解雇手当金が義務化されるなど、簡単には解雇できない規定が増えるほどその値は高くなる。一九八五年から二〇一三年までの一般労働者（雇用期間に定めがない雇用者）に対する個別解雇規制のＥＰＩは概ね一定で、二・六から二・七で推移しているほか、集団解雇制限のＥＰＩは一九九八年から二〇一三年まで二・五〇〇で一定である（【図版６】）。

これとは対照的に、有期雇用者のＥＰＩは一九八五年の四・〇八三から二〇一三年には〇・八一三へと急激に低下している（【図版６】）。有期雇用者はもともと一般労働者よりも立場が弱いが、その雇用上の地位が一層不安定になっている。さらに、この有期雇用者が増加したことで、労働市場全体の不安定性が増しているのではないかと思われる。スウェーデン統計局によれば有期雇用者数は二〇一四年には六九万四千人で、雇用者全体の一六・七％に相当する（SCB 2015、【図版７】）[8]。特徴としては男性よりも女性に多く、また、若年層や外国生まれの者にも多い。さらに、業種別にはホテル・レストラン業界に多く、製造業に少ない

【図版6】

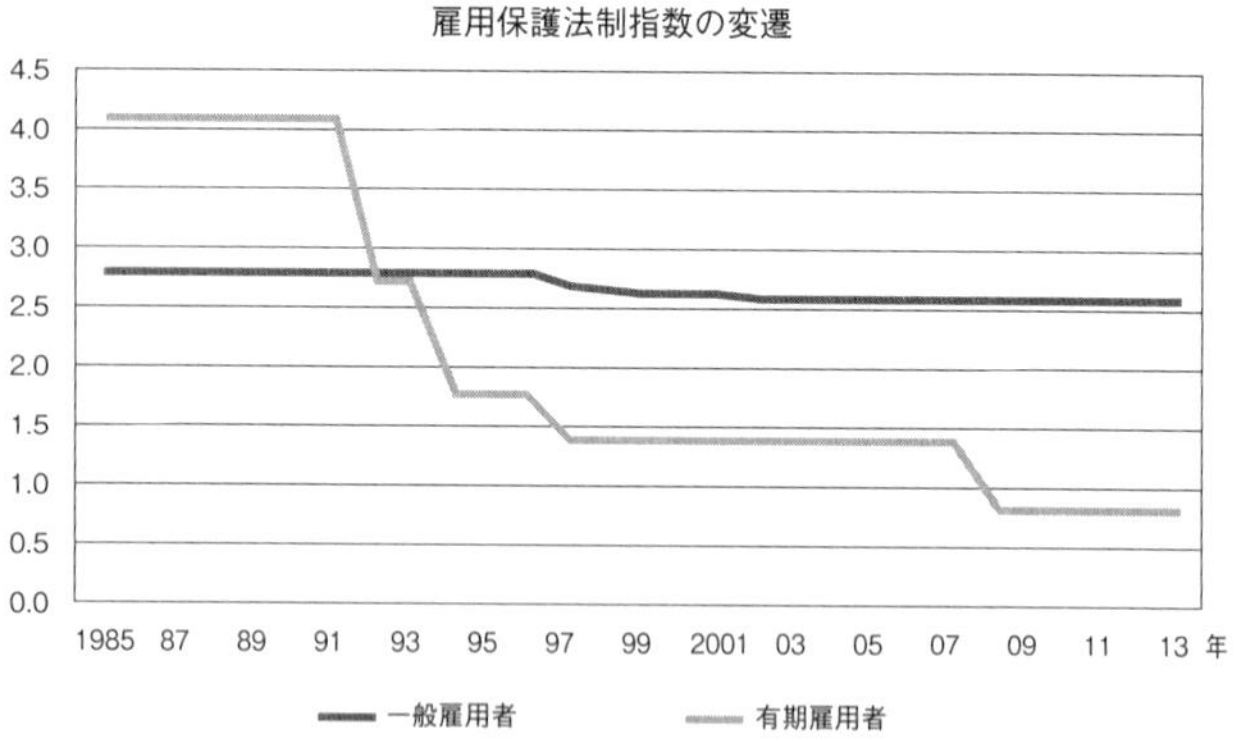

出所：OECD統計より作成

傾向がある。

ではなぜ、このような変化が発生したのだろうか。有期雇用者は一九九〇年代初頭のバブル崩壊後から増加している(【図版7】)が、グローバル化や欧州化に伴う国際競争圧力の高まりと、二〇〇〇年代の政策がこの流れを後押ししたと考えられる。有期雇用者の増加は、雇用保護法をめぐる与野党間の議論を活発化させた。解雇順位(後入れ先出し)、有期雇用期間の上限、フルタイム労働権の導入などに対するスタンスには与野党間で相当の開きがある。例えば、社民党政権が有期雇用者の保護強化を目的として、有期雇用者が無期雇用に転換できる有期雇用期間の上限を一四か月に短縮する法改正をしたところ、その翌年にはブルジョア政権が改正法を改正し、上限期間を最低二年に修正している。

二〇〇六年に首相となりブルジョア連合政権を率いたラインフェルト(Reinfeldt)穏健統一党党首は、議会の施政方針演説で雇用の創出を重要政策課題の一つに挙げた(Protokoll 2006/07:6 Anf.1)。グローバリゼーションが進展すれば生産拠点は国外に移転し、国内の求人が減少しうる。現に失業率は高

【図版7】 有期雇用者および一般雇用者の状況

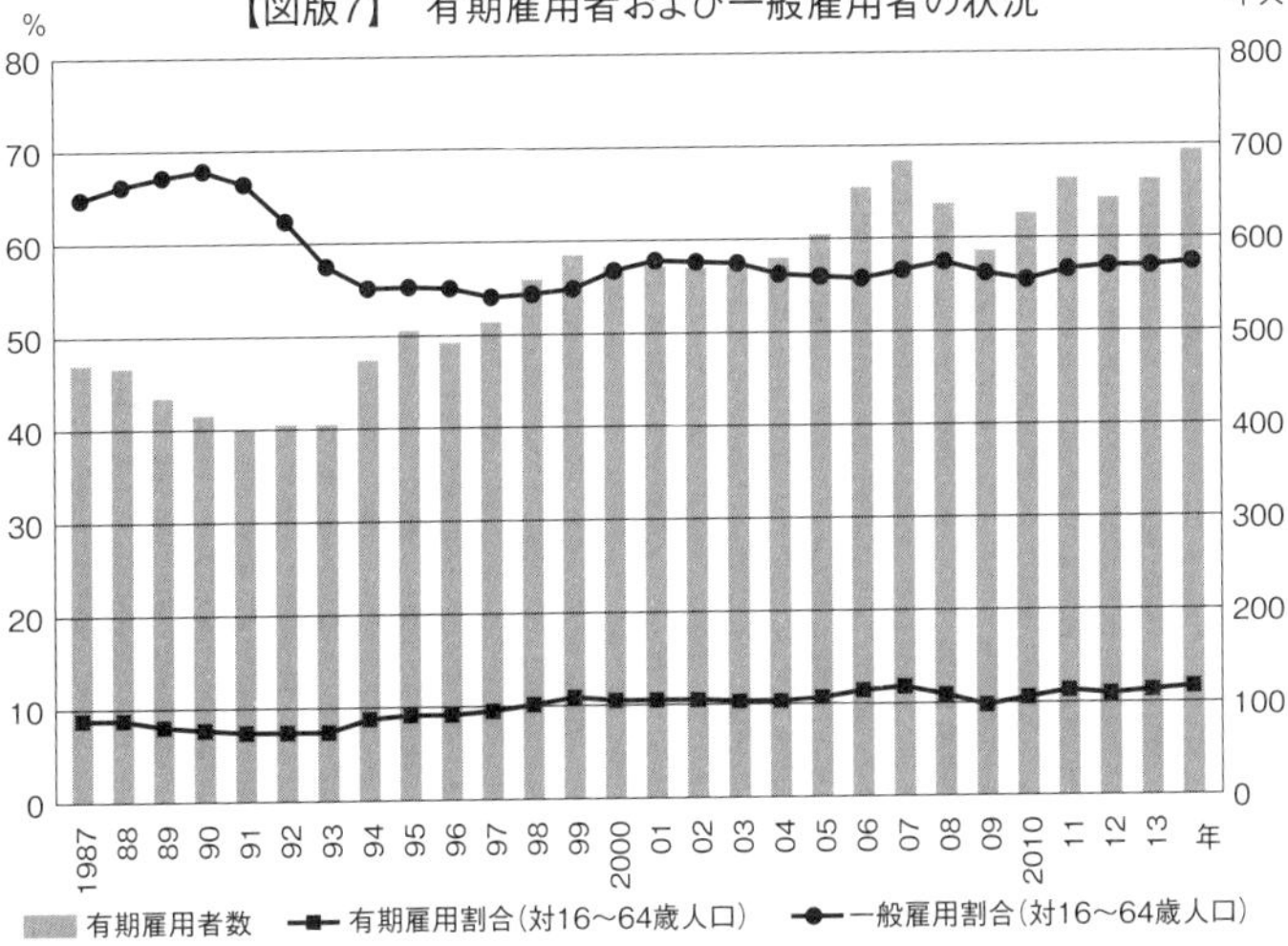

出所：SCB統計より作成

止まり状態である。ソーシャル・インクルージョンの観点からも、雇用の確保は重要だ。外国人、若年者、病気療養中の者は仕事を得られない状態が長引けば社会的に孤立しやすくなるからである。二〇〇六年当時の庇護認定申請件数は二万六千件余、移民数は八万三千人弱[9]。雇用を確保し、社会に亀裂を生みかねない事態を回避することが連合政権にとって喫緊の課題であったことが伺える。そこで政府は、労働力の需要と供給の両面から雇用対策を打ち出していった。需要面では企業が人を雇いやすくするための対策が講じられた。すなわち、有期雇用者の保護水準を引下げ、若年者や長期失業者[10]を雇用する企業に対して使用者の社会保険料負担を軽減し、さらには補助金を支給するなど、規制緩和・間接的金銭給付・補助金政策の多様な政策メニューを実施した。ケアサービスを中心とする女性の起業も支援した。

労働力供給面では働く意欲を高める施策を講じた。

求職者に対するジョブコーチ制（jobbcoacher）や若年者（一六～二四歳）対象の就労保障（jobbgaranti）、ニュースタートジョブ（nystartjobb）、移民や長期療養者に対する就職支援などを実施したほか、労働所得に対する減税措置、失業保険制度の厳格化を講じていった。[11]

（二）福祉システムの検討

スウェーデン型福祉政策は、包括的であるとか普遍主義的であると言われる。包括的な福祉システムとは、職域、収入、居住地等の別によらず、またライフステージによらず、生活上の基本的な安心を保障するためにあらゆる市民を対象として、各種の給付（金銭、サービス）を実施する制度体系をいう。また、収入や資産といった経済状況により受給資格を定める制度を選別主義的というのに対し、ある条件に合致する市民をすべて対象とするものを普遍主義的であるという。もっとも、スウェーデンにも選別主義的な給付はある。いわゆる生活保護（ekonomiskt bistånd）を受給する場合はもちろんのこと、子どものいる家庭や高齢者に対する住宅手当は所得調査を伴う。とはいえ、EUROSTATで所得調査の有無別給付総額を比べると、所得調査のない給付が社会支出全体の九七％（二〇一二年）を占めている。[12]

福祉システムが包括的で普遍主義的であるためには、不断に変化する社会的経済的条件にシステムを適合させるよう改革しなければならない。その好例が児童手当制度（barnbidrag）である。同制度は一九四七年の創設時から、親の所得水準にかかわらず、一六歳未満の子を対象に、一人あたり毎月定額を支給しており、このため普遍主義的制度として取り上げられるが、かつては子どもの国籍の別により異なる取り扱いがされていた。制度の変遷を追ってみると、外国籍の子どもには待機期間が設定され、出生後すぐに児童手当は支給されなかった。待機期間の適用は、北欧の国籍を持たない子ども、次に、EU加盟を契機に北欧およびEU加盟国以外の国籍の子どもというように、その範囲が縮小されてきた。一九九九年に社会保障に関する法体系が整理された際、六か月の待機期間が廃止され、スウェーデンに現に居住する一六歳未満の子どもは国籍の別にかかわらず同じ扱いとなった。なお、改正の趣旨説明で政府は、「ますます勢いを強める国際化の流れを考慮すれば、スウェーデン国籍を有するか否かで条件を設定することにもはや意味はない」と述べている。

さて、福祉システムが市場で発生する格差を縮小し、市民生活の安心を保障する再分配システムであることに着目すれば、前節で述べた労働市場における雇用の不安定化と賃金格差の拡大に対応することが重要な政策課題となる。しかし、実際に採用された政策は、むしろ、「働ける者」や「持てる者」に対し、より見返りをもたらすものであった。

ブルジョア連合政権の政策の方向性は就労原則の強化であり、社会保障給付もこれに沿って改革された。疾病保険改革では、リハビリ・チェーン(13)を策定し、疾病認定プロセスの適正化を図った。さらに、疾病保険支給期間を一日一年間で区切り、一年限定の疾病保険と期間延長疾病保険(最長一八か月まで)を導入した。これには給付期間(＝病気休職期間)の長期化を防止し、できるだけ早期に就労に復帰させる目的がある。さらに、病気休職初日に医師の診断書の提出を求めることができる等使用者の権限を強化するとともに、休職者に対する使用者の給与支払い義務を廃止して使用者の負担軽減を図った。

また、失業保険改革を段階的に実施した。社民党政権も一九九八年に改革に着手したが、ブルジョア政権の改革は市場原理を取り入れたものであった。二〇〇七年に失業保険料を引上げるとともに、翌二〇〇八年には保険料水準に保険集団ごとの失業率を反映させる仕組みを導入した。その結果、保険集団

%【図版8】 失業者・職業訓練プログラム参加者の割合（対16〜64歳人口）

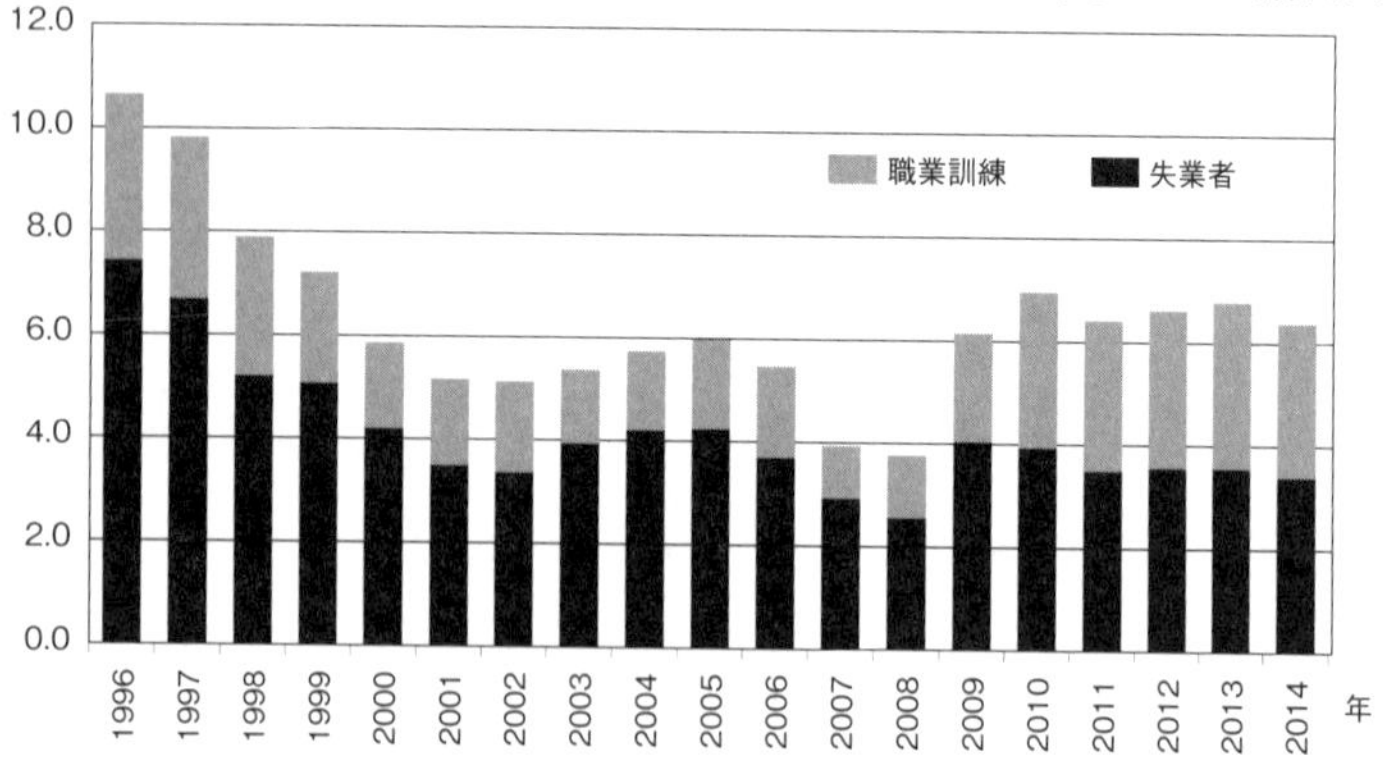

出所：SCB統計より作成

間の保険料水準には大きな格差が発生した。シェルベリィの調査によれば、LO傘下のホテル・レストラン組合失業保険の場合、二〇〇六年末の九七クローナ／月から二〇〇九年末には四三〇クローナ／月と、三年間で実に三三三クローナ／月引き上げられている。その他に引き上げ幅が大きい保険集団として、森林組合（三二四クローナ増）、建設労働者組合（三〇九クローナ増）、地方公務員連合（一一五クローナ増）などがある。他方、あまり変動しなかったのが、大卒者組合（増減なし）、金融・保険業組合（四クローナ増）などである。失業率の高さに見合う保険料水準の設定は民間保険の原理である。なお、この失業保険料の負担増は現に失業している者には適用されないが、病気療養中の者には適用される。また、労働所得にかかる減税措置は諸手当には適用されないため、長期療養中の者にとっては失業保険料負担が増す一方で、疾病手当は減税の恩恵を受けないために支出が増えることになる。失業保険は労働組合単位が基本である。失業保険料が払えないならば労働組合から脱退せざるを得なくなる。

他方、福祉システムの財源確保、すなわち税制についてもいくつかの改革がなされている。若年者の雇用促進を図るため、若年労働者にかかる使用者負担の社会保険料減免措置を講じた。税制面では、勤労所得控除(jobbskatteavdrag)を導入して所得税を減税したほか、不動産税(fastighetsskatt)の減税[14]や資産税(förmögenhetsskatt)の廃止、そして家事サービス費用の税負担軽減措置を講じたが、これらはおおよそ中間層から高所得層にとって好ましい施策である。ビヨルクルンドとイェンティによれば、再分配後のジニ係数の上昇は主として資本所得によるという(Björklund and Jäntti 2011)。一連の税制改革が格差拡大に寄与した可能性がある。

(三) 総括

一九九〇年代初めの金融危機とバブル崩壊を経験した後、スウェーデンの労働市場はかつてほどの好パフォーマンスをみせていない。一九九二年に失業率が急上昇し、一九九六年までの四年間におよそ六〇万の職が失われた。一九九八年に財政黒字化を達成して以降二〇〇〇年にかけて経済は回復の兆しを見せ、失業率(一六～六四歳)は一九九〇年代後半にゆるやかに低下した。しかし、リーマン・ショック後には失業率が再び上昇し、職業訓練プログラムに参加する者の割合がおよそ二倍に跳ね上がった(【図版8】)。新規求人件数の大きな落ち込みもみられ、雇用情勢の厳しさが伺える。ブルジョア政権の雇用政策を評価するにはまだ早いかもしれない。労働市場のミスマッチの要因となる産業構造の変化、人口構造の変化、学歴構成の変化による影響もあろう。何らかの結論を出すにはより詳細な分析が必要である。

二〇〇六年秋、穏健統一党は「就労原則」と「手当から就労へ」を掲げて選挙戦を戦った。「就労原則」も「手当から就労へ」も理念として全く新しいものではない。社民党も唱えていたものだ。しかし、社民党のそれと比較すると、ブルジョア政権の政策は、人々を就労へ向かわせる圧力を伴っていた。疾病療養中の人をリハビリテーション等により早期に労働市場に戻し、失業者や無職者を各種の事業（職業紹介、訓練等）を通して就職させるというもので、疾病手当や失業手当に依拠する人々を就労へ向かわせる対策である。確かに、非労働力人口に占める病気療養中の者は減少した。ただし、その減少が疾病手当や障害年金の受給審査の厳格化の効果なのか、職場に復帰した者がどのような働き方をしているのか、復帰後の継続勤務期間はどのくらいかなど詳細をみる必要があろう。さらに、病気療養中の者については、医療との連携が重要であるため、医療サービスの質の確保や財源の問題を就労の課題と切り離して論じることは不可能である。長期療養者は、長期失業者や外国人と同様、長期間労働市場外に留め置かれ、貧困に陥りやすいとされる。経済的自立や身体的自立が困難で、自らの人生を自ら選択し決定するのが容易でない状況に置かれている人たちを、スウェーデン社会はどうインクルードしていくのだろう。就労への圧力が高まるほど、働けない人たちの疎外感は強くなる。

また、労働組合組織率の低下、外国企業の増加(15)、そして不安定雇用の増加から、現に就労している者のなかには劣悪な労働条件の下にある人もいるだろう。平和的な労使関係のなかで団体交渉を通じて雇用条件の改善を図るというスウェーデン・モデルの外にいる人たち（団体協約ではカバーされず組合員でもない者）は、安心安全な雇用機会を得にくい。雇用政策の課題の一つは、労働市場の内と外との格差、そして労働市場内での格差の双方にどう対応するかであろう。

労働市場の改善は、次の観点からも重要である。年金給付、失業給付、疾病保険給付、親保険など多くの社会保険給付の水準が労働市場でのパフォーマンスを反映する仕組み――所得比例型給付――になっている。戦後、疾病保険の給付水準について、社会大臣メッレル（Gustav Möller）が最低保障原則（principen om lika grundskydd）――被保険者の所得水準にかかわらず一定額を支給する仕組み――を提案したが、社民党政権は一九五〇年代に所得保障原則（inkomstbortfallsprincipen）による疾病保険制度を採用した。それ以降、所得比例型の給付が社会保障給付の中心となった。就労と給付の結びつきを強化するがゆえに、就労のモチベーションを高める効果が期待できるが、労働市場での賃金格差が再分配後の格差につながりやすい。だからこそ、より格差の少ない社会――「国民の家」――を実現するには、同一労働同一賃金が維持されるとともに、積極的労働市場政策により労働者がより高い付加価値を生み出す、〝より良い〟仕事に就けるよう支援することが重要になってくる。

四．グローバリゼーションのなかで

スウェーデン統計局の調査によれば、三万八千人が仕事を探し始め、仕事を探していた人の三万七千五百人が有期雇用の職を得、そして、有期雇用者三万四千人が無期雇用になった（SCB 2015）。つまり、有期雇用は失業者や若年層にとって労働市場への入口になっている。しかし、それぞれの母数ベースでみると、同時期に有期雇用から無期雇用に転職した者は有期雇用者の一一％にとどまり、七一％は有期雇用のままである。仕事を辞めあるいは求職活動をせず労働市場から撤退した者は一一％に上る。他方、無期雇用の者については、九七％が無期雇用を継続し、有期雇用に移行したのは一％に過ぎない。有期雇用を続ける理由は不明だが、労働市場の入り口に立ったままの状況が継続することは、経済的な安定の面からも、キャリア形成の点からも好ましくない。二〇一四年には、スウェーデン統計局がニート（ＮＥＥＴ）[16]に関する統計データを整備し、ホームページ上に初めて公開した。ブルジョア政権の改革やそのバックボーンとなっている「就労原則」は、自助、共助、公助のうち自助に比重が置かれているとみることができるが、とりわけ社会の辺縁に押しやられた人たちにとって、自助は困難だろう。格差の固定化、貧困層の固定化が懸念される。

本章では、スウェーデン・モデルを、より平等で格差の少ない社会を実現するための方法や手続きの総体と定義した。グローバリゼーションの進展に伴う経済的、社会的、政治的環境条件の変容は、目標としての「格差の少ない社会」を達成する手法（＝スウェーデン・モデル）に知恵と工夫と新たな挑戦を求めるだろう。

ゆるやかに高齢化が進展するなかで福祉ニーズの多様化や高度化に応えるに十分な財源確保は容易でない。他方、ＥＵ加盟で労働市場が統合された今、スウェーデン国内市場はそのほんの一部に過ぎない。労働力は国内外を自由に移動し、国の外から労働力を容易に調達できる。外国資本の企業が増加している。グローバル化の圧力と企業の競争力の強化、そして雇用の安定性のバランスをどこに求めるか、その見極めが今後の「国民の家」のありかたを決めていくだろう。既にみたように、格差は確実に拡大している。どの程度の格差まで容認するか。格差の許容範囲が拡大することは、すなわち、「国民の家」の姿に修正を加えるということだ。この意味ではおそらく既に修正が加えられ、ハンソンが思い描いた当時の姿から変容しているといえるだろう。

ただし、「国民の家」を「市民に安心安全を保障する」ために建てられた家であるとみるならば、そのありようは所得格差だけでは測れない。安心・安全を保障するシステム全体を点検する必要がある。診療日までの待機期間は延びていないか、保育サービスの待機児童の列は長くなっていないか、介護施設や医療施設でサービスの質は維持されているか、事故はないか、通報制度や情報公開制度は利用されているかなど、安心安全の保障度合いの測定点は、数限りなく存在する。

二〇一五年夏、およそ三年ぶりにスウェーデンを訪問した際、街の風景が大きく変化していることに驚いた。EU域内の移動の自由は、自国での生活水準に不満をもつ人の流入を加速させた。また、国境の外では、政情不安で避難してきた人たちが安全な暮らしを求めている。「国民の家」の子どもたちがさらに多様化し、格差が拡大しているとされるなか、「信頼」という無形のセーフティネットをどのように維持していくのだろう。社会制度に対する信頼も、他人に対する信頼もともにスウェーデンでは比較的高く、高負担国家の正統性を支えてきた。しかし、市民が、現在や将来の生活に不安を感じるなら、この正統性は揺らぎ、信頼のネットは後退するだろう。「家」という仕切り自体に柔軟性と強固さが求められているなか、スウェーデン・モデルは対応力を発揮できるか。新たな「国民の家」の幕開けだ。

註

(1)ここでいう「福祉サービス」とは、雇用、教育、住宅および社会保障政策からなるいわば「社会政策」に相当する領域で供給される対人サービスを指す。なお、スウェーデンで福祉政策(välfärdspolitik)という場合、それは上記社会政策の範疇に相当する。

(2)改善率は、再分配によるジニ係数の低減幅÷再分配前のジニ係数で算出

(3)貧困削減率は、再分配による貧困率の低減幅÷再分配前の貧困率で算出

(4)出所は、http://arbet.se/2014/10/17/manga-foretag-ar-oorganiserade/

(5)ＯＥＣＤ加盟国中、最低賃金の定めを持たない国は北欧諸国、イタリア、オーストリアそしてスイスが挙げられる。なお、ドイツは二〇一五年一月に導入したところである。

(6)詳細については、ＯＥＣＤのＨＰを参照されたい。URL：http://www.oecd.org/employment/emp/oecdindicatorsofemploymentprotection.htm

(7)ＯＥＣＤ統計より。集団解雇の定義、労働組合・行政への通知、効力発生までの期間等で計算される。日本語訳は独立行政法人労働政策研究・研修機構「経済協力開発機構の雇用保護指標２０１３について」を参照。

(8)ＯＥＣＤ統計によれば、スウェーデンの総雇用者数に占める有期雇用者の割合は一六・九％(二〇一三年)と北欧五か国のなかでは最も高く、ＯＥＣＤ加盟国中九位である。不安定な雇用関係は若年層で特に深刻で、二〇一四年には一五歳から二四歳までの雇用者のうち五六・四％が有期雇用で占められている(なお、二五歳から五四歳までが一二・六％)。

(9)スウェーデンを出生地とする者を除いている。

(10)失業期間が一年を超える者。

(11)スウェーデンに移住して間もない移民や長期療養中の者に対する職業復帰のための訓練・実地・教育などのサービス

(12)およそ二〇年前の一九九三年で、所得調査なし給付が全体の九四％、所得調査あり給付が六％である。

(13)休業前の職務に復帰、同じ使用者の下で別の業務に従事または転職の可否のそれぞれの観点から身体等の状態を審査し、審査結果に応じた職業復帰のプログラムを受けること

(14)税額算出基礎となる持家や借家の評価額を二〇〇六年時点に凍結。持家については課税対象を土地に限定し、借家やマンションについては適用税率を引き下げた。

(15)*Myndigheten för tillväxtpolitiska utvärderingar och analyser* (2015)によれば、二〇一四年にはスウェーデン国内には一三、八三一件の外国企業に合計で六四〇、二三六人が雇用されている。このうち、八七％に相当する企業が五〇人未満の中小企業である(雇用者数は約一二％)。なお、同統計における「外国企業」とは、一人もしくは複数の外国人株主が五〇％超の議決権を保有している企業をいう。

(16)統計上、若年者の失業者のうちその半数はフルタイムで学ぶ学生である。したがって、失業率のみでは実態を把握することが難しい。なお、ＮＥＥＴは、一五歳から二四歳までの者で、職についておらず、学生でもなく、職業訓練に参加していない者をいう。日本におけるニートの定義とは異なることに注意する必要がある。

主要参考文献

OECD. 2008. *Growing Unequal? Income Distribution and Poverty in OECD Countries*

Protokoll (Riksdagens protokoll) 2006/07:6

Medlingsinstitutet.2014.*Medlingsinstitutets årsrapport 2014.*

———, 2015. *Avtalsrörelsen och lönebildningen 2014.*

Myndigheten för tillväxtpolitiska utvärderingar och analyser. 2015. *Utländska företag 2014.*

SCB (Statistiska Centralbyrån). 2015. *Utvecklingen av tidsbegränsat anställda*. Statstiska Meddelanden.

———, 2015. *Välfärd* 2015:2

Anders Kjellberg. 2011. "The Decline in Swedish Union Density since 2007". in *Nordic journal of working life studies Volume 1 Number 1 August 2011* pp.67-93.

Allians för Sverige. 2006. *Fler i arbete—mer att dela på. Valmanifest 2006.*

Björklund, Anders and Markus Jäntti. 2011. *Inkomstfördelningen i Sverige: SNS Välfärdsrapport 2011*. SNS Förlag.

Hedborg, Anna and Rudolf Meidner. 1984. *Folkhems modellen*, Rabén&Sjögren

Kjellberg, Anders. 2013. Kollektivavtalets täckningsgrad samt organisationsgraden hos arbetsgivarförbund och fackförbund. Lund University.(Uppdaterad 1 juli 2015)

Ruin, Olof. 1986. *I Välfärds Tjänst: Tage Erlander 1946-1969*. Tiden.

おわりに　「スウェーデン・モデル」の今を描く
～変わりゆくもの、変わらないもの

斉藤弥生

二〇一五年一二月、「消費税一〇％の導入に伴う軽減税率が与党内で合意」というニュースが流れている。テレビや新聞は「レストランで食事をすれば二五％、スーパーで購入した牛乳は一二％」と、軽減税率の解説でスウェーデンの事例を紹介する。二〇一五年六月、日本では、公職選挙法改正で選挙権年齢が引き下げられ、一八歳以上の国民が投票できるようになった。この時もスウェーデンが話題となった。スウェーデンでは二〇世紀初頭から男女ともに一八歳以上に参政権がある。日本で大きな制度改正が行われる時、スウェーデンは話題となる国の一つである。スウェーデン社会について「もう少し知りたい」と思ったときに、気軽に読める本を、という思いで本書を企画した。本書は少子高齢化、男女共同参画社会、グローバリゼーションへの対応、平和と民主主義など、各テーマについて「スウェーデン・モデル」の今を紹介する本でありながら、同時に、日本社会に山積する諸課題を問いかける本でもある。スウェーデンという国は鏡のような国で、自分の国の姿を映しだす。

「モデル」という語は、未来永劫に姿かたちを変えないというイメージを与えることもある。しかし時代が変われば、人々の考え方も、人々の生活様式も変わる。このことは、日本において高齢者介護や介護に対する人々の考え方が、介護保険制度の導入で大きく変わったことを見ても明らかである。「スウェーデン・モデル」も、スウェーデンの人々の暮らしや考え方にあわせて、形を変えていくのは当然である。

そこで本書は「スウェーデン・モデル」の〝今〟にこだわった。そして今日に至るまでの流れを描いている。本書の前半はスウェーデンにおける最新の政治情勢分析に始まり、女性、高齢者、子ども、障害者、在住外国人をとりまく諸政策とその現状を扱っている。一九九〇年代から急速に進行したグローバリゼーションの影響を受け、スウェーデンでは何がどう変化したのか、あるいは変化していないのか。政治学者G・エスピン・アンデルセンの福祉国家論は、労働力の脱商品化という視点、つまり、人々がどれだけ労働市場に依存せずに生活することができるかという視点から福祉国家を分類した。多くの国において、女性、高齢者、子ども、障害者、在住外国人は労働市場の外に存在し、不平等で不安定な生活を強いられてきた歴史がある。福祉国家比較の中で、スウェーデンを始めとする北欧諸国は社会民主主義レジームとされ、労働力の脱商品化において好成績を示してきたことは周知のとおりであり、社会保障の充実によるソーシャル・インクルージョン(社会的包摂)の実現可能性を示してきた。しかし「ヨーロッパのより普通の国へ」(岡澤「はじめに」)という面も「スウェーデン・モデル」の今、なのである。各章は、執筆者が現地で集めた最新情報から、「スウェーデン・モデル」の今を描いている。そして各場面において「スウェーデン・モデル」の今が形成されるまでの過程、特にグローバリゼーションがどのような影響を与えたかを明確にしようとした。

本書の後半では「スウェーデン・モデル」を支える思想的基盤、経済活動と豊かさの分配システムに焦点を当てている。一九三〇年代に社会民主党による安定した長期政権が始まるが、そこには「スウェーデン・モデル」の起点をみることができる。戦後の福祉国家建設期には、「スウェーデン・モデル」は何を目指していたのか。「スウェーデン・モデル」の今を評価するときに、その思想的基盤の形成過程とリーダーシップを見逃すことはできない。

そして「スウェーデン・モデル」を支えているのは、今も昔も、経済活動と豊かさの分配システムである。グローバリゼーションの煽りを受け、経済活動はどう変容し、またその富の分配システムとしての税制はどう変わったのか。そこにある理念、哲学はどうか。「北欧はここまでやる。格差なき成長は可能だ！」（「週刊東洋経済」二〇〇八年一月一二日号）、「北欧に学べ。なぜ彼らは世界一がとれるのか」（「週刊ダイヤモンド」二〇一五年三月一四日号）というように、経済誌が「スウェーデン・モデル」を取り上げる機会が増えており、いずれも「経済成長には格差社会がつきものであるが、成長と平等を両立させている国」とスウェーデンを評価している。

また歴史的に見て、スウェーデンが常に国際国家であったことは「スウェーデン・モデル」を理解する上での重要項目である。今でこそ人口九〇〇万人を超えるスウェーデンであるが、二一世紀初頭は四〇〇万人程度の小国であり、常にヨーロッパ大陸の大国の狭間で緊張を強いられてきた。一貫してきた中立政策は一九九〇年代のEU統合の中で変容する。ここでも変わったものは何か、また変わらなかったものは何か。この議論から国際社会における「スウェーデン・モデル」の今が浮かび上がる。世界的な平和活動家であり、日本の協同組合の父と呼ばれる賀川豊彦（一八八八―一九六〇）は、「平和二百年、このスヰーデン國は地球の表面に於て最も理想に近い、社會的水準を我々に示してゐると考へざるを得ない」（『中庸を行くスヰーデン―世界の模範國』「譯者序」五頁）と一九三八年に記している。国際テロの脅威が高まる時代に、改めて問われる大きなテーマである。

本書は二〇代から七〇代までの幅広い世代の研究者が執筆している。一九六〇年代からずっとスウェーデンを見続けているベテラン研究者、先人の著作に影響を受け研究を始めた中堅研究者、二一世紀になって初めてスウェーデンに出会った若い研究者の共著であり、編者の岡澤は約五〇年、斉藤は半分の二五年、ずっとスウェーデンをみてきた（といっても、スウェーデンを訪れるたび、自分が見てきたスウェーデンはほんの一部にすぎないことを思い知らされるのだが）。本書の執筆者は、スウェーデンでの留学経験や、スウェーデンでの豊富な在外研究歴を持ち、スウェーデンの人々との信頼関係と研究協力をもとに各章を執筆している。

アメリカ人ジャーナリストのM・W・チャイルズが一九三六年に出版した*Sweden: The Middle Way*(「スウェーデン：中道の道」)は、スウェーデンのユートピア的なイメージを世界に定着させるきっかけとなったが、同書は一九三八年(昭和一三年)、前述の賀川豊彦と島田啓一郎(同志社大学名誉教授)により『中庸を行くスヰーデン──世界の模範国』というタイトルで日本語に翻訳された。「スウェーデン・モデル」への関心が、日本でも、約八〇年前から続いていることに驚かされる。「スウェーデン・モデル」とは何か、この議論は決して本書で完結するものではなく、これからも永遠に関心が持たれるテーマなのだと思う。

最後になりましたが、本書の企画を受け入れてくださった彩流社代表の竹内淳夫様、原稿が遅れて多大なご迷惑をおかけしたにもかかわらず、丁寧に編集をしてくださった彩流社編集部の高梨治様に心から感謝を申し上げます。

◉**佐藤桃子**…さとう・ももこ…（第5章）

大阪大学大学院人間科学研究科博士後期課程／日本学術振興会特別研究員（DC2）
専攻：福祉社会論、子ども家庭福祉
2010-2011年、デンマーク・南デンマーク大学（オーデンセ）留学。

◉**是永かな子**…これなが・かなこ…（第6章）

高知大学准教授
専門：スウェーデンの特別ニーズ教育
1994-1995年、スウェーデン・ルンド大学教育学部（マルメ校）留学
主著：『スウェーデンにおける統一学校構想と補助学級改革の研究』（風間書房）、『日本型インクルーシブ教育システムへの道』（三学出版、渡部昭男編著、「5章 ＜スウェーデン＞就修学支援システムと保護者との合意形成」）、『特別支援教育の基礎と動向』（培風館、大沼直樹、吉利宗久編著、「3章　特別支援教育と特別な教育的ニーズ概念」）。

◉**藤田菜々子**…ふじた・ななこ…（第7章）

名古屋市立大学大学院経済学研究科准教授、博士（経済学）
専攻：経済学史、制度経済学
主著：『ミュルダールの経済学――福祉国家から福祉世界へ』（NTT出版）、『ミュルダール――福祉・発展・制度』（ミュルダール著、藤田菜々子訳、ミネルヴァ書房）他。

◉**福島淑彦**…ふくしま・よしひこ…（第8章）

早稲田大学政治経済学術院教授。Ph.D. in Economics（スウェーデン王立ストックホルム大学）
専門：労働経済学、公共経済学、社会保障論
主著：「北欧の労働市場」（『北欧学のフロンティア』、ミネルヴァ書房、編著者：岡沢憲芙、所収）、「少子化の政治経済学」（『少子化政策の新しい挑戦』、中央法規出版、編著者：岡沢憲芙、小渕優子、所収）他、論文多数。

◉**吉武信彦**…よしたけ・のぶひこ…（第9章）

高崎経済大学地域政策学部教授
専攻：国際関係論、地域研究（北欧）
主著：『日本人は北欧から何を学んだか――日本・北欧政治関係史入門』（新評論）、『国民投票と欧州統合――デンマーク・ＥＵ関係史』（勁草書房）、『北欧・南欧・ベネルクス（世界政治叢書第3巻）』（ミネルヴァ書房、共編著）。

◉**秋朝礼恵**…あきとも・あやえ…（第11章）

高崎経済大学経済学部准教授
専攻：社会保障論、比較福祉政策論、地域研究（北欧）
主著：『スウェーデン現代政治史』（訳書）、「財政再建の政治経済学」（『北欧学のフロンティア』所収）他。

【編著者】

◉**岡澤憲芙**…おかざわ・のりお…（はじめに、第1章）

早稲田大学名誉教授
1944年上海生まれ。早稲田大学政経学部卒。早稲田大学社会科学部教授、ストックホルム大学・ルンド大学客員研究員。北ヨーロッパ学会・会長、スウェーデン社会研究所・所長、比較政治学会・会長などを経歴。『スウェーデンの挑戦』（岩波書店）、『政党』（東京大学出版会）、『北欧学のフロンティア』（ミネルヴァ書店）、『男女機会均等社会への挑戦』（彩流社）など。

◉**斉藤弥生**…さいとう・やよい…（第3章、おわりに）

大阪大学大学院人間科学研究科教授・博士（人間科学）
学習院大学法学部卒、スウェーデン・ルンド大学政治学研究科修了（行政学修士）。ルンド大学・ストックホルム大学・オスロ大学客員研究員。
専門：社会福祉学（高齢者介護・地域福祉論）・行政学。
主著：『スウェーデンにみる高齢者介護の供給と編成』（大阪大学出版会）、『体験ルポ　日本の高齢者福祉』（岩波新書、共著）、『福祉ガバナンスとソーシャルワーク』（ミネルヴァ書房、共編著）など。

【執筆者】（掲載順）

◉**木下淑恵**…きのした・よしえ…（第2章）

東北学院大学法学部教授
専攻：地域研究（北欧）、男女共同参画、政治史（北欧）、地方自治
主著：『スウェーデン議会史』（訳書）「P.A. ハンソンと『国民の家』」（『北欧学のフロンティア』所収）、「スウェーデンの男女共同参画社会とライフスタイル」（『北欧世界のことばと文化』所収）。

◉**清水由賀**…しみず・ゆか…（第4章、第10章）

早稲田大学地域・地域間研究機構研究助手
早稲田大学社会科学研究科博士後期課程単位取得満期退学
専門：比較福祉国家論、スウェーデンの福祉社会、在住外国人の福祉環境 、高齢化社会の比較研究
主著：「スウェーデンにおける難民・移民受け入れ政策」早稲田大学社会科学研究科編『社学研論集 第26号』2015年9月、「中国における介護人材の育成に関する一考察」早稲田大学社会科学研究科編『ソシオサイエンス 第21号』2015年3月、東洋大学国際共生社会研究センター編（2014）『国際開発と内発的発展』「第6章 社会福祉の内発的発展―日本と中国の事例を参考に」（共著）朝倉書店、他。

◉**吉岡洋子**…よしおか・ようこ…（第5章）

頌栄短期大学保育科准教授
専攻：児童家庭福祉、市民社会論
主著（共著）：岡沢憲芙・中間真一編著（2006）『スウェーデン 自律社会を生きる人びと』早稲田大学出版部（「4章 社会と関わる――NPO論」担当）。

フィギュール彩㊻

スウェーデン・モデル

グローバリゼーション・揺《ゆ》らぎ・挑戦《ちょうせん》

二〇一六年一月二五日　初版第一刷

編著者——岡澤憲芙、斉藤弥生
発行者——竹内淳夫
発行所——株式会社 彩流社
〒102-0071
東京都千代田区富士見2-2-2
電話：03-3234-5931
ファックス：03-3234-5932
E-mail：sairyusha@sairyusha.co.jp
印刷——明和印刷（株）
製本——（株）村上製本所
装丁——仁川範子

ISBN978-4-7791-7045-4 C0336
http://www.sairyusha.co.jp